時鐘在說謊

科學、社會與時間的建構

The Clocks are Telling Lies

Scott Alan Johnston
史考特・艾倫・強斯頓——著
王曉伯——譯

目錄

目錄

引言

你是否曾盯著時鐘，納悶到底是誰來決定時間？我們都知道就某種程度而言，時鐘的計時只是為了方便起見而採取的人為手段。我們鐘錶所報出的時間，是我們大家都同意使用的時間，我們的社會則是依循此一時間運作，但是我們的時間其實只是大家所認同的一個近似值。即使是在今天，原子鐘與全球定位衛星向世人提供的時間能夠精確到十億分之一秒，也並非真正的時間。這些原子鐘都是政治協議下的產物，例如一秒鐘的長度或是時區的幅度，而且我們會為了配合國界來改變時間或是使用日光節約時間。因此，時間並非由物理決定，而是政治。事實上，物理學否定單一真時的概念。根據阿爾伯特·愛因斯坦（Albert Einstein）的相對論，現代物理學家主張時間是相對的，會根據速度與重力而改變。就一般大眾而言，相對性是在我們不知不覺中產生的效應，微小到幾乎無從衡量，但是卻足以讓衛星系統計算時間膨脹來維持穩定運作。總而言之，愛因斯坦的真知灼見意味人類無法找到一個統一的全方位計時標準。[1] 時間是由我們來決定，因此，時間就應了那句老諺語：「大家異口同聲的謊言。」[2] 計時系統並沒有「真正」的時間，時間並不完美，世界時（universal time）仍有待我們發現。現在的時間完全是編造的。

本書所敘述的就是我們如何編造時間的故事，質疑為什麼時間是現在這個樣子？尤其是計時如何成為全球標準化的系統？畢竟它是相對近期才有的現象。在十九世紀之前，所有的時間都是地方時（local times）。巴黎的時鐘與莫斯科的時鐘並不需要相互校正。不論是徒步還是騎馬，來往於城鎮之間的旅行都沒有快到需要考慮距離中午或是超過中午幾分鐘，還是幾小時。我們可以這麼說，在那個時候，騎馬旅行沒有所謂時差的問題。

一直到了十九世紀中期才開始出現改變。鐵路與電報的發明幾乎是單槍匹馬創造了一個相互連接的新世界。與此同時，各城市之間的時差突然也開始變得重要。電報需要細心

一八三七年維吉尼亞州薩福克（Sunfolk）列車相撞事件，肇因於缺少可供依循的列車時刻表。取材自梭沃斯・艾倫・霍蘭（Southworth Allen Howland）所著《美國汽船災難與鐵路意外事故：附最近發生的船難、海上火災等驚險事故》（*Steamboat disasters and Railroad accidents in the United States: to which is appended accounts of recent shipwrecks, fires at sea, thrilling incidents, etc.*）麻薩諸塞州伍斯特（Worcester），一八四〇年。

協調發送者與接收者之間的時間，鐵路若是沒有精確的時刻表，就會面臨生命損失的重大威脅。因此，為了避免混亂，必須有一套各方都同意的新計時系統。

這些新科技無庸置疑為時間的標準化帶來動力。不過鐵路與電報的發明並不足以說明，世人為何要以他們當初使用的方式來化解全球計時的挑戰。這些解決方式並非由科技來決定，而是透過社會與政治途徑形成，也因此更為有趣。這是一則關於互連新世界成長煩惱的故事，（就計時而言）這樣的煩惱大約在一八七五到一九一四年達到高峰。

啟動計時革命的必要性在十九世紀逐漸浮現，尤其是在歐洲，我們或許可以把那段時期稱作存貨時代或盤點時代。當時長達幾世紀的全球探險傳奇已經結束，維多利亞時代於是全心投入測量與盤點全球的資源。[3]這類活動可以是良性的，例如在科學界建立新的專業領域，將所有的事物標準化，包括度量衡、為蝴蝶分類以及時間。另外還有以商業利益為目的的測量、土地測繪、為作物分類與安排出口等。但是這類盤點的活動也有黑暗的一面，即是形成殖民剝削。土地的測繪與測量可以用來作為都會區佔用全球其他地區資源的工具。[4]時間的測量可以幫助水手在汪洋大海中找到他們的經度，然而這樣的能力也促成海外殖民化。不論是好是壞（往往是壞的一面），整個世界都開始接受測量、組織、分類與標準化，所有的事物都各有其位，計時也不例外。

可想而知，這是一段混亂的過程。人類要掌控一切的野心已超過他們的技術水準。[5]國家、專業與商業的競爭，再加上階級的不平等與殖民地的爭奪，使得這些工作難臻完美。世人永遠不缺如何組織與管理這個世界的法子，但是要讓大家都接受，不論是憑三寸不爛之舌或是脅迫的手段，都不是容易的事情。

就計時而言，意味十九世紀中葉若問某人現在時間為何，可能會引出一個複雜的回答。問題並不在於缺少來源：當時鐘錶已廣為流行，市政廳與火車站的牆壁上都掛有裝飾用的大鐘，各個不同的宗教在全球許多地方都會以鐘聲來提醒信徒。同時，在緊要關頭，太陽與潮汐也可以用來粗估時間。不論是都市還是鄉村、富人與窮人、國家與殖民地，報時的工具無所不在。

問題是，儘管時間並不缺乏測量的工具，但是卻往往會造成始料未及的衝突與競爭。鐘錶相互之間並不同步，即使是最精美的鐘錶也只能維持完美的節奏幾個星期而已。這樣的情況意味每個鐘錶所報的時間都不一樣。然而使這個問題更加複雜的是，決定一座鐘錶是否準確的依據不是科技，而是權勢、政治與社會規範。雖然鐘錶互不相同只是無意間的結果，但是也可能是人為故意的，因為不同的專業、宗教、文化與國家都自有一套計時的方法（更別提日曆了，每一種都是依據不同的文化、宗教與天文學基礎而制定）。時間的不確定已成常態，但人們質疑我們在二十一世紀視為當然的操作。為什麼時鐘有十二個小時？為什麼一天是從午夜開始？為什麼波士頓的鐘錶要與伊斯坦堡或東京的相互連接？為什麼全球的時間要從英國格林威治皇家天文台（Greenwich Observatory）一條想像中的經線開始起算？為什麼是二十四個時區，不是十個，或者根本就沒有時區？時間並非由天文、地理，或是任何一種「自然」力量所制定，而是人們在特殊的情況下所決定，而且往往對於可能造成的結果毫無頭緒。如何測量時間已成為一項極具爭議的問題，引發激烈的辯論，而且難以解決。

這些激辯的中心是一八八四年在華盛頓特區舉行的國際子午線會議（International Meridian Conference, IMC）。在這裡，來自近三十個國家的外交官、科學家、海軍軍官與工程師齊聚一堂，討論本初子午線的創設與全球計時，以及地圖繪製的未來。該會議身為現代標準時間的起源，本身就具有神話與傳奇的色彩。通俗歷史將此會議描繪成如桑福德．佛萊明（Sandford Fleming）與威廉．艾倫（William Allen）等改革家，為全球設立時區之類創舉的時刻。但這是過度簡化這場會議的意義了。我們如今所知道的標準時間，並非在這場於一八八四年華盛頓召開的會議中敲鑼打鼓下誕生的。確實如此，有些歷史學家還認為，這場會議對於艾倫與佛萊明等推動時間改革人士而言是一大挫敗，因為儘管該會議創立了本初子午線，但是並沒有達成任何與時區、標準時間相關的協議。[6] IMC最多也不過是邁向現代標準時間長期發展路途的踏腳石，是全球時間測量方式改變的開始，而非結束。標準時間至少要到一九四〇年代才在全球通用。IMC的歷史光環還因一八八四年另一場在柏林舉行的著名會議而變得黯淡無光。這場於德國新首都柏林召開的會議，歐洲列強商討如何瓜分非洲，宣告正式展開「瓜分非洲」（Scramble for Africa）的行動。就某些方面而言，這場祕密會議為二十世紀的到來奠定基礎，為列強的競爭、殖民化與去殖民化，以及自歐洲入侵以來許多前殖民地遭遇人道危機埋下伏筆。相較於柏林會議，IMC似乎顯得微不足道。

然而我們也不應低估IMC所發生的事情。如果柏林會議是為二十世紀的先聲，華盛頓會議就是十九世紀的縮影——它是維多利亞時代關於專業知識、專業化的辯論、追求對世界秩序的理解，與如何組織下的產物。在這場華盛頓會議中有許多值得研究的東西。它教導謹小慎微的觀察家了解這個世界是如何運作，也因為如此，它也成為一個內涵豐富的研究案例。我們很容易就會忘記當時是一八八四年。當時參與會議的人士在這個已經十分複雜的世界中做下決定，卻無從知道未來的發展會是什麼樣子。對他們而言，IMC不只是為某些輝煌的事業開啟大門，然而對其中一部分人而言，這場會議至少也不算是全然的失敗。這是維多利亞時代現代性的實驗，同時也是對當時景況的一種展示。

有鑑於此，本書的寫作完全是採用歷史研究方式，探究華盛頓會議對於與會者有何意義。在一八八四年的那個時期，世人是如何做下決定？他們又是如何理解他們的未來？什麼事會令他們擔心、興奮與受到驅使？這些問題的答案勢必會牽涉到政治與外交的考量，同時還和與會人士身處的社會與文化環境息息相關。另外，帝國皇權與勞工階級的生活經驗也有密切的關係。時間經濟學決定酒吧何時打烊；有哪些特權階級才能接觸到準確的時間，又有哪些人能因鐘錶的商業化獲利。與此同時，科學家、工程師、外交官、商人與宗教勢力，則是相互競爭國際計時的控制權。新興國家則是努力爭取發言權，而殖民地也是極力爭取在此議題下有一席之地。這是一個千頭萬緒的故事，或許解釋了維多利亞時代的人為什麼和啟蒙時代的先輩一樣，如此執著於標準化與組織。他們試圖將時間標準化，就是要簡化這個複雜的世界。

然而遺憾的是，正如本書所顯示的，他們想將全球計時標準化的努力反而使得事情更加複雜，而不是簡化。這一結論是來自兩大論點。首先，時間是由社會建構的知識形態。科學家、工程師與外交官在IMC所做的決定並非來自亙古不變的金科玉律，也不是根據自然法則所做的邏輯推斷。他們是在政治、國家，尤其是專業利益的引導下做出決定。有鑑於此，此書不僅是分析科學與科技的歷史，同時也是社會與文化的歷史。事實上，科學家與其他領域的專家（如天文學家、鐘錶匠、外交官與工程師）不但相互競爭，同時也與其他人在爭奪時間的掌控權。在時間的改革中，個人的性格與其專業背景要比國家利益與技術要求更為重要。在往後的幾年，自二十世紀中期開始，標準化的權力落入國家的勢力範圍之內。[7]

但是一八八四年的情況並非如此。IMC並非一些所謂英國或美國的代表，於一八八四年十月坐在華盛頓悶熱的房間內進行討論，而是一批擁有不同技能的個人齊聚一堂，他們正巧來自於這些國家。會議桌上最深層的隱憂並非在於國與國之間，而是在於與會人士的專業之間，即使來自同一國家也會相互攻擊對方的立場。在科學專業化潮流方興未艾之際，為了維護自己專業領域的利益，與會的天文學家、工程師與海軍軍官，不論是何國籍，無不激烈爭執最佳的組織時間方式。這些辯論自華盛頓的外交圈擴散至社會大眾，為了什麼才是最佳的計時方式，大家多年來一直爭論不休。

這也引導我們來到本書的第二個論點：標準時間之所以確立，主要是因為眾人對時間的本質各執己見所致。時間是可以自由共享的公共財嗎？是可以出售的商品嗎？或者是只有學有專精的人才能使用的科學工具？儘管相關歷史人物很少直接承認這場辯論，但是他們的主張都已表現在他們的行動。再次強調，這些基礎性的辯論並不僅限於IMC本身。從英國城市的貧民區、加拿大原住民地區，到美國的天文台，全球各地都在熱議時間的本質。

既然如此，為什麼這些辯論反而會使得計時問題更為複雜，而不是簡化？答案在於儘管有些改革人士希望推動計時普遍化與全球化，但是還有一批專家則是主張對其使用予以限制。如桑福德·佛萊明與威廉·艾倫這樣的改革派，想要一個可供世人廣為使用而且簡單的標準時間，以全球通用的計時系統來取代地方時。但是IMC其他的專家，例如天文學家，就視世界標準時間是專供天文學家、航海人員與科學家使用的科學工具。對他們而言，世界標準時間只有在地理意義上是通用的：如果你擁有適當的工具與教育水準，你可以用它來確定全球任何一個地方的時間，但並非供大家使用。

由於任何人都可以透過觀察頭頂上的太陽來使用地方時的舊計時系統，然而全球統一的標準時間在使用上需要某種形式的專業生產與分配，使得上述全球計時的兩個觀念間的緊張關係更趨複雜。換句話說，時間的生產已從當地一般人的手中轉移到格林威治皇家天文台，與全球各地天文台的天文學家手中，他們會以電報來分配時間，而且有時還要付費。這也意味推動全球時間標準化的努力，反而矛盾地造成世人接觸「真時」的不平等。受限於科技水準，再加上天文學家企圖限制標準時間的使用，使得世界標準時間儘管受到專業人士與國際間的認可，仍然無法通用於社會大眾長達幾十年。世界標準時間普及化受阻也帶來另一現象，即是較為通用的舊計時系統不但沒有遭到淘汰，反而與新系統並列。地方上的計時主管單位現在必須決定是否要放棄自己的權力，並將其交給上級單位（格林威治），或者拒絕格林威治的權威，並且與其競爭，尋求能讓他們的計時系統合法化的法子，事實上大多數都是選擇後者。因此，創造一套以格林威治為依據的新式全球標準時間，不但沒有簡化計時的工作，反而產生一套時間階級，而且是新舊並陳。什麼時間才是「真時」，又有哪些是在說謊，完全要視當時的觀察人員與周遭環境而定。

一則有五個章節的故事

本書所敘述的事件大都發生在一八七五到一九一四年，這一期間也是世人經歷計時系統變革最快速與廣泛的一段歷史。雖然這些變革是全球性的，我們的故事則是主要集中在北美地區，該地區幅員廣闊，正適合推動標準時間，因為要在此一寬闊的大陸協調火車時程是一件極為困難的事情。本書也有一大部分著墨於英國，她是本初子午線的發源地，也是全球計時系統的中心，從中可以看出格林威治官方科學的標準時間，與當地民眾所使用的非官方地方時之間的差別。

不過這是一則屬於全球的故事，其中心是一場國際會議，即是一八八四年在華盛頓特區召開的ＩＭＣ，參與這場會議的人士來自二十五個國家，他們共商國際計時的操作方式。本書也會出現一些來自世界其他地方的人士，這些在英國與北美辯論的影響力遍及全球。

我們的故事在第一章是講述標準時間觀念的濫觴，各個階段的鼓吹與遊說，以及ＩＭＣ的籌劃與組織。這些活動的關鍵人物是加拿大鐵路工程師桑福德．佛萊明。佛萊明是ＩＭＣ時間辯論的主要倡導人，但是由於他是一位鐵路人與工程師，並非科學圈內人士，而後者的建議在會議中往往佔上風。他的職業使得他在他所發起的會議中難以佔有一席之地，他被迫只好尋求其他盟友來推動他的改革，然而這些盟友有時也會對他的主張多所懷疑。他的困境突顯了與會者的職業背景是如何形塑時間的辯論。

第二章的焦點由佛萊明轉向當時的科學圈，主要是三位在職業科學圈的外圍人士，安妮．羅素（Annie Russell，在格林威治皇家天文台工作的首批女性之一）、威廉．帕克．斯諾（William Parker Snow，時運不濟的航海家與探險家，積極為他的計時概念尋找贊助），以及查理斯．皮亞茲．史密斯〔Charles Piazzi Smyth，一位資深的天文學學家，個性乖僻，他執著於埃及吉薩大金字塔（Great Pyramid of Giza）的偽科學，並將此信念帶入其計時的主張中。〕這三人突顯出維多利亞時代專業科學的界限，與在當代知識思潮下時間辯論的地位。他們三人都沒有參加ＩＭＣ，但是他們在計時上的主張足以代表這次會議的背景與辯論的主題。ＩＭＣ的與會者肩負著本章所描述的文化包袱，例如業餘與專業間的緊張關係、宗教在科學中的地位。當時社會有一套禮儀準則來定義與規範，哪些人才能獲准在時間標準化的議題上具有話語權。現代科學變成了一種隔絕形式的追求，也形塑了科學傾向的與會者對世界時間的理解。

第三章著重於ＩＭＣ本身，詳細敘述其每天的活動：誰對誰說了什麼，有哪些密室交易，以及與會者的社交活動。本章證明了第一與第二章論點：專業才是這場辯論的中心，而不是國家間的歧異，同時也是理解ＩＭＣ結果的關鍵。科學界如願以償——一個只限定為專業人士使用的世界時間。佛萊明等推動標準時間普及化的人士則被打入冷宮。

第四章脫離政治與外交，探索社會大眾是如何看待這場事關時間改革的辯論。它詢問在英國有哪些人能夠接觸到真正準確的時間，哪些人又被拒絕於門外。本章並非討論計時系統的改革對英國社會造成的影響，而是描繪ＩＭＣ的決定逐步滲入社會大眾生活引發的爭議。銷售時間產業的演進，包括瑪麗亞與露絲．貝爾維爾（Maria and Ruth Belville），這兩位挨家挨戶販售格林威治時間的女性，也是本章的重心，由此也可看出ＩＭＣ是如何導致準確時間的商品化。本章也說明了有一些人認為世界時間是多此一舉，其他一些人則認為這是地位與現代化象徵，在此社會氛圍下，世界時間是如何建立其合法性與權威性。

第五章是檢視計時系統十九世紀晚期，在美國與加拿大的變化。它仔細審視改革人士嘗試透過教育來重塑社會行為規範。他們企圖透過法律來實施標準時間的努力以失敗告終，（他們確實曾經試過，我們由安大略省倫敦市一樁有關酒吧打烊時間的法院案例即可看出。）於是他們轉向學校來調整行為規範。然而從知名大學、小鎮學校到原住民社區，課程與日程的安排，都會對標準時間造成破壞。結果是好壞參半，顯示自一八八三年推出之後，標準時間與社會公眾間的關係益趨複雜。

本書最後所顯示的是，計時系統在IMC之後不但沒有簡化，反而更加複雜的一個世界。該次會議創造出一套時間階級制度，引發何者才是「真時」的辯論。在這個議題上，一個人的立場不僅是由其職業背景而定，同時也要看他是否認為時間是公共財、一種商品，還是特殊工具。社會大眾無法平等享有權威性的格林威治時間，加劇了這些鴻溝，並使得世界的計時系統陷入困境。此一僵局直到一九二〇年代中期無線廣播技術的發明與使用才告打破，該技術對格林威治時間的通行居功厥偉。就計時而言，這段長達四十年的時間既混亂又刺激，然而時間本身的未來卻仍是一個謎團。

第一章

混亂的開始

在愛爾蘭的一個夏天，桑福德・佛萊明錯過一班火車，就此揭開了後世廣為流傳的標準時間起源神話。[1] 根據此一傳說，一張錯誤的火車時刻表導致佛萊明太晚來到火車站。佛萊明是一位非常聰明的加拿大鐵路工程師，五十多歲的他當時正準備度假。此一錯誤使他損失了整整一天的行程，他在自怨自艾的同時，也開始思索如何預防這樣的不便。如何將愛爾蘭，甚至全世界不同的時間標準化，以供大家方便使用？錯過火車的事件，引發佛萊明想要一勞永逸解決計時系統不統一的念頭。故事的結尾是他發明了現今幾乎全球都在使用的二十四小時時區。

和許多杜撰的傳說一樣，這則故事也有事實基礎。它是來自一個相當可靠的來源：佛萊明本人在宣傳時間改革早期所製作的一本小冊子中敘述了這起事件。[2] 我們沒有理由認為這起事件是無中生有，儘管歷史學家伊恩・巴特基（Ian Bartky）發現其中有些細節與佛萊明的說法有些出入。例如這起事件發生的日期與佛萊明在時間改革文件中提到的就不一樣。[3] 但是除了日期的爭議外，我們可以合理確定這起事件的確以某種形式存在，畢竟佛萊明真的是錯過火車了。

既然如此，為何要稱為神話？因為就和大部分關於起源的故事一樣，這則錯過火車的故事過度簡化了一連串相關事件的過程。不論佛萊明是否錯過火車，我們今天所認識的標準時間並非某位天才發明家靈光乍現的結果。佛萊明，還有其他宣稱是標準時間的發明人，如威廉．艾倫、克里夫蘭．阿貝（Cleveland Abbe）、查理斯．多德（Charles Dowd），其實都非獨力完成的。標準時間是這些人努力的成果，但是他們在過程中所扮演的角色絕非某位「發明家」，反而更像是活動家——宣揚他們無法獨力推動與實現的主張。當然，他們的成就值得稱讚，但是「發明」的概念扭曲了他們貢獻的本質，並且忽略了其他人的努力，這些人在其中所扮演的角色分量可能和他們平分秋色。若只是強調發明，顯然缺乏對歷史的認知，忽略了標準時間的形成與實施的背景環境。在整個發展過程中，個人固然重要，但是他們身處的社會、政治、文化與科技世界也同樣重要。

在新發明開花結果之時，總會有一些人爭搶功勞。就標準時間而言，此一情況早在一九〇四年就開始了，當時威廉．艾倫針對查理斯．多德寫了一封攻擊信，宣稱是他發明標準時間的，多德的貢獻微不足道。[4]甚至在更早的時候，有證據顯示佛萊明在一八七八年趕著將標準時間的論文付印，以免被被克里夫蘭．阿貝與美國氣象學會（American Metrological Society, AMS）捷足先登。[5]但是即要我們從他們之中挑選一位「勝利者」，也沒有意義。多德毫無疑問最先有此一構想的人，但是並未受到重視。佛萊明的主張最終獲得採納——在經過改良之後——同時也是在他與克里夫蘭．阿貝聯手之後，後者自己也發展出類似的計畫。與此同時，威廉．艾倫對北美鐵路實施標準時間貢獻良多。我們也不能忘記歐洲的發明家，例如英國皇家天文學家喬治．艾里（George Airy）幫助他的國家鐵路系統，在一八四〇與五〇年代建立與運用格林威治時間，還有俄國天文學家奧托・斯特魯維（Otto Struve），早在一八七〇年代初期就已在研究本初子午線的概念。6

重點是沒有任何一個單一個別的發明時刻具有關鍵性的重大意義，標準時間從概念的發想到通用於國際間的整個發展過程，其實更有意思。這個漫長的過程沒有什麼是不可避免的，也沒有預先設定的步驟。本章是以佛萊明作為我們的嚮導，來看他的主張是如何快速擴張。首先，我們看到佛萊明早期的相關出版品與他的努力（往往毫無結果）難以獲得科學權威的青睞。我們接著看到他在大西洋兩岸積極爭取盟友，卻再次遭逢來自科學界的阻力，他於是轉向邊緣組織與一些聲名狼藉的知識份子。最終，我們將看到為計時系統建立本初子午線的政治過程，是如何排擠佛萊明。這種對佛萊明的嫌惡乃是當時國際規範、帝國現實，與不同部門間傾軋對立的結果，由此也可看出一套搖搖欲墜的全球治理時間體系，是如何影響像佛萊明這類獨立人士可能實現的成就。

局外的旁觀者

對於職業科學界而言，桑福德・佛萊明（一八二七至一九一五年）算是外人。十九世紀晚期正是職業科學家建立國際網路的時期，其中天文學界直接掌控全球計時的討論。但是佛萊明並非其中之一。他和其他幾位熱烈支持標準時間的人士，尤其不受科學界的歡迎。身為蘇格蘭後裔、一位富裕的紳士、在加拿大具有良好的政治關係，並且擁有工程背景，佛萊明並非沒有經濟實力與專業地位。但是在他大力鼓吹標準時間的關鍵期間，他的事業卻不斷出現變化，他作為加拿大太平洋鐵路（Canadian Pacific Railway）總工程師的職位在一八七九年橫遭拔除。儘管他很快就找到新工作，在安大略省京斯頓的皇后大學（Queen's University）擔任校長，但是他很快就發現，鐵路工程的背景並不足以讓他直通科學界。十九世紀晚期的鐵路，是商業與政治工具，與學術界無關，職業天文學家更是對他不屑一顧。他若是想推銷時間改革的概念，最需要說服的就是這批人，然而他們對他的主張卻是嚴厲質疑、拒絕，有時更是大加嘲弄。由此可知，他推動計時改革的行動從一開始就是一場艱難的奮戰。

佛萊明首次被拒是他最初想與一批科學界的觀眾分享他的主張。一八七六年，他在經歷錯過火車事件後不久，搭船由愛爾蘭前往他的出生地蘇格蘭，參加在格拉斯哥舉行的不列顛科學協進會（British Association for the Advancement of Science, BAAS）年會。他計畫在此場合發表關於統一時間的論文，但是不知是什麼原因，他一直沒有機會。[7] 一八七八年八月，在BAAS的都柏林年會上，他再度嘗試發表，也再次失敗。BAAS年會上其他的演說者都是科學界地位顯赫的菁英人物，無人在意這位無名小卒的加拿大人其實並不意外。[8]

在英國遭到冷落之後，他將他的論文印製了一份法文版本，打算在巴黎世界博覽會（Paris Exposition Universelle，一八七八年五月至十一月）交給他的一位美國同僚閱覽，這人是紐約哥倫比亞學院（Columbia College，現在已改制為大學）的院長費德瑞克·巴納德（Frederick Barnard）。遺憾的是巴納德並沒有露面。[9] 姑且不論佛萊明的主張是否高明，反正無法引起別人的注意。在受挫之後，他於一八七八年秋天返回加拿大。

回到北美之後，佛萊明開始轉運了。透過與費德瑞克·巴納德的聯繫，他得知AMS也在討論時間改革，而且巴納德就是該組織的主席。AMS是自一八七三年開始，在克里夫蘭·阿貝的領導下從事時間改革的研究。克里夫蘭・阿貝對於時間改革的興趣來自一八七四年，他想知道極光在地球之上的高度。[10]全美有許多志願者幫他測量，但是阿貝卻是無法整理這些資料，因為每位觀察者都是使用不同的地方時，而且也未能指出他們鐘錶的錯誤。[11]阿貝於是開始尋找解決之道，而AMS是他討論時間標準化以利科學觀察的絕佳場所。

佛萊明很高興能夠找到可以嚴肅討論時間改革的同伴。對他而言，AMS是一大有可為的機會，但是他同時也視為一大威脅。他之前曾自行印製一些有關時間改革的小冊子，

桑福德・佛萊明（Sandford Fleming），一八九五年。

但是發行量並不大。他擔心AMS會趕在他的研究尚未獲得認可之前，就發表其他人有關此一議題的論文。他迫切需要一個備受尊重的科學研究團體來發行他的論文。

佛萊明於是求助於加拿大研究所（Canadian Institute），這是他一八四九年在多倫多幫助設立的專業機構，最初是作為工程師與測量人員的論壇，後來則從事於推動科學的發展。儘管至少已有十年未曾與該機構來往，不過佛萊明發現他過去的關係讓他的論文得以透過此一專業社團對外發表。現在佛萊明成為阿貝與AMS的盟友，而不是競爭對手。[12]

佛萊明早期的計時論文錯誤百出，而且盡是複雜的方法。他的概念不斷演進，不過其核心論點維持不變。他主張計時系統應有三項改變。首先，他要以全球二十四個標準化時區來取代現行個別的地方時，這些時區每個有十五個經度，分別代表一個小時。其次，他倡議全球使用一個子午線來測量時區。子午線對於航海至關重要，而在一八七〇年代有數十個子午線，但是一直沒有同意設立單一的本初子午線。佛萊明並不特別在意本初子午線設立的地點，不過他比較傾向於距離格林威治一百八十個經度的地方，即是在白令海峽的中央，因為那兒是一中立的位置，沒有任何陸地。第三與最後一個改變，他主張使用有二十四小時的時鐘，同時取消上午（AM）與下午（PM）的做法（他錯過火車就是由於時刻表印錯AM與PM，而他主張一天有二十四個小時則是為了與全球二十四個時區對稱）。

佛萊明以其政治關係來彌補在學術界關係的不足，至少在加拿大是如此。透過加拿大研究所，他將論文交到加拿大總督，維多利亞女王的女婿羅恩侯爵（Marquess of Lorne）手上，後者又將論文轉交給英國殖民地部（Colonial Office, CO）與其他國家，徵求他們的看法。[13]

然而反應並不特別令人鼓舞。殖民地部拒絕採取任何官方行動，在一八七九年十月回覆：「女王陛下政府的慣例是在社會重要議題上，避免干擾已經公認的運作方式，直到社會自發性地採用其他新穎的方法……益趨廣泛，需要以權威性的法規予以規範……不過目前顯然還未出現這樣的情況。」[14]換句話說，英國政府拒絕強迫其人民改變他們計時的方式。這是一個對政治哲學產生重大影響的決策：政府是否應該調整其社會規範，深入程度甚至到要求人民重新安排他們計時方式？在一八七九年，答案是絕對不行。[15]

一如既往，科學界也是抱持懷疑的態度。例如英國皇家天文學會（Royal Astronomical Society）的成員在理事會會議上檢視該篇論文，卻是拒絕發表任何評論。[16]皇家地理學會（Royal Geographical Society）的態度相對溫和，但是也對時間改革計畫的可行性表示懷疑。「我們對於此一提案沒有任何意見，」其中一位會員寫道：「除了不切實際之外，因為如此，沒有一個科學團體會認真考慮。」[17]英國皇家學會（Royal Society of London）儘管傾向支持該概念，但是也指出，「這類計畫不大可能有成功的機會，除非文明國家普遍願意慎重看待此一問題。」[18]換言之，在一八七九年，大家都認為佛萊明統一標準時間的計畫是白日夢，雖然值得嘉許，但是無法實現。[19]

也有人徵詢皇家天文學家喬治・艾里與蘇格蘭皇家天文學家查理斯・皮亞茲・史密斯的看法。身為英國天文學界的最高權威，他們的意見有舉足輕重的分量（如後面所述，艾里的分量又重於史密斯）。然而他們都是嗤之以鼻。史密斯斷言地方時永遠不會遭到取代，「不論這一計畫是由少數非常有學問的人所拿出來的，寫得是多麼天花亂墜。」[20]他並且譴責佛萊明選擇以白令海峽作為本初子午線設立的地點，身為熱情的英國國家主義人士，他對將本初子午線設在遠離英國文明中心的想法憤怒不已，「那是在世界一個沒有人煙，或者只有少數人居住的角落，他們是可憐的堪察加語系（Kamchatkan）野蠻人，生活在一食難求的雪山荒原之中，受到可疑的俄國統治。」[21]史密斯種族歧視的言語還伴隨著同樣令人憤慨的政治指責。他稱佛萊明追求全球化與國際化的計畫是共產黨的胡言亂語。在史密斯眼中，佛萊明「完全與常識背道而馳」。[22]

史密斯提出他認為最適合本初子午線的地點：埃及的吉薩大金字塔。[23]這座金字塔位於英國與其最珍貴的皇家財產印度之間，不過史密斯之所以中意這個地點還有一個原因，他認為這座金字塔擁有神祕的法力，能夠預示英國未來在神旨下的國運。佛萊明的標準時間概念顯然與史密斯非正統的觀念相衝突，後者絕不可能給予支持。

艾里儘管相對溫和，但是一樣刻薄：「我認為佛萊明先生論文的頭一部分毫無價值（取消地方時並以時區取而代之，並以複雜的符號取代一到二十四的數字），其次，至於本初子午線，沒有一個講求實際的人會需要這樣的東西。」[24]對於後者，艾里並沒有錯：本初子午線確實沒有必要性。子午線不過是從北極到南極的任何一條經線。在大海中航行，水手可以選擇任何一條經線作為依據。導航員可以設置時鐘來配合他所選擇經線的時間。在航程中，他們透過比較子午線與地方時的比較來計算他們的經度，從而知道他們在海上的位置。所有的地圖與曆書都是基於方便選擇子午線，因此他們選擇的子午線位於何處並不重要。天文台能夠選擇最適合的子午線，因為它們有最精良的設備來確定地方時，不過導航員只需利用他們所看到的最後一塊土地，或是他們最後離開的港口。[25]沒有人會認真考慮全球性的計時系統，因為這套系統需要一條本初子午線來避免各個標準時間（每條子午線所使用的時間）的挑戰。

艾里在一八七八年二月就曾讀過佛萊明早期有關時間改革的文章。[26]他的反應冷淡，不過私下表示這樣的改變必須來自社會公眾的習慣，不是政府。[27]他指出，英國民眾的習慣已經調整過一次，是在鐵路於一八四〇與五〇年代採用格林威治時間之後，當時是為了便利，而不是受到政府的強迫。（格林威治時間直到三十年後，也就是一八八〇年，才成為英國的法定標準時間。）[28]在英國鐵路與電報採用格林威治時間上，艾里出了不少力，但是他無意在國際上推行格林威治時間，更遑論是要透過政府的強迫手段。[29]

佛萊明爭取盟友

在西歐再次受挫之後，佛萊明決定改變策略。就某方面而言，他是接受艾里的建議，開始從鐵路尋找出路。鐵路是門運輸生意，不是政府與科學，他的時間改革概念在這裡找到第一個歸宿。

佛萊明在一八八〇至一八八三年這段期間相當活躍：寫信、建立人脈、上訪請願、準備與進行測量、參加會議。不過，佛萊明也只是眾多聲音中的一個而已。克里夫蘭·阿貝、威廉·艾倫、費德瑞克·巴納德與托馬斯·埃格斯頓（Thomas Egleston，美國工程師）都在其中扮演重要角色。這些活動也強烈顯示標準時間並非發明下的產物，而是一項倡議。鼓吹與宣傳將此一議題由朦朧的烏托邦計畫，推向具有實現可能性的領域。

進行這些鼓吹行動與討論的場所是專業協會。佛萊明的加拿大研究所與阿貝以及巴納德的

AMS攜手合作，不過佛萊明同時也加入其他的團體，向美國土木工程師學會（American Society of Civil Engineers, ASCE）與美國科學促進會（American Association for the Advancement of Science, AAAS）提出他的概念。[30]當然，在這些社團中只有一小批成員對時間改革感到興趣。[31]不過這些人的聲音由於一個專業協會的策略性支持而擴大。

佛萊明說服ASCE設立一個標準時間委員會，由他來擔任主席。他上任後立刻展開工作，利用該學會的人際網路，對墨西哥、加拿大與美國的工程師和鐵路經理，以及感到興趣的學術界進行問卷調查。[32]受訪者全都同意鐵路需要調整計時方式，但是對於如何調整卻是意見紛歧。例如有許多人認為，並不需要將地方時與鐵路時間相連接。不過此一調查結果確實突顯北美的鐵路網迫切需要一套加強管理的時間系統。[33]ASCE帶著這些調查結果，向美國國會提起訴願，要求召開國際會議來設立一套全球時間系統。與此同時，AMS也配合ASCE，加入遊說的行列。阿貝最初認為美國政府可能不會召開這樣的會議，而將希望寄託在加拿大政府身上。[34]但是在加拿大總督的遊說無法引起英國科學界的興趣之後，AMS只好將目標轉向內部。

毫無疑問，AMS是在時間改革上最受尊重與具政治影響力的美國學會。埃格斯頓在一八八三年初曾向佛萊明解釋，光靠ASCE其實成果有限，因為工程師沒有多少政治影響力。但是如果有AMS的協助，「就可以爭取到這個國家最有權勢之人的興趣與合作，如果只是靠土木工程師可能就辦不到了。」[35]不過遊說過程相當複雜，同時美國通信勤務部（U.S. Signal Service）與美國海軍天文台間的內鬥也造成重大影響。[36]此外，並不是所有的時間改革人士都支持AMS。時間改革運動確實開始擴大，但是也造成許多摩擦與內鬥。

透過AMS，佛萊明最終的確接觸到「這個國家最有權勢的人」，但是此一過程進展緩慢。為了爭取盟友，他在英國與法國受挫之後廣撒人際網路，追逐任何露出興趣的團體與組織。他有幸得到AMS的支持，但是他同時也與一些名聲敗壞的組織糾纏不清。

最好的例子就是國際保存暨完善盎格魯—撒克遜度量衡研究所（International Institute for Preserving and Perfecting the Anglo-Saxon Weights and Measures, IPAWM）[37]，該組織是一八七九年由一位鐵路工程師查爾斯·拉蒂默（Charles Latimer）在俄亥俄州的克里夫蘭成立，名義上是鼓吹繼續使用英國（皇家）的度量衡制度。在那個偏愛將所有事物量化、分類與測量的時代，這類團體並不少見。[38]要測量某樣事物是為了要了解它，物種分類、計算天體圍繞太陽的旋轉，或是丈量土地與長度等行為創造了某種專門的「學問」。不過這種一絲不苟的測量與繪圖並非純粹是為了科學，它們在現實世界中有其目的，而且往往是與殖民主義有關。[39]儘管IPAWM是非主流的組織，但是在全球量化運動中卻是相當活躍。

雖然稱之為「運動」，但是並不意味團結一致。大家對於何者才是物理世界的最佳測量方式往往是意見紛歧，爭論不休。IPAWM尤其敵視法國的公制，當時公制正快速獲得全球公認是「最完美」與最公正的制度。但是IPAWM卻視其為一大詛咒，認為其所依據的標準大錯特錯，英國的系統才是受命於天。

IPAWM支持英國的系統並非罕見，然而它所舉出的理由卻是離經叛道。該研究所的所長查爾斯·拉蒂默熱衷於查理斯·皮亞茲·史密斯的金字塔學。根據此一理論，以色列奴隸是在神的旨意下建造吉薩大金字塔，史密斯與他的追隨者則是宣稱在測量這座金字塔時發現有使用英國的英寸的證據，因此英國的度量衡制度是神的啟示。

史密斯的會員資格解釋了ＩＰＡＷＭ中的國際二字，但是其他大部分的成員都是美國人，而其活動都是以在克里夫蘭的拉蒂默為中心。[40]儘管如此，一八八一年，同時也是ＡＳＣＥ成員的拉蒂默發表一篇有關吉薩大金字塔重量與長度的論文，引起佛萊明對他與ＩＰＡＷＭ的注意。埃格斯頓與巴納德都要求佛萊明不要理會此一荒謬的論點。[41]巴納德稱ＩＰＡＷＭ是一個「反動社團」，同時還將自己一篇駁斥史密斯與拉蒂默有關金字塔學的論文交給佛萊明閱讀。[42]埃格斯頓則是寫信警告佛萊明，ＩＰＡＷＭ是一個「名聲敗壞的組織，在與美國政府的通信中對巴納德博士極不尊重。我碰巧認識該社團的領袖人物，他們實在難以相處。」[43]巴納德與埃格斯頓都很討厭ＩＰＡＷＭ，佛萊明曾建議讓ＩＰＡＷＭ加入ＡＭＳ與ＡＳＣＥ推動時間改革的工作，然而ＡＭＳ與ＡＳＣＥ的委員會為了避免與ＩＰＡＷＭ合作，乾脆暫停遊說召開時間改革國際會議的工作。[44]巴納德、埃格斯頓與拉蒂默在時間改革上可能有許多相同的看法，但是他們之間的敵意太深，根本無法合作。尤其是巴納德，他熱烈支持公制，不能容忍拉蒂默的胡說八道。

不過儘管如此，佛萊明依然與ＩＰＡＷＭ保持聯繫，因為拉蒂默展現出對標準時間極大的興趣，而且佛萊明也需要盟友。一八八一年底，拉蒂默邀請佛萊明加入ＩＰＡＷＭ新成立的標準時間委員會。在此同時，拉蒂默也寫了一封內容有關佛萊明的信給史密斯，信中指出雖然佛萊明與巴納德走得很近，但是並無跡象顯示他同意巴納德支持公制的態度。拉蒂默也告訴史密斯，佛萊明不必然會堅持以白令海峽作為本初子午線的地點，史密斯在幾年前就曾表示反對此一地點。[45]之後，在一八八二年的十二月，拉蒂默單方面地將佛萊明註冊為ＩＰＡＷＭ的會員，希望他能加入他們反公制的行列。[46]

佛萊明雖然從來沒有支持拉蒂默其他一些異想天開的主意，不過也持續幫助IPAWM處理一些事務，在標準時間委員會內回答關於時間改革的問題，與在該團體的刊物上發表文章。[47]一八八三年十一月十八日中午，美國（與加拿大）的鐵路同意使用時區的做法，拉蒂默對佛萊表達祝賀之意，並且替他打抱不平，表示多德與艾倫搶走了原該屬於佛萊明的功勞。[48]

佛萊明加入IPAWM，終究是徒勞無功。實際上，此一情況反而拖延了他與ASCE、AMS間的合作進展。不過在經過初期的打擊之後，他願意加入任何支持他的團體，儘管該團體可能名聲惡劣，尤其是IPAWM還對他高度讚揚。不過，在其他地方，時間改革仍是困難重重。

在英國與法國出師不利之後，佛萊明將重心放在北美。不過巴納德仍與海外保持聯繫，他在一八八一年八月告訴佛萊明，他希望爭取「國際國家法律改革暨彙編學會（International Association for the Reform and Codification of the Laws of Nations）支持我們計畫的聲明。」[49]但是結果令人失望。不過在一八八一年九月出現了一個頗值得期待的機會，即是在威尼斯舉行的國際地理大會（International Geographical Congress, IGC）。此一供地理學家齊聚一堂進行討論的專業會議，在一八七〇年代曾召開兩次，並且基於導航的目的曾經討論本初子午線的議題，不過最終決定擱置，沒有再做進一步的討論。[50]巴納德與佛萊明希望能讓這個議題敗部復活。

為了準備參加威尼斯的會議，巴納德最後一次嘗試說服史密斯與艾里這兩位皇家天文學家。史密斯告訴他，他的看法沒有改變。[51]艾里也是一樣頑固：「一個住在愛爾蘭或土耳其的人與世界時間有什麼關係。它是供水手使用的，他們的職業使他們必須穿越許多經線……這就是最終的用途。」[52]巴納德為之氣結，抱怨艾里根本就不懂佛萊明的論文（艾里在他的信中也是這麼說的），他對「說服他不抱希望。他無庸置疑是一位大人物，但是太自以為是，而且有時也會犯錯，就像亞當斯與海王星事件一樣。」[53]在一八四〇年代，艾里厚顏無恥地宣稱劍橋的天文學家亞當斯（J.C. Adams，是一八八四年參加IMC會議的成員之一）發現了海王星，然而實際上是法國數學家於爾班・勒威耶（Urbain le Verrier）發現的，亞當斯不過是預測了海王星的存在與位置。巴納德對於這位老人的固執頗不以為然，他告訴佛萊明，「他們（艾里與史密斯）太令我失望了。」[54]

在無法說動英國頂尖天文學家之下，佛萊明於一八八一年九月隻身前往威尼斯。阿貝與巴納德則是分別寄出信件，請人在大會上代為朗讀。IGC對佛萊明的建議顯露一些興趣，但是並不足以產生作用。[55]他並沒有說動義大利的地理學家遊說他們的政府召開另一次國際會議。此一議題一直就停留在小組委員會內，並沒有在大會上提出表決。紛歧的意見與毫無保留的敵意阻礙了改革人士的努力。[56]義大利政府行動緩慢，直到一八八二年三月都沒有任何動作。[57]佛萊明只好把注意力放在已經計畫召開的國際本初子午線華盛頓會議身上，該會議是AMS在長期遊說與努力後終於收穫的成果。[58]

一八八三年十月，義大利在羅馬舉行國際大地測量學會（International Geodetic Association, IGA）大會，本初子午線的議題再度搬上檯面。飽受打擊的佛萊明並沒有參加，他寫了一封信給他的朋友，時任加拿大鐵路與運河部長的查爾斯・塔珀（Charles Tupper），「據我對這類經常在歐洲城市舉行的會議的了解，除了將解決協議無限期延後之外，我不奢望會有任何令人滿意的結果或是有任何結果。這個國家（加拿大）的人比較實際。」[59]不過佛萊明若是到羅馬，就會得到一位意想不到的盟友。參與會議的英國代表中有一位是威廉．克里斯帝（William Christie），他是取代艾里的新任皇家天文學家。克里斯帝基於其自身的理由對本初子午線的概念頗為友善，在IGA與其他相關團體都給予幕後的支持與推動。

在克里斯帝的影響下，IGA的羅馬大會通過了幾項具前景的協議，包括選擇在格林威治設立本初子午線，正式同意美國的提案，在一八八四年於華盛頓舉行外交會議，批准此一設立本初子午線的計畫。[60]但是羅馬大會的與會者都是科學家，不是官方的外交代表，因此不能做成任何具有約束力的協議。此外，它還提出一項頗具爭議的交換條件，反而使得整個情勢益發複雜：如果其他國家放棄他們自己的子午線計畫，轉而支持格林威治的本初子午線，作為回報，英國也會改為支持公制，或者至少分擔一八七五年公制公約的費用，該公約同意設立一個標準檢驗局來統一與核對各個測量方式之間的差異。由克里斯帝領銜的英國代表團並沒有反對此一交換條件，甚至對英國分擔公制公約的費用也持開放的態度。[61]

然而對佛萊明而言，遺憾的是克里斯帝缺少政府的支持，在分擔公制公約費用的交換條件上，引發英國政界的反彈。[62]此外，儘管佛萊明是希望建立一套人人可用的世界時區系統，但是羅馬大會所通用的卻是專門供鐵路、船舶、電報與天文台所使用的時間系統。[63]由此顯示，羅馬大會的本意是世界時間是專供科學界使用的工具，並非供一般大眾日常生活使用。

相較之下，時間改革人士在北美的運氣要好一些。受盡委屈的佛萊明在沮喪之餘，曾說出他所在的大陸要比歐洲「實際」的氣話。但是一向具有前瞻性思維的北美被歐洲舊世界保守主義拖累的說法卻是毫無根據。[64]北美也有一些人，如天文學家西蒙．紐康（Simon Newcomb），反對時間改革，就像歐洲也有一批人支持時間改革。[65]例如俄國的奧托．斯特魯維，早在佛萊明之前就已在提倡本初子午線的概念（供導航使用），而且佛萊明最忠實的支持者之一是西班牙海軍軍官胡安．帕斯多林（Juan Pastorin，後來參加IMC）。或許歐洲科學家，尤其是學術界，懷有帝國的傲慢，使得他們對來自如佛萊明這種殖民地子民的主張不屑一顧。但是殖民地與領地也有許多傑出的學者，足以與歐洲概念的學者並駕齊驅。[66]佛萊明在歐洲受挫，帝國的偏見並非唯一的原因，專業意見紛歧也是主要因素。佛萊明是工程師，不是科學家，即使是在北美，他所接觸的最多僅及工程師與鐵路官員，不是科學家。

現在輪到威廉．艾倫出場了。艾倫是在後來才加入時間改革行列，他是美國一位鐵路工程師，也是《美國與加拿大官方鐵路旅遊指南》（*Travelers' Offical Railway Guide for the United States and Canada*）的編輯。他在一八八一年晚期得知AMS、加拿大研究所與ASCE聯手推動時間改革，於是加入他們的行列。在AMS持續努力遊說華府召開時間改革國際會議的同時，艾倫則是將焦點放在鐵路上，尋求能夠立即做出改變。他憑其為通用時間會議（General Time Convention）祕書長的身分，將時區應用於美國與加拿大所有的鐵路上。該會議每年兩次的集會原本是協調各家鐵路公司的時刻表，不過艾倫最終將重點轉移至使用統一的時區系統。一八八三年十月，在羅馬大會進行的同時，加拿大與美國的鐵路公司也在鐵路重鎮芝加哥召開會議，同意自一八八三年十一月十八日周日中午開始採用，以格林威治作為本初子午線的標準時間。

此一事件後來也被披上神祕的外衣。在一九四〇與五〇年代的每一年，美國鐵路協會（Association of American Railway）都會盛大慶祝這個「有兩個中午的節日」，也就是北美大陸時鐘進行調整，標準時間誕生的日子。[67]但是一八八三年十一月十八日的改變其實並沒有那麼重要。嚴格說來，它並非世界標準時間，也沒有通行於全世界或是美加兩國人民的日常生活之中。它只是針對鐵路時間而不是地方時。在許多地方，地方時並沒有隨之改變，旅客到了火車站還必須依據鐵路時間來調整他們的鐘錶。儘管有許多大城市都為配合鐵路時間而對地方時進行調整，但是並非全部。

在那些配合鐵路時間調整時鐘的城市，批評聲迅速四起。[68]例如來自印第安納波利斯（Indianapolis）的一則抱怨哀嘆「太陽不再是工作的老闆了。人們——五千五百萬人（換言之，就是美國人民）——必須根據鐵路時間吃飯、睡覺、工作與旅行。這根本就是一場叛變，太陽必須按照鐵路時間升起與落下。未來所有的星球都必須根據鐵路大亨的安排來運轉。人們必須依據鐵路時間結婚與嚥氣。牧師必須依據鐵路時間傳教……我們原本以為太陽、月亮與其他星座不必理會鐵路大會的指令，但是它們最終還是屈服了。」[69]其他一些批評——包括專家與外行人士——則是會提出一些反制的建議。例如多倫多的一位匿名婦女在一八八三年十一月十九日，也就是鐵路時間實施的第二天，寫信給佛萊明，提出自己的計畫。她建議一天分成十二個小時，每小時延長為一百二十分鐘。如此這般，她表示，「中午就會和舊時一樣，是在第六個小時，完全符合猶太人的曆法，那個有史以來最偉大的故事（意指《聖經》與耶穌基督）也將再度受到人們傳頌。」[70]這位婦女以其信仰提出的建議顯示此一改變對某些人而言是深度個人化的事情——是一個存在的問題，不僅僅是一個調整鐘錶的動作。

至於佛萊明，根本就沒有在他的日記中註記「有兩個中午的日子」。對他而言，革命尚未成功。他有更為遠大的目標。首先，是推動鐵路時間為美國與加拿大的法定時間，徹底取消地方時。第二個是將時區的應用推廣至全世界。他發現要完成這兩項目標都極具挑戰性。

籌備時間會議

佛萊明尋求將標準時間轉變成法定時間的過程並不順利。他所憑仗的先例是一八八〇年英國通過的一項法案，將格林威治時間設為英格蘭、蘇格蘭與威爾斯的法定時間，並將都柏林時間設為愛爾蘭的法定時間。[71]但是佛萊明的批評者指出，格林威治時間並非時區。此外，在大英帝國，愛爾蘭海是這兩個標準時間的天然地理界限，可以避免突兀的時間變換。然而在北美大陸，缺少這樣的天然地理分界。同時在美國還牽涉到各州權力與保留權的問題：應該由聯邦政府，還是州政府來宣布法定時間？康乃狄克州在一八八二年自行宣布將鐵路時間設定為法定時間。佛萊明認為是一大勝利，但是也擔心會引發問題。由聯邦政府出手，可以確保統一美國的時間系統，而由各州立法，將會是一個漫長的過程。但是國家政府一向行動緩慢，到了一八九二年，也只有華盛頓的哥倫比亞特區把標準時間設定為法定時間。[72]

佛萊明尋求將標準時間推廣至海外的過程一樣緩慢，不過到了一八八二年八月，AMS終於說服美國願意召開討論標準時間的國際會議。美國對所有與其有外交關係的國家發出照會，詢問各國是否同意舉行這樣的國際會議。在各國表示同意之後（此一過程十分緩慢，尤其是英國政府的回應），美國國務院在一八八三年十二月發出請帖。這場集會——後來稱之為國際子午線會議

（IMC）——訂於第二年的秋天，也就是一八八四年十月在華府舉行。

作為時間改革最主要的推動人物，佛萊明顯然代表加拿大的最佳選擇。但是就和他遭到科學界的排斥一樣，他也幾乎被外交界摒棄在外。國際政治的詭譎多變、加拿大的殖民／自治領地位、部門間的對立，以及缺乏溝通，使得佛萊明幾乎失去參與會議的資格。儘管佛萊明現在被尊稱為標準時間之父，但是在當時卻是無足輕重的小人物。在歐洲人眼中，他不過是殖民地一位富有的鐵路人，腦中盡是一些不切實際的理想。他聲明參加此一國際會議是一場艱難的奮戰。

佛萊明其實早在會議舉行的一年前左右就展開遊說。一八八三年初，他請加拿大研究所與加拿大皇家學會對總督羅恩侯爵發出備忘錄，要求加拿大參與會議。總督的回答十分保守。加拿大是大英帝國下的自治領，與美國沒有直接的外交關係，因此能否參加會議，要看英國外交部的意思。不過羅恩也承諾（在一八八三年五月八日）如果加拿大受邀，不論是直接還是透過英國，都將會派遣代表出席。[73]

佛萊明對於這樣的答覆並不滿意，他在第二天寫了一封信寄給在倫敦的加拿大高級專員（相當於大使）查爾斯·塔珀。「依情勢來看，」佛萊明在信中寫道：「加拿大並未獲邀參加計畫在華盛頓舉行的國際會議，可是全世界沒有一個國家會比加拿大更希望找出這個問題的解決方案，更何況加拿大就是此一議題的發起國。」[74]佛萊明顯然指的是，他早期在加拿大研究所發表的論文。他請求塔珀幫忙讓加拿大能獲邀與會。

作為自治領，必須要有美國國會的具體行動與大英帝國女王陛下的同意，才能獲邀。一個較為可能的解決方法是讓加拿大成為英國代表團的成員。一八八三年六月九日，在經過一連串的書信往返之後，佛萊明被告知如果加拿大獲邀，他將是代表之一。[75]他終於獲得參加會議的資格，但是前提是加拿大必須獲邀。

在倫敦的塔珀忙著幫佛萊明打通關節。此一過程簡直是一團糟，因為根本就不確定該由哪個政府部門負責。殖民地部牽涉其中，因為它主管加拿大對英國的所有關係，但是這是一場國際會議，因此也與外交政策有關，意味外交部有權決定與會代表。但是貿易局轄下的科學與藝術部（Science and Art Department, SAD）則是管理所有與科學、科技相關的事務。在一八八三年秋天的羅馬會議上，與會的英國科學家就是經由科學與藝術部選拔的。鑑於本次華盛頓會議討論的是相同的主題，因此看來科學與藝術部也應該參與挑選代表的事務。這三個部門各有各的立場，而且是平行單位，互不隸屬。然而還有一個問題使得這整個官僚作業更為複雜：經費。若是沒有財政部批准參與會議代表的旅費，這三個部門根本就無法運作。

一八八三年春天，殖民地部經由加拿大總督與塔珀得知，佛萊明這位加拿大人希望能夠與會，於是將此一皮球踢給外交部。外交部頗為猶豫，因為其中牽涉到兩個問題，首先，美國還未正式發出邀請。美國只是在一八八二年秋天發出照會，詢問若是要召開此一會議，英國是否有意參加。英國是在一八八二年十一月收到此一照會，其中甚至沒有談到日期。第二，財政部內部已經決定不再資助這類會議的與會代表。[76]有鑑於此，外交部提出一個替代性方案。外交部知道科學與藝術部參與了羅馬會議的籌備工作，因此詢問佛萊明是否願意參加該會議，以代替華盛頓會議。[77]一八八三年六月九日，殖民地部回覆佛萊明拒絕此一替代性方案，並且指出他想參加的是華盛頓會議，不是羅馬會議。殖民地部並且建議外交部要求英國駐美大使萊昂內爾・薩克維爾・威斯特（Lionel

Sackville-West）設法讓佛萊明成為與會代表的一員。威斯特於是找上美國國務卿弗德瑞克・弗里林海森（Frederick Frelinghuysen）。弗里林海森表示他很樂意承認佛萊明的與會資格，只要英國同意參加此一會議。[78]換句話說，除非佛萊明是英國的代表，否則不會受到個別的承認。然而鑑於財政部在前一年十一月做成的決定，大英帝國可能根本就不會派遣代表與會。[79]

一八八三年七月初，在得知英國可能不會參加擬議中的華盛頓會議之後，佛萊明透過塔珀給英國政府寫了一封信，敦促英國參與此一會議。他指出，加拿大與美國都願意接受格林威治為設立本初子午線的地點，但是除非英國與會，否則仍難有任何結果。佛萊明強調只有英國的參與，「長期以來困擾地理學家、天文學家與導航員的問題」才能獲得解決。[80]

佛萊明的請求在一八八三年夏天一直沒有得到回應。由於沒有來自美國方面的任何表示，英國外交大臣格蘭維爾伯爵（Lord Granville）也樂得將此一議題擱在一旁，靜待羅馬會議的結果再做定奪。[81]一待羅馬會議結束（一八八三年十月），佛萊明立刻抓住機會，再度提起華盛頓會議的議題。他想打鐵趁熱，希望羅馬會議頗有可為的結果與美國和加拿大採用鐵路標準時間，也許能夠激發更多的興趣。為了提出這個議題，他再度找上查爾斯・塔珀。他們兩人有長久的友誼與共事關係。他們至少在一八六四年時就認識了，當時塔珀是新斯科舍省長（Nova Scotia），他聘請佛萊明擔任新斯科舍省鐵路總工程師，後來又提名他為加拿大太平洋鐵路公司的總工程師。雖然塔珀（時任鐵路暨運河部長）最終因鐵路計畫超過預算而被迫在一八七九年開革佛萊明，但是兩人一直維持私誼。他們之間的友情因他們的兒子一八八五年一起志願從軍對抗西北叛亂（North West Rebellion）而更加深厚。[82]塔珀對佛萊明的仰慕可以從隨附在佛萊明信件的一封短柬看出來，他在短柬中建議應授與佛萊明騎士的頭銜，而後者也在一八九七年獲得此一榮譽。[83]

一八八三年十一月初，塔珀將佛萊明的信件轉交給殖民地部。他們兩人在信中都強調格林威治有可能成為全世界的本初子午線。他們並且指出北美鐵路最近的發展使得美國成為英國爭取格林威治作為全球本初子午線的盟友，而且俄羅斯也是支持的一方。「我預期只會有一種結果，」佛萊明表示：「只要女王陛下願意接受邀請。」[84]但是儘管他努力不懈，此一議題在新年以前一直都未受到重視。

進入一八八四年之際，美國終於正式發出請帖，會議時間訂在一八八四年十月一日。一八八四年一月，英國科學與藝術部交出有羅馬會議的報告，在等待回應的同時計畫設立委員會來討論有關出席華盛頓會議代表的事情。[85]外交部手上既有科學與藝術部的羅馬會議報告，也有美國的請帖，必須決定是否參加華盛頓的會議。它與財政部進行討論，但是後者已不只一次表態對於此一會議興趣缺缺。財政部問格蘭維爾，是否有任何「政治理由」接受邀請。[86]外交部承認華盛頓會議的政治意義不大，不過財政部應該徵詢殖民地部與科學與藝術部的意見。這兩個部門都認為此一議題（本初子午線）有一定的重要性。[87]殖民地部代表佛萊明回答，是的，確實重要，應該派遣代表與會。[88]

然後財政部不知是出於什麼原因竟然去徵求皇家學會的竟見。此舉使得科學與藝術部長約翰．唐納利（John Donnelly）大感困惑，而且惱火不已。「怎麼會這麼辦事，他們根本就沒告訴我們——我倒要看看我的人會有什麼反應。」他寫道。[89]不過儘管遭到冷落，至少有一點是讓唐納利值得慶幸的，就是皇家學會沒有扯他後腿。皇家學會，這個地位崇高的組織，在一八七九年還對佛萊明的時間改革論文嗤之以鼻，如今卻是告訴財政部，這是一項值得追求的目標。皇家學會委員會在會議後草擬了一份回覆指出：「綜觀全局，如果我們的政府參加華盛頓會議，格林威治子午線就有極大可能為文明世界採用。但是如果這個對選擇子午線的興趣遠高於其他任何人的國家，認為不值得在此一事務上採取任何步驟，也就無須討論此一決定是如何做成的，也不必在意我們龐大的商業航運必須改變長期以來使用的經線，可能造成的不便。這樣的不便並不會限於我們的國家，因為許多外國都會和我們一樣採用格林威治子午線。」[90]

皇家學會的態度可謂一百八十度大轉變。它的成員現在認為英國應比任何國家都關切本初子午線的議題，然而在五年前他們卻是認為這個想法不切實際。新任的格林威治皇家天文學家威廉・克里斯帝非常希望他的天文台能被選中，成為世界本初子午線的設立地點。他曾代表科學與藝術部參加羅馬會議，皇家學會委員會交給財政部的答覆也是他起草的。[91]但是皇家學會支持的是針對航海的本初子午線，並不一定要使用於民間日常生活。如果沒有佛萊明二十四小時的時鐘系統與時區的概念，在英國本土設立本初子午線確實是一個頗具誘惑力的主意。由此顯示，皇家學會想要的其實與佛萊明所設想的完全不同。如果佛萊明成為與會代表，他的想法會與英國其他代表達成一致嗎？

一八八四年二月，沒有人再提起這個問題。財政部在二月十三日終於同意支付參加IMC的兩位代表經費，不過將選派代表的問題留待日後再討論。[92]各部門間的裂痕也就從這兒開始擴大。科學與藝術部認為，既然當初是由該部選派代表參加羅馬會議，現在自然是由它來負責選派華盛頓會議的代表。可是外交部認為華盛頓會議的性質與羅馬會議不同，是一外交會議，不僅僅是科學家的聚會。為了穩固自己的地位，科學與藝術部於是發函外交部，要求澄清責任的歸屬。[93]外交部最終同意放棄此一責任。在重新磋商下，外交部的角色變成只是為出席代表提供格蘭維爾伯爵的介紹信，讓他們具有正式的外交官員身分。[94]

不過外交部對於科學與藝術部侵犯其外交事務久久無法釋懷。在外交部官員間的私人信件中，一位官員寫道，在這件事情上，應由格林威治天文台、皇家海軍的水文部，或是皇家學會來選派代表——以此會議的性質來看，外交人員的作用其實不大。但是最重要的是，「南肯辛頓（South Kensington，意指科學與藝術部）應該迴避。」（這不是屬於他們的事務，儘管他們一心想插手其中。）[95]對於外交部的官員而言，不幸的是他們無法擊敗先例，然而科學與藝術部卻是擁有一個強而有力的先例，羅馬會議的代表是由他們選派的。[96]財政部在一八八四年三月拍板敲定，依循羅馬會議的先例，由科學與藝術部負責華頓會議的相關事務。外交部則是負責為出席代表頒發外交證書與支付他們的費用，當然以財政部提供的經費。[97]

在經費的問題解決後，科學與藝術部於四月與五月展開選拔代表的工作。它決定的人選是皇家海軍的水文地理學家，上尉費德瑞克．伊凡斯爵士（Captain Sir Frederick Evans），他也是皇家學會院士（FRS）、大不列顛暨愛爾蘭皇家亞洲學會會員（FRAS）與皇家地理學會會員（FRG），另一位則是劍橋的天文學教授約翰．柯西．亞當斯（John Couch Adams，海王星爭議中的主角之一），[98]他也是FRS、愛丁堡皇家學會會員（FRSE）與FRAS。除了這兩位外，科學與藝術部也建議殖民地部，加拿大與澳洲殖民地或許也願意派遣代表與會（由他們的政府出資）。殖民地部於是與外交部進行討論。但是直到此一時刻，沒有人想到澳洲。加拿大之所以被列入考慮，完全是因為佛萊明大力推動所致。不過為了公平起見，邀請澳洲與會不失為一個好主意。然而這也使得相關的外交事務益加複雜。美國邀請的是英國代表團，成員是佛萊明、費德瑞克與亞當斯，已無第四位的席位。但是澳洲是否也有意派遣代表？殖民地部在幾經考慮後，要求外交部去確認會議主辦國美國是否同意英國再增加一位代表。[99]

然而情勢卻變得更加混沌，一個星期後，科學與藝術部宣布印度國會已提名一位代表與會，印度高級行政官與科學家，將軍理查德．史崔奇爵士（General Sir Richard Strachey），他同時也是FRS與FRGS。[100]科學與藝術部要不是不知道華盛頓會議有一國只能有三位代表名額的限制，要不就以為殖民地的代表並不算是英國的代表。史崔奇曾參加羅馬會議，科學與藝術部只是依循先例而已。然而現在有五位代表人選，名額卻只有三位名額。

外交部很盡職地照會華盛頓，詢問英國的殖民地印度、加拿大與澳洲是否也能派遣代表。美國國務卿弗里林海森給了一個相當合理的折衷方案。如果英國與其屬地擁有五張投票權，然而其他國家只有三張，顯然不公平。不過，若是參與此一會議的地區越多，「此一會議的討論也會益加周詳，結論也會更具分量。」[101]有鑑於此，美國同意英國派遣五位代表出席，但是仍是只有三張投票權。

從美國的觀點來看，此一提議不失公平。但是英國卻是自找麻煩，而且看來只有殖民地部看出這一點。佛萊明由於打從一開始就參與了此一會議的籌備，因此他擁有一張投票權應是理所當然。但是澳洲可能就會抱怨為什麼他們的代表沒有，難道地位要比加拿大低一等。當時還不知道印度也要派遣代表的殖民地部想出兩項方案：以澳洲代表取代英國一位代表，或者乾脆就不要告訴澳洲當局有關華盛頓會議的事情。直到那時為止，還沒有人就此一會議的事情與澳洲進行接觸，科學與藝術部也只是提議而已。此外，英國一位官員指出，澳洲根本還沒有一條橫貫東西的鐵路，當地人民又怎麼會在意本初子午線？[102]更何況澳洲也沒有參加羅馬會議，澳洲輔政司德比伯爵（Earl of Derby）也從來沒有提過這件事情。[103]但是殖民地部的一些官員並不苟同，他們指出，「自從新幾內亞的問題以來，澳洲對殖民地部越來越感到不滿，如果不先與他們進行溝通，他們可能會認為這是來自唐寧街（Downing Street，英國首相）的侮辱。」[104]最終，殖民地部覺得不先徵詢澳洲的意見是不智之舉，於是要求南澳洲與其相鄰的殖民地聯繫，詢問是否要共同派遣一位代表出席。

與此同時，科學與藝術部根本就不曾考慮到殖民地間可能出現的嫉妒之情，擅自決定三位代表分別是亞當斯、伊凡斯與史崔奇。[105]該部的理由是：他們三人是直接聽命於英國政府，然而佛萊明卻是接受渥太華的指示。[106]

殖民地部的官員大為不滿。他們向外交部抱怨科學與藝術部的提名對佛萊明極為不公，因為他從一開始就參與此一會議的相關事務，若是將他剔除在外，可能會激怒加拿大政府。[107]只想丟掉燙手山芋的外交部回覆殖民地部，此一決定完全是由科學與藝術部做主。[108]

殖民地部的官員頗為氣憤。在一連串的備忘錄中，殖民地部的官員嚴詞批評科學與藝術部的決定。其中一位說道，科學與藝術部「在沒有事先與我們協商下，無權侵吞投票權，我認為必須抗議，因為可以確定如果佛萊明先生無法出席，一定會造成不快。難道不能對他們施加私人壓力嗎？」[109]另一位則是寫道：「他們應該視加拿大為一自治領，因為她本來就是，我認為或許可以稍微對美國政府施加壓力，讓其撤消那項決定（與會名額為三位的限制）……而增加一個名額。」[110]還有一位則是建議發函科學與藝術部，「指出他們事先沒有與我們協商的後果，將使得該會議的發起人桑福德·佛萊明反而無法與會，並且要求他們讓他也擁有一個名額。」[111]

在採取任何行動之前，殖民地部決定先證實佛萊明的各項努力，以作為向科學與藝術部抗議將他排除在外的依據，因為唐納利（科學與藝術部長）看來還一直以為此一會議是美國的主意。「目前無法確定，」殖民地部一位官員寫道：「印度是否願意將其名額讓給加拿大，因此我們必須先堅持立場。」[112]殖民地部於是編製了一份有關佛萊明各項行動的清單。佛萊明最早是在一八七九年向英國政府提出此一議題，儘管「那時英國學術團體幾乎全都不贊同他的計畫——由此也顯示我們的科學界並不支持他的概念……我們首次聽到有關華盛頓會議的消息，是來自加拿大建議佛萊明先生應代表該自治領出席該項會議。」[113]該份備忘錄最後指出，「但是（根據我的判斷），對佛萊明先生而言，問題在於他可能根本就不會獲得官方支持——因為最終可能就不會有華盛頓會議——我們也可能不會派遣代表與會。」[114]

在加拿大的佛萊明對這些紛紛擾擾毫不知情。一八八四年六月，在十二個月前獲得總督提名代表加拿大與會，但自此之後就一直再也沒有收到任何關於會議消息的佛萊明，寫信給塔珀與加拿大國務次卿鮑威爾（G. Powell），打探最新的發展。他要確保他的官方認可地位。[115]鮑威爾在幾周後回信表示，該部將會把他的名字交給大英帝國，指出他是加拿大的官方代表。[116]但是鮑威爾並沒有說出所有的故事，塔珀則是告訴佛萊明，他幾乎已確定為加拿大的代表，但是無法確定他是否擁有投票權。「殖民地部正在極力爭取由你來擔任加拿大的代表，並且確保你以這整件事情發起人的身分與會。」[117]

與此同時，殖民地部收到澳洲當局的回音。他們指出，由於他們的代表不具投票權，除了西澳洲之外，其他地區都拒絕派遣代表，他們認為各自闡述對本初子午線的立場，要比共同推選一位沒有投票權的代表更為適當。[118] 殖民地部總算鬆了口氣。（殖民地部原本一直在苦惱如何才能不讓澳洲覺得受到侮辱，私底下卻是認為澳洲當局暴躁而敏感，總是認為自己受到鄙視。該部很慶幸澳洲對於IMC不感興趣。）[119] 終於，現在的問題只剩下加拿大的投票權了。

面對殖民地部一連串的抱怨，科學與藝術部終於做出回應。科學與藝術部宣稱他們根本就不知道加拿大想要參加會議。[120] 該部並且辯稱之所以將此一自治領排除在外，是因為在此一議題上，「加拿大的利益可能與英國並不一致。」[121] 因此，科學與藝術部建議再次請求美國承認加拿大的代表，與英國完全分割開來。[122] 殖民地部認為這是最後一招了，於是要求外交部詢問美國的態度。

這是一個相當棘手的問題。它意味要讓一個自治領與其他國家平起平坐。這將造成困擾，因為大部分的國家都假設加拿大無論如何都會依照英國的指示投票，英國是在耍陰招來增加額外的投票權。這會造成一個「危險的」外交先例。

美國再一次地提出折衷方案。「沒有一個殖民地會受到個別承認，」美國的回覆十分直接。[123] 但是每個與會國家可以派遣五位代表出席，而不是原先所策劃的三位。[124] 此一折衷方案顯然令人欣喜。英國駐華盛頓外交使團的一位成員，勞威爾先生（Mr. Lowell）寫道，有關代表人數的新規定「可以讓利益各方都獲得代表，而這些利益可能是存在於所有強權下的自治領……女王陛下也可以在不違反平等對待各方勢力的原則下，確保大英帝國能夠代表其各種不同的利益。」[125] 現在英國除了本身的亞當斯與伊凡斯之外，還可以派遣佛萊明、史崔奇與一位澳洲代表出席會議，而且都擁有投票權。

如釋重負的殖民地部趕緊採取行動來確保佛萊明的代表資格。它擔心科學與藝術部「因為沒有事先與其溝通，而不願同意額外新增的兩位代表。」[126]殖民地部的一位官員立刻發函科學與藝術部以預防發生這樣的情況。[127]面對科學與藝術部之前辯稱當初不知道加拿大也要與會的事情，殖民地部一位官員大為憤慨，不禁在筆記上寫道：「愚蠢至極！」[128]另一位則是寫道：「應該不會在這麼短的時間內又惹出麻煩。」[129]他們的確有理由鄙視科學與藝術部的無能，然而這並非整件事情的全貌。科學與藝術部長期以來與科學界人士維持良好關係，其中有許多都對佛萊明全球時間改革的概念嗤之以鼻。對殖民地部而言，科學與藝術部對提名佛萊明擔任代表的事情一副事不關己的態度，是無能的表現。但是換一個角度來看，科學與藝術部的行為只要不再持續，影響微不足道。反正佛萊明的建議已獲得採納，英國自有口袋人選，沒有必要讓這位殖民地的工程師來擔任代表。

我們在敘述這件事情時，科學與藝術部的觀點大部分都付之闕如，對其無能的指責都是來自其他的部門。由於官方紀錄大都遺失或毀損，因此我們對科學與藝術部在本次事件中的行動也欠缺理解。不過所幸還有私人文件能讓我們拼湊出一八八四年所發生的事情與平反科學與藝術部的形象。科學與藝術部當年在協調IMC代表人選的同時，也正忙著處理一樁與公制爭議相關的國際事件。

此一「危機」起於一八八三年一月，瑞士公制局長阿道夫．赫希博士（Dr. Adolphe Hirsch）聽說擬議中的華盛頓會議，心中便浮現出一個主意。[130]他寫信給英國幾位科學界的大老，指出如果英國不參加華盛頓會議，該會議根本就不可能達成本初子午線的協議。但是，只要英國參加，再做出一些讓步，幾乎可以確定本次子午線就是囊中物。有鑑於此，他建議這些科學家能否向其政府提出一項交易——接受公制以換取法國同意格林威治本初子午線。赫希信中說他的計畫，他寫道：

「度量衡制度的改革經驗告訴我們，外交會議，好比說擬議中的華盛頓會議，能夠為科學性的討論提供具有官方性質的基礎，唯有如此，才能解決相關的科學爭議。例如一八七五年（巴黎）外交會議簽署公制公約，就是來自一八七二年九國際公制委員會（Commission International du Metre）的討論結果。」[131]

赫希認為，羅馬會議可以作為華盛頓會議的試驗場，為IMC的政治協議奠定科學基礎。赫希堅信這種預先的協議有其必要性，因為歐洲國家應該在IMC上團結一致，否則美國可能會強迫全球接受華盛頓子午線（當時還是在艾倫促成美國鐵路使用格林威治標準時間的幾個月前）。華盛頓可能會憑藉自己的天文台宣稱設立本初子午線，和格林威治或巴黎打對台。

赫希的計畫剛開始時相當成功。英國與法國確實在羅馬會議達成公制與格林威治子午線間的某種協議，儘管英國方面盡量想淡化此一發展。克里斯帝、史崔奇以及由科學與藝術部所委任的羅馬會議代表，都支持英國加入公制公約與繳交會費，但是並不一定要實施公制。他們承認公制公約可以確保英制與公制間的精確換算，因此英國應該為此一服務付費。

但是即使是微不足道的交易，也是困難重重。英國有一批像史密斯這樣堅定支持英制的人士，他們視此一妥協為一大錯誤，千方百計要破壞協議。英國準局長錢尼（H.J. Chaney）就強烈反對此一協議，他慫恿財政部不要支付任何費用。但是面對龐大的國際壓力，英國並沒有退出協議，她仍然繼續使用公制公約的換算工具，只是沒有支付相關費用。

當華盛頓會議代表人選問題於一八八四年初浮現時，科學與藝術部正深陷該危機之中。科學與藝術部必須確保所挑選的任何一位代表都對公制公約抱持溫和友善的態度，然而佛萊明卻是難以掌控，因此該部需要委派自己人來擔任代表。

這可不是一件小小的意見不合。財政部在憤憤不平的錢尼支持下，拒絕對公制公約支付費用，僅是提供一小筆象徵性的金額。公制公約的德國代表威廉．弗斯特（Wilhelm Foerster）向克里斯帝表示財政部此舉形同侮辱：「你們視這樣的金額是『向前邁進一步』，我相信你們的想法沒有錯，這筆費用只是作為貴國政府在完全遵從公制公約之前的過渡措施。但是此舉……在我們眼中，卻是近乎冒犯。」[132]蘇格蘭出生的大衛．基爾（David Gill）是現在被稱為南非的開普殖民地（Cape Colony）首席天文學家，據他指出：「英國所開出的條件讓大家都感到不平。」[133]其他國家為這些利益所付出的經費超過英國，他們都對英國感到不滿。公制公約要求英國支付與土耳其相同的費用，遠低於美國支付的水準。這些國家都沒有實施公制，但是都同意支付他們的份額。「英國拒絕支付，」克里斯帝寫道：「看來已引發公憤，使我們陷入遭到國際科學界隔離的處境。」[134]

克里斯帝打算遊說財政部支持公制公約的費用。他先是請求一位自由黨的政治人物彼得．麥克利弗（Peter MacLiver）在國會上提出此一議題，希望能夠藉此「加快財政部的行動」。[135]在麥克利弗的幫助下，他們接受安排拜會財政大臣。這場會面並不順利，錢尼極力反對，克里斯帝則是擔心他們所陳述的理由「無法令人理解」。[136]但是財政部的回應卻是相對正面。財政部向克里斯帝等人解釋，之所以拒絕支付任何導致英國走向公制的經費，是因為會「引發社會反感」。[137]不過該部基於職責已在考慮此一議題，並且了解IMC對於格林威治本初子午線的決議「可能會受到英國對於公制問題所採態度的影響」。[138]但是在財政部眼中，這兩項議題毫不相干，也不值得提供經費。克里斯帝等人指出，加入一八七五年的公制公約並不代表一定要使用公制，而且相關經費也低於財政部所認定的水準，此番說辭讓財政部考慮支付的意願大增。

與此同時（一八八四年春天），科學與藝術部、殖民部與外交部在華盛頓會議代表人選的問題上爭論不休。唐納利為科學與藝術部爭取到挑選代表的權力，該部決定選派支持以公制來換取格林威治子午線的人來擔任代表。由於史崔奇是其盟友，克里斯帝建議唐納利要求印度辦公室委任他來擔任印度代表。[139] 亞當斯與伊凡斯也是克里斯帝的主意。[140]

科學與藝術部對於華盛頓會議的期望是，解決與會議主題完全無關的一項科學爭議，即是加入公制公約的問題。至於佛萊明的計時改革計畫根本無關緊要，因此科學與藝術部也不予理會。事實上，就算科學與藝術部知道佛萊明想參加華盛頓會議，以他對公制系統模稜兩可的態度，也絕不可能是該部中意的人選。（佛萊明在兩邊都有聯繫，一邊是支持公制的巴納德，一邊則是反公制的ＩＰＡＷＭ。）因此若非殖民地部的介入，他根本不可能參加華盛頓會議。最終，這場爭議的結果是英國大部分代表都是因為他們對於公制的立場而被選派，而不是因為子午線的立場。諷刺的是，隨著華盛頓會議開議，這兩個概念間微弱的聯繫關係立刻遭到破壞，終至蕩然無存。在ＩＭＣ上，有關公制的討論是一筆帶過。英吉利海峽兩岸對於以格林威治子午線來交換公制系統的提議，很快就失去興趣。

法國的政治人物決定，不論英國做出何種讓步都不會支持格林威治子午線。根據赫希指出，即使有政治人物私下支持統一的本初子午線，也不敢以格林威治來取代巴黎。在一八八四年的時候，由於英國在埃及的軍事干預行動，國際輿論反英國的情緒高漲。[141] 至於在英國這一邊，此一交易也從來沒有實現。雖然財政部現在終於開始考慮支付英國在公制公約的會費，但是拖得太久了，而且顯然想將此一議題與子午線的問題分割開來。大衛．基爾對克里斯帝表示，這兩件事情必須分頭進行。基爾指出，即使法國現在不接受格林威治，最終也會在國際壓力下就範。[142] 克里斯帝寫信向赫希道歉：「這個國家的官方辦事總會拖延很長時間，當事務牽涉到多個部門時，它們必須透過通信來進行討論……我認為在公制公約上的問題，它們會單獨考慮，與本初子午線的問題完全分開來。就我的判斷，它們反對與法國或是其他任何國家進行以公制來換取格林威治子午線的交易。」[143]

當時是一八八四年七月，就是在財政部做出最終決定——加入公制公約，但是不會繳交任何拖欠的費用之前。[144] 克里斯帝不禁感嘆此一漫長而混亂的過程：「我們的政府拖了太久的時間才決定走出這一步，導致在本初子午線上原本的優勢喪失殆盡。」[145] 到了華盛頓會議在十月舉行時，這兩項議題已是毫無瓜葛。科學與藝術部當初費盡力氣要委派支持公制公約的人來擔任代表，現在卻是告誡它的代表，在華盛頓會議上不要提出此一議題。該部在其官方指示信函中還特別強調這一點。[146]

在選派代表的關鍵性階段中，有關公制的爭議一直是科學與藝術部的注意焦點，結果是完全忽視其他部門的意見，導致佛萊明幾乎無法與會。最終還是靠著殖民地部的努力，佛萊明才保住他的席位，在華盛頓會議上與亞當斯、伊凡斯、史崔奇坐在一起。但是也就如此了。

科學與藝術部、皇家學會（以克里斯帝為代表）在選派代表一事上的所作所為，都在在顯示一個思想僵化與保守的科學界只顧及自己的目標與優先要務，與佛萊明所關切的完全不同。儘管他們最後放棄以接受公制系統來換取格林威治子午線的計畫，他們對於計時系統的興趣也只是作為導航與天文的工具，不是公共計時系統的改革。他們對於佛萊明要建立一套統一的世界計時系統的概念完全不感興趣。在華盛頓會議上，佛萊明或許與英國其他代表坐在一起，代表同一個國家，但是在所希望達成的目標上卻是各有主意。

千頭萬緒與最後一刻的協議

佛萊明是在一八八四年九月二十五日收到ＩＭＣ的正式邀請，距離會議舉行僅有六天時間。[147]然而，有關澳洲是否參加的問題在九月再度浮現。雖然澳洲殖民地先前已拒絕參加，並且表示會以信函來各自表述立場，但是現在的情況有所不同了。之前他們沒有投票權，可是現在有了，因此看來參加會議比較合適。可是目前距離會議已不到一個月，他們的代表能否及時從南太平洋趕到華盛頓不無疑問。或者是否在就近有合格的澳洲與紐西蘭人，足以代表這些殖民地與會？數學家與昆士蘭前首席法官詹姆斯．科克（James Cockle）雀屏中選，他住在英國，因此可以趕到華盛頓。[148]所有的澳洲殖民地，除了西澳洲之外，都同意分攤科克的相關開支。[149]但是科克接到通知時已經太遲了，於是他拒絕此一任務。[150]美國直到十月二日才知道澳洲沒有派遣代表出席，當時已經開議了。[151]

佛萊明在ＩＭＣ的官方頭銜是「英國加拿大代表」。根據原先達成的協議，他與亞當斯、伊凡斯、史崔奇同為英國代表，每人都有一張投票權。但是一個小小的失算卻使他們又回到原點。儘管投票權的爭議引發多月來不斷地溝通與爭執，會議主辦方在十月卻是決定只能由國家投票，而不是個人。這樣一來，由於佛萊明名義上是代表英國，不是加拿大，使得他在會議上的話語權大為削弱。

他的美國友人的表現也不理想。起初一切看來都還順利。佛萊明的好友，AMS主席巴納德被委任為美國代表團的團長，艦長威廉·桑普森（William Sampson）則是副團長，他也是位於華府的美國海軍天文台的官員。但是美國科學期刊卻是大肆抨擊這項任命，指稱巴納德又老（他當時七十五歲）又聾（他先天耳聾，曾擔任聾人老師）；而桑普森又缺乏科學背景。152佛萊明曾因其為殖民地人民的身分與工程師的職業而被科學界排斥，經驗不足的桑普森則是在於威望不足。在此同時，巴納德儘管是一知名人物而且備受尊崇，但是批評人士擔心他年紀太大而且耳聾，恐怕無法適應需要激烈爭執與強大氣場的科學與外交世界。此外，他還有別的敵人，儘管名聲不大。佛萊明反公制的舊識查爾斯·拉蒂默尤其痛恨巴納德入選。一八八四年七月，IPAWM寫了一封冗長的信件給美國總統切斯特·阿瑟（Chester A. Arthur），揭露隱藏在華盛頓會議幕後支持公制的陰謀。IPAWM指稱，與會的三十個國家有二十國都支持公制系統，甚至連美國首席代表巴納德博士都是站在公制這一邊。該信建議讓IPAWM的一位成員也擔任代表，以抗衡公制改革派。153

IPAWM的信件石沉大海，毫無回應，於是拉蒂默在八月致函佛萊明：「我希望加拿大政府會委派你擔任代表，我請求你到了華盛頓要提防任何有關度量衡的議題。你在會議上將會發現巴納德的目的就是要提出此一議題。」154儘管拉蒂默頗為擔心，但是巴納德對時間改革的興趣並不亞於他對公制改革的關心。九月底，拉蒂默再度致函佛萊明，指稱這一會議「在巴納德博士的操作下，完全是為了公制系統……我認為會議的目的就是要促成美國與英國採用法國的公制系統，你將會發現會議上所說所為都是朝著此一方向前進。我請求你務必小心提防。」155如前所述，拉蒂默的擔憂並不是沒有根據，在羅馬會議上確曾討論以格林威治子午線來交換公制的交易，但是拉蒂默高估了其中的可能性。到了華盛頓會議召開的時候，此一提案早已胎死腹中。

ASCE的工程師們也希望能夠參加華盛頓會議。曾與佛萊明在ASCE共事的約翰・博加特（John Bogart）就為美國沒有為「工程界與運輸界利益」發聲的代表感到不悅。[156]他屬意的人選，一位被稱作惠特摩先生（Mr. Whitmore）的鐵路工程師並沒有被選派為代表，因此他對佛萊明擔任代表感到十分欣慰（儘管他不是美國人），他更高興的是推動北美使用標準鐵路時間的主導者威廉・艾倫被選為美國的第三位代表。[157]

美國另外兩名代表是克里夫蘭・阿貝（佛萊明少有的勝利）與律師暨業餘天文學家路易斯・拉瑟弗德（Lewis Rutherfurd）。由佛萊明、阿貝與巴納德都將與會的情況來看，時間改革陣營在此一會議的形勢大好。但是就在會議開幕的幾天前，原本要帶領美國代表團的巴納德由於身體缺陷的原故宣布退出。他寫信告訴佛萊明，由於他聽力不佳，他決定將他的代表席位讓給西蒙・紐康或是尤金・赫爾格德（Eugene Hilgard），他們兩位都是地位崇高的科學家。[158]雖說他退出代表團是出於自願，但是顯然與外界指他耳聾的聲浪有關。結果原本可能是他一輩子事業的頂峰，卻被一個微不足道的缺陷所取代。

法國代表團的一位成員朱爾・讓森（Jules Janssen）在九月會議召開前拜訪巴納德。讓森後來寫道，他很遺憾巴納德不能與會，並且稱他是「一位嚴重耳聾的年老智者（我們必須使用聽筒與他交談），但是他一生的事業充滿寧靜致遠的成就。」[159]這位法國人很遺憾如此卓越的人士退出會議，而讓一位「普通的海軍軍官」頂替，而且似乎是暗示如果巴納德出席，對法國會比較有利。

（以巴納德支持公制的立場來看，這是一項頗為合理的假設。）[160]他的接任者，海軍上將羅傑斯（C.R.P. Rodgers），是已退休的美國海軍學院院長，在科學界毫無威望。至於巴納德推薦的人選赫爾格德與紐康都沒有入選。拉瑟弗德在得知自己被任命為代表之後致函紐康：「我不知道我為什麼會獲得提名……（我也不清楚）為什麼他（總統）不提名你與赫爾格德，你們兩人才是最適合的人選。」[161]無論如何，美國代表團的最後一個席位給了羅傑斯。羅傑斯在時間改革上的中立立場，使他得以取代巴納德擔任美國代表團的團長。在會議開議之後，他又被推選為大會主席。

一切安排就緒，華盛頓IMC終於可以召開了。但是如前所述，在會議舉行之前經年累月的情況顯示出當時科學界與外交界的決策過程。利益衝突與競爭，有時甚至與計時系統毫不相干，主導了幾乎所有的討論。佛萊明向國際科學界展示其世界標準計時的概念，然而卻遭逢龐大的阻力，他只能靠著不斷地遊說與偶然的機運來尋求支持。佛萊明是科學界的局外人。他是工程師，不是科學家，再加上他的殖民地身分，都限制了他的作為。他早期的論文與介紹被人嗤之以鼻，不屑一顧，迫使他努力爭取盟友，甚至接受科學界的邊緣組織，好比說IPAWM的支持。在此同時，政府部門間的鬥爭與國際會議的傾軋，幾乎使他完全在政治上遭到擯除。透過努力不懈的堅持，他的概念才終於搬上檯面，然而卻沒有多少人願意聆聽，除了他在鐵路運輸業的同僚，例如威廉·艾倫等人之外。在科學界，他就是一個無名小卒。

不過，在最後總結時有一些事項需要注意。例如，若說相對於佛萊明屢仆屢起的英雄形象，科學界的大老就是令人憎厭的惡霸，其實是不對的。以為歐洲科學家都是一批保守的菁英，阻礙了進步的浪潮，使得高瞻遠矚的佛萊明陷入四面楚歌的絕境，完全是錯誤的想法。這種武斷的判定，充其量不過是在創造神話而已。

比較準確的說法是，當時各界對於計時有許多不同的意見，而且不曾想過要有一套統一的系統。佛萊明的計畫絕非必然發生或是自然而然產生的結果。他的時區概念儘管最終獲得採納，但是其實隨時有可能被其他的方案所取代，而且他的概念多年來一直是屬於弱勢的一方。如克里斯帝與艾里等科學界大老所抱持的立場，是世界時間是供科學界所使用的工具，並非公共財。參與華盛頓會議的代表大部分討論的並非如何建立一套公共的計時系統，而是為導航與天文學設立子午線。易言之，當時的觀念是世界時間是專業人士使用的特殊工具，與佛萊明希望推動民間計時與相關公眾行為改革的構想大相逕庭。各方不同的意見與相關人士各自不同的目的，主導了討論的內容。甚至在會議之前，這些動機就已在檯面下醞釀，形成觀點與決定，最終成為與會代表拿上檯面討論的概念。無論是從實際或是表面來看，是這些激辯與討論塑造了可能性。因此，時間改革是協商的結果，並非發明的成果。

第二章

業餘人士、專家與奇人異士

在一八七六到一八八四年間，桑福德．佛萊明與威廉．艾倫等鐵路工程師發展新式世界計時系統的同時，在天文學界也出現一套與其迥異的世界時間系統。與這些鐵路工程師不同的是，天文學家無意促使公眾改變他們的計時行為。他們的目的是要建立一套專門供天文觀測使用的計時系統——可以讓不同地方的天文觀測使用同一套計時系統。就他們而言，社會大眾根本無須使用，甚至不必知道這套系統。

在一八八四年秋天華盛頓舉行的ＩＭＣ，這兩個完全不同的世界時間概念產生碰撞。兩者之間的歧異——時間是專業工具，抑或公共財？——主導了這次會議的結果。的確，它將改變世界計時系統的未來。但是從歷史來看，故事的全貌遠比兩者間衝突所顯示的要複雜。這兩套時間改革的概念或許居於主導的地位，但是也須面對其他一些相關概念的挑戰。因此，我們在第一章討論的鐵路標準時間的來由，本章則是講述天文學世界時間的故事，同時也將討論一些外力的挑戰是如何影響這兩套全球計時的概念。時間改革所受到的影響不僅是來自於科學與科技，同時也包括宗教、社會、階級與文化。參與時間改革辯論的人士具有不同的背景、信仰與技能。他們迥然互異的觀點為時間辯論帶來深度與廣度。時間改革概念的交會與形成，是十九世紀晚期經過多次討論、其他運動、發現，以及爭議下的結果。

這些不同的時間改革方法在某種程度上，都已受到在IMC做出決定的天文學家、工程師與海軍軍官的過濾。我們已看到關於公制的爭議是如何影響英國科學與藝術部對此一會議的態度。我們同樣也目睹佛萊明在北美是如何爭取到鐵路當局對時區世界系統的支持，但是卻無法說服天文學家。事實上，有關宗教、國際政治，甚至在考古學方面的辯論都對華盛頓會議帶來影響。因此，計時行為是社會、文化、政治與科學的產物，在多方面都會形成影響。

業餘人士與專業人士間不斷變化的關係也同樣受到影響。這些關係決定了誰的話語權與聲量最大，誰又沒有，從而又是哪些議題對時間改革的影響最大。擁有學術權威作為後盾的專家學者的地位遠高於其他人。在十九世紀晚期，專業科學，尤其是天文學，相對保守，與非專業人士或業餘人士的對話空間極為有限，因此在時間標準化上的觀念也相對狹隘，遠不及佛萊明希望推動民用時間改革的宏大。

當然，將圈內人與圈外人的界線一刀切，明顯過於簡化。在現實中，科學網絡的界線隨時都在轉變之中。相關人士在天文學界進進出出，環境與個人關系都可能會改變一個人的身分與地位。天文學界的界線並非滴水不漏，但是確實存在，時間改革的戰線就是依循科學界的界線，而不是國界。

為了探討這些主題，本章分為四個部分。第一個是介紹在天文學界居於主導地位的世界時間概念與如何形成，這主要是來自該世紀最偉大的天文學成就——金星凌日的觀測。其他三個部分，則是著墨於來自天文學界外圍有關時間改革的觀點與爭議。透過這些討論可以分別追溯到一些人物，他們的事業或是信仰都與時間改革有關。他們分別是一位備受敬重的學者，一位遭到專業歧視的受害者，以及一位推銷偽科學的江湖郎中。這些案例在在體現出維多利亞時代專業科學的文化與知識背景，這也正是孕育時間改革辯論與在ＩＭＣ（與其之後）所做成決定的溫床。

第一個案例是藉由愛爾蘭裔英國天文學家安妮．羅素與其丈夫兼同僚的成就，來探討維多利亞時代的信仰是如何形塑時間改革的辯論。第二個是追隨英國導航員威廉．帕克．斯諾的腳步，看他徒勞無功地企圖將航海安全的議題也放入時間改革的激辯之中。最後是以蘇格蘭皇家天文學家查理斯．皮亞茲．史密斯的事業來看時間改革與非典型的宗教信仰、考古學、國家主義，和維多利亞時代迷戀埃及文化的交會。這三個案例都存在著專業與業餘間的緊張關係。總體而言，這三個案例也描繪出他們當時的世界，計時系統零亂不堪，有待專業科學家與業餘人士重新改造。

十九世紀的天文學

十九世紀晚期的專業天文學宣稱，已建立一個結合全球科學家的網絡，然而實際上仍是一個小型、緊密與保守的團體，時間測量概念僵化。在所有的科學學科中，天文學家與時間改革應是最有關聯，因為他們的星象觀測需要準確的計時，並且能夠反向推算以供其他需要的人使用。地理學家也需要計時，因為可以幫助確定經度與地形的測量。測繪地圖與導航也都需要計時（帝國的征伐、法規與稅賦也與計時相關，因此時間的測量並不僅是學術上的追求）。其實，凡是牽涉到大規模觀測自然世界的科學都需要用到標準化時間。反之，觀察微形事物的科學，例如化學與植物學，儘管可能也要維持時間的準確，但是並不需要將全球時間標準化。因為如此，天文學家、地理學家（還有他們的航海同行）都成為科學界在時間改革辯論上的要角。

在一八七〇與八〇年代，有一個非常罕見的天象主導了全球天文學界的注意力，從而也形塑了他們對時間與其測量的了解。金星凌日在十九世紀只出現過兩次：一八七四年與一八八二年。此一天象直到二〇〇四年才再度出現，由於稀有罕見，因此觀測此一天象也成為那個時代的天文學界最熱衷的活動。全球都在進行觀測，利用從中收集的資料來計算太陽系的規模。透過對金星凌日的觀測，天文學家希望能夠計算出天文單位（Astronomical Unit, AU，太陽與地球間距離），也就是太陽與地球間的距離。該學界在各地建立數十個觀測站，由專家在全球旅行來觀測此一天象。要計算天文單位，需要專家在全球各地進行觀測，並以三角測量來比對資料。因此，需要一套統一的標準化計時系統來供各地的觀測進行比對。同時，還必須確定每個觀測點相對於格林威治（或是其他國家的天文台）的經度。這些工作耗神費力，需要昂貴與準確的天文鐘、精密的天文設備，以及在觀測站長達數月的觀測。1

時間標準化在金星凌日觀測中的重要性，使得大部分天文學家在一八八〇年代談到時間改革時就只想到這一點。在他們的腦海中，時間標準化與計算天體運行的精準性是密不可分的，相較於不需如此精準地協調公眾時間，明顯具有挑戰性也更為艱難。這也就是天文學界對於佛萊明推動社會公眾時間改革的概念難以理解的主因。對他們而言，時間標準化是一項科學工作，是與一般男女無關的特殊工具。

金星凌日的觀測是全球性的。儘管這項作業是由歐洲人士主導，不過其他各洲的天文學家都有參與，例如巴西的路易斯・克魯爾斯（Luis Cruls）與墨西哥的安吉爾・安吉亞諾（Angel Anguiano）等拉丁美洲的天文學家，就與歐洲、日本的同行互相分享觀測所得。不幸的是，一八七四年與一八八二年的金星凌日，在多個地方的觀測站由於天候不佳以致作業受阻。不過無論如何，這項觀測需要依賴全球各地的作業與協調。

觀測金星凌日不但是一項國際合作的計畫，同時也引來國際競爭。各國天文學家在進行觀測時，與其說是獨立作業，毋寧說是相互較勁。這類工作需要相互合作，分享資料與技術。[2]然而各國語言的差異，成為合作的阻礙，不過這並不是指如英國、法國與德國等天文學家各行其是，而是語言的限制使得能說第二或第三外國語（通常是法文）的階級才有資格參與國際對話。例如英國，維多利亞時代的學童大部分都不會學法文。一八七〇年的初等教育法案規定在小學只能教導讀、寫與算術（女孩還要學縫紉），不會教導外文。[3]只有中等或上流階層的小孩才會進入小學後續學校就讀，然而也需要分級。一八六八年的湯頓報告（Taunton Report）將中學分成三個層級：第一級是針對要上大學的學生進行博雅教育，第二級包括兩種現代語言與拉丁文，主要是針對未來要從事公職或加入軍隊的學生，第三級則是針對未來可能從事工匠與技工等職業的人教導基本的法文與拉丁文。[4]課程因班級、性別而有所不同，從而也限制了勞工階層的機會。[5]因此，語言在國家間形成的阻礙還不如在階級間造成的嚴重。科學家大都屬於中上階層，建立了一個享有特權的知識份子跨國網絡。像皇家學會與不列顛科學協進會（BAAS），包括其分會，都是藉由大型國際集會來進行聯繫與建立網絡。活動力與參與這些集會的資源，幾乎就是成為一位活躍會員的必要條件。[6]

在科學界，有些機構、學會，或是個人的影響力就是會比較大。歷史學家費德瑞克．庫柏（Frederick Cooper）指出，所謂的網絡，就是「充滿小團體的地方，沒有權力的地方圍繞著權力凝聚的地方，有社會關係淡薄的地方，也有社會關係緊密的地方。」[7]全球一八七〇與八〇年代的天文學界就是如此，是由個人關係與依據種族、階級與性別分類的邊緣化形式所組成。[8]天文學界儘管擴及全球，但是其族群在其他許多方面卻是受限制。

在一個權力分配不均，以概念的對話、發現、挑戰與透過機構的溝通來進行聯繫的全球網絡裡，哪些概念，哪些人物會比較獲得接受？答案在於交叉性。有些排除方法十分簡單——由於缺乏教育與多國語言，若干階級就會被排除在外。在種族方面也是如此，例如英國對於種族的概念，是根據社會達爾主主義（Social Darwinism）而來的階層與排他性。顱相學與同樣有問題的人類學，形塑了當時社會對殖民地人民的理解。殖民地的子民到英國訪問會面臨諸多挑戰，不過由於他們所處環境的不同，經驗也有所不同。例如來自印度的訪客，有可能成為一貧如洗的勞工，也有可能是皇家貴客，端視他的出身。[9]其中有些人由於在國內的教育或是在英國留學，而在醫學、法律或是科學等方面闖出一番事業。十九世紀的英國，甚至可能是印度貴族的「享樂與發跡之所」。[10]不過這也僅是一小部分，大部分來到大英帝國的殖民地訪客都會發現他們遭到鄙視與排斥。

種族上的差異同樣也造成帝國之外的分裂。英國人一直自認深陷與其他種族間的競爭之中，例如英國對德國、英國對俄國，以及英國對法國，甚至與國內的其他種族也是關係緊張，例如愛爾蘭民族主義者。[11]但是，即使是在種族競爭的框架內，界線也往往會被打破。例如一八八四年IMC

的日本代表菊池大麓（Kikuchi Dairoku），儘管不是英國人，也不是大英帝國殖民地的子民，不過卻是在英國接受教育。他是劍橋大學有史來首位日本畢業生，曾在美國參加著名物理學家克耳文勛爵（Lord Kelvin）的講座。他後來成為東京帝大的校長。菊池大麓顯然是屬於國際科學界，他證明在適合的環境下，科學界的種族偏見是可以克服的。正如朱迪斯・巴特勒（Judith Butler）所強調的「身體性別化的展演性」，身體的種族化也是如此。[12]好比菊池大麓這樣的非歐洲科學家，為了讓歐洲接納，身著西方服飾。在一八六八年明治維新推動「現代化」的政策下，許多日本菁英都集體改穿西方服飾。[13]模仿往往是換取國際社會接納的代價。

性別也會阻礙進入科學界。十九世紀的歐洲中產階級會將男人與女人分成公領域與私領域的影響力，女性往往難以在公領域的科學界掙得一席之位。[14]但是一如既往，這些規矩並非固若金湯，而是可以打破的。其實，區分公領域與私領域的想法只是理想，不是現實。[15]婦女往往會在自願或是必要的情況下參與公領域的事務，而且許多婦女都會發現她們在科學界的角色也是如此。婦女也可以「科學敘述接受自然神學與道德教育」的說辭來表達對科學的興趣。[16]例如女性植物學家，是藉由對自然世界的研究來探討上帝的創造，扮演預期中的宗教與道德上的角色，從而獲得科學界的接納。[17]中世紀後上流與中產階級婦女的教育水準都有所提高，所參與的領域也更加廣泛，儘管仍是「競爭激烈」。[18]

十九世紀的天文學家，是一套狹義的身分組合。種族、階級與性別是用來排除外人的工具，儘管展演性行為允許若干人破除這些障礙。因此，所謂「主流」的天文學界，雖說是遍及全球，不過卻也是一個狹隘且高度同質性的社團。反而是其周邊益趨多元化，其中產生的概念與信念最終改變了天文學界對計時的理解。如果說觀測金星凌日所需要的精準代表的是天文學界對於計時的要求，這些來自周邊的概念使得此一認知更加複雜與豐富。

安妮．羅素

要談維多利亞時代的天文學，難免會談到宗教。宗教是維多利亞時代生活的重心，我們將透過一八九〇年代在格林威治皇家天文台工作的天文學家安妮．羅素來看宗教與計時的關係，她當時主要是幫助觀測、計算，與對英國全國發布格林威治時間。她在天文台的經歷與她在歷史天文學、對《聖經》科學闡釋的出版品，反映出當時實際、基本的計時方式存在著神學的意涵。雖然她大部分的作品都是在一八八四年會議之後完成，但是她的觀點足以代表十九世紀晚期英國天文學、時間改革，與基督教三者交會下的激盪。

在維多利亞時代的世界，幾乎所有事情都會受到宗教的影響。例如在ＩＭＣ，出於宗教的立場而非科學的原則，提議以羅馬或耶路撒冷來作為本初子午點設置地點的聲浪，與建議格林威治的不相上下。羅素的事業就體現了這種宗教與科學間的關係。她在天文學與宗教典籍的專業知識使她了解，人類所有的計時方式都是憑藉主觀意識操作的。全球的計時操作互有不同，自《聖經》時代到現代沒有一個是完全「正確」的方式。唯一的例外就是根據自然天體運行韻律的計時方式。如今確定在不用機械裝置下誤差最小的時間，是由地球自轉決定的。[19] 根據羅素的看法，例如小時或分鐘等較小的差異，乃是上帝之手對自然現象的修飾。

羅素並非如佛萊明這樣的時間改革運動人士，她是以一種長期的觀點來看此一運動，視其為計時歷史長河中曇花一現而又無關緊要的現象。計時的方式最終都是以星象（上帝之手）來決定，不論時間改革者做了什麼更動，都是萬變不離其宗。羅素透過望遠鏡與她的《聖經》來觀測天堂，這種將科學與宗教兼容並蓄的情況在維多利亞時代的英國並非罕見。那個時代有關時間改革的辯論、IMC與之後的發展，都深受這兩者的影響。

宗教與科學間的關係是一個具有爭議性的議題。對許多人而言，這兩件事情是很容易兼容的。科學，作為十八世紀自然哲學的接班人，旨在能在能夠更好的理解萬物，因此本身就具有自我奉獻的含義。但是也有人視宗教與科學是對立的，例如約翰・威廉・德雷普（John William Draper），他的著作《宗教與科學間的衝突史》（*History of the Conflict between Religion and Science*，一八七四年）將這樣的衝突大眾化。[20] 大部分的科學家都是居於兩個極端之間，但是極端的教派主義卻非如此。[21]

在歐洲科學與宗教的關係中有一個衍生而出的議題，即是《聖經》經文是字面上的意思還是隱喻。如果天文學的觀測或是一項科學發現與《聖經》有所牴觸，哪一個應是優先參考的？在這類辯論中，最著名的都是圍繞達爾文的《物種起源》（*On the Origin of Species*，一八五九年），但是還有許多更為激烈的衝突，其中一些都頗為極端。強調《聖經》經文字面上的解釋促使一位作家薩繆爾・羅伯塔姆（Samuel Rowbotham）認為地球是靜止不動的，是平的，而且只有幾千年的歷史。一八八一年，他以化名「視差」（Parallax）出版了《探索天文學：地球不是地球》（*Zetetic Astronomy: The Earth Not a Globe*），主張《聖經》直譯主義，並且詆毀現代天文學誤解了天堂的自然之道。羅伯塔姆與他的信眾曾經高調進行多次實驗，以證明他們的理論。在這些實驗失敗後，他們又轉而抨擊實驗的合法性，以維持相當數量的信眾。[22]一八七〇年，探索天文學的一位信眾約翰・漢普頓（John Hampden）宣布懸賞五百英鎊給能夠證明地球是圓的任何人。一位名叫阿爾弗雷德・華萊士（Alfred Wallace）的人接受挑戰贏得賭注，他是自然主義者，曾與達爾文一起獨立構想天擇的概念。

這些激辯對時間改革造成明顯的影響。日曆是根據天體的運行製定，因此運行的本質也受到時間改革人士極大的關注。例如佛萊明的時區理論就是假設地球是一個球體，地球若是平的會破壞他整個計畫。

安妮・羅素（一八六八至一九四七年）的職業生涯也與計時相關的科學、宗教問題糾纏不清。她是為無論實際上還是象徵意義上都是全球的計時中心（格林威治）工作，而她著迷於《聖經》經義與現代天文觀測間的關係。她的父親是愛爾蘭長老會的一位牧師，她在一八八六年爭取到劍橋格頓學院（Girton College）三年獎學金——這是英國最早招收女生的學院之一。該學院創設於一八六九年，主要課程包括數學、科學與經典著作，但是並不頒發學位。儘管如此，羅素在完成學業後，於一八九一年在格林威治皇家天文台謀得一職。

她當時是受雇於天文台的幾位女性之一，主要是擔任計算員的工作。其他幾位是愛麗絲・埃弗雷特（Alice Everett），她也是來自格頓學院，後來成為物理學家工程師，另外還有三位女性是來自紐納姆學院（Newnham College），分別是伊莎貝拉・克萊蒙斯（Isabella Clemes）、哈莉特・弗尼斯（Harriet Furniss）與伊迪絲・瑞克斯（Edith Rix）。[23]當時美國的哈佛天文台也有雇用女性，可是在那個時代都是非常罕見的情形。[24]格林威治皇家天文台的工作雖然具有高度的技術性，但是地位並不崇高。作為計算員，這批女士所做的工作單調乏味，大部分都是數學計算與利用天文台的儀器進行有限的觀測。[25]一般而言，大部分的計算工作都是交由臨時聘雇的少男負責，他們利用此一職務作為日後從事公職的跳板。[26]他們只需經過測試就能得到此一工作，但是女性卻必須自大學的女子學院畢業。[27]不過事實證明，這些女士遠比大部分的少男能幹，因此也能託付一些較為複雜的工作與責任。[28]例如埃弗雷特、瑞克斯與羅素就負責以中星儀進行觀測，為英國全國設定格林威治時間。她們在觀測結束，確定報時信號準確無誤之後，對外發

正在觀察日蝕的安妮．羅素．蒙德（Annie Russell Maunder），取材自《知識》雜誌（*Knowledge*）二十八期（一九〇〇年五月二十八日）。

布時間，一天兩次。報時信號先是以電報傳給位於倫敦聖馬丁大道的郵政總局，再分送全國各地。這些女士是為海軍、天文學界與民用目的提供所有的標準化時間。儘管是使用中星儀，她們等於是為英國與全世界提供精確的科學時間。

但是羅素作為全球計時員的角色僅維持四年。當時有諸多限制，使得女性難以在天文台長期工作。第一，婦女的月薪只有四英鎊，[29]僅及羅素若是擔任女教師的一半。[30]對羅素而言，在天文台的經歷與機會要比低薪更具吸引力，但是對於其他女性就不是這麼值得了，低薪是一個無法跨越的障礙。有多位婦女，包括天文學家艾格尼斯．克勒克（Agnes Clerke）都因為薪資太低的緣故拒絕了這份工作。[31]

其次，即使是在天文台工作期間，羅素也不完全受到專業科學界的歡迎。雖然她在一八九〇年代初被提名為皇家天文學會的會員，但是她的性別使她無法入會。二十年後，第一次世界大戰爆發時，她再度獲得提名，但這一回是她自己拒絕入會以示抗議。她致函學會指出當初投票否決她入會，「完全是因為我是一位女性，但是——我現在仍是一位女性，而且我從來沒有後悔，直到國家呼籲男人加入基奇納的陸軍（Kitchener's Army）。」[32]羅素的職業生涯可以說是，在維多利亞時代晚期下的英國追求科學一個可能選項的典範。面對科學界的排斥，她自創在天文學界的發展空間。

儘管如此，羅素仍需面對許多她的男性同行不會遭到的挑戰。格林威治皇家天文台只雇用未婚女性，只要女性結婚就須離職。[33]羅素因此在一八九五年由於與格林威治的一位同事華特．蒙德（Walter Maunder）結婚而被迫離開。[34]但是這並不代表她同時也結束了她在天文學的事業。

羅素成為她丈夫進行觀測的夥伴，並且與他合著多本著作。她並非唯一如此的女性。婦女往往是隱身她們丈夫學術事業後面的合作夥伴，在她丈夫的著作中擔任編輯或是作者的角色。還有一些婦女是扮演丈夫紅粉知己的角色，[35]例如法國天文學家朱爾．讓森的妻子亨麗埃特．讓林（Henriette Janssen），在她丈夫出外從事觀測之旅或是一八八四年IMC華盛頓會議期間，都不斷與她丈夫聯絡，進行學術性的探討。[36]由此可知，科學界要排除女性是一件不可能的任務，但許多中、上層的女性都會設法規避。

在羅素的著作中可以明顯看出宗教、天文學與計時的交會。如前所述，婦女的科學專業往往會因為她的工作與宗教、道德相關而獲得接受。但是她們更有可能是被貶謫到業餘的地位、被拒於官方機構之外，與否決成為專業學會的會員。在被專業科學界拒絕之後，羅素轉而投入業餘愛好與宗教研究的領域。[37]

如果業餘人士與公眾是羅素的聽眾，可以發現她的愛好是在於《聖經》天文學。她與她丈夫的著作（往往是以丈夫的名義發表，不過都是由他們合著完成），要不是與大眾天文學相關，例如她的《天堂與祂們的故事》（*The Heavens and Their Story*，一九〇八年），要不就是以現代對星空的理解來詮釋古代經義，例如她與丈夫合著的《聖經裡的天文學》（*The Astronomy of the Bible*）。[38]

這些書籍都有探討人類的計時，但是其中沒有說到的卻是說明了一切。對於羅素而言，這些只不過是為現代計時擦脂抹粉，裝點門面的東西。就她工作的兩個角度來看（業餘愛好與宗教），是完全不相干的。《聖經》中的天文學衍生自天體的運行，不是鐘錶，業餘的天文學家需要時鐘只是為了能夠更好測量圓圈的度數（羅素指出，四十七度正是十二小時圓鐘面指針移動八分鐘的位置）。[39]

羅素的《天堂與祂們的故事》是為天文學界菜鳥準備的指導手冊。她教導業餘的天文愛好者在沒有望遠鏡的情況下，可以利用希里丘陵地（Hilly Fields，位於路易舍姆（Lewisham）的一座公園內，海拔一百七十五英尺，在格林威治皇家天文台西南方三英里的地方）作為天然的天文台，以當地教堂的尖頂作為子午線或參考點。[40]但是羅素也試圖教導世人，天堂乃是上帝在地球之外所創造的世界。她以很少的篇幅來介紹實用天文學，也就是以中星儀來確定經度或時間，而以較多的篇幅來教導讀者如何測定火星日的長度。[41]她的目標是要傳達一個概念：「在浩瀚無垠的星系之中，我們的太陽與其家族只是佔據一個微不足道的角落。」[42]

在《聖經裡的天文學》一書中，羅素與蒙德也是採取相同的方式，在一開始先探討如何計算金星日的長度，而不是地球。[43]但是他們很快就將焦點集中在古代的記日方式，比較《聖經》的內容與現代的天文觀測。他們寫道：「對所有國家與天文學界而言，制定日曆都是一個大問題。它是各種不同天體運行下自然產生的時間區劃……但是由於有許多天體，形成的時間區劃也有多個，因此不同民族使用的日曆也互不相同。」[44]

儘管談的都是古代歷史與神話，羅素與蒙德也不忘對當代的計時概念批評一番。他們認為爭執誰的計時才是正確的根本毫無意義。任何超出星象所能確定的記日，其實都是人們任意為之。羅素與蒙德解釋，雖說古猶太的節日始於日落（一如現代猶太教的節日），但是民用日卻是始於日出。同樣地，「我們在民用日與天文日也有相同的區別，前者是始於午夜，後者則是始於第二天的中午，因為一般人是要在白晝工作，天文學家則是要在夜晚工作。」[45]這些差異純粹只是因為方便造成的，不值得爭論。當然，我們在下一章會看到佛萊明與其他的時間改革人士希望統一時間的測量方式，並要天文學家以民用日來取代他的天文日。但是羅素與蒙德卻是認為這樣的爭議毫無必要，而且欠缺考量。

在計時相關的辯論中，以宗教因信稱義的概念來合理化計時方式的情形相當普遍。有些批評人士詆毀敵對教派的計時方式，甚至指責是邪惡的操作。但是宗教也讓羅素以一種更為彈性的方式來看待此一議題。在研讀《聖經》與觀測星空多年之後，她堅信除了少數自然日或上天賜予的日子（太陽日、太陰日與地球軌道年），其他的若非任意添加就是為了方便才制定，因此在計時的辯論中，除了旨在找出最方便的方式之外，其他都無必要。此一觀點可謂豁達，也突顯出向來尖酸刻薄的計時辯論其實意義不大。

羅素並非《聖經》直譯主義者，她一定會對羅伯塔姆與漢普頓的觀點感到厭惡。《聖經裡的天文學》的最後一章試圖解釋伯利恆之星，但是最終總結《聖經》所提供的證據不足：「（福音書）裡的敘述顯然不足以供我做出任何有關天文方面的結論。敘述中除了與造物主本身直接相關的內容之外，其他所述不多，由此也顯示《聖經》並不是為了指點我們在天文或是其他物理科學方面的迷津而寫的，而是為了我們的永生。」[46]此一論點無異於對如羅伯塔姆與漢普頓等《聖經》直譯主義者的直接攻擊。羅素對於任何能夠提供便利性的計時方式都抱持開放的態度，因為上帝除了太陽日、太陰月與軌道年之外，並沒有提供其他測量時間的自然方法，同時也難以保證《聖經》在天文知識方面的正確性。

但是宗教信仰本身往往並非如此寬宏大度，對於計時觀念也相對狹隘。一些敵對的教派可能會有自己偏愛的計時系統，並且會指責其他的是違背上帝對時間的旨意。儘管羅素從《聖經》與天文學的角度來研究天體，使她對計時方式更具彈性，但是有些人卻是利用宗教的爭議死板地只支持一些特定的計時方式。本章稍後要討論的查理斯．皮亞茲．史密斯就是其中一位。

威廉．帕克．斯諾

有些人的時間改革觀念是來自宗教信仰，也有一些人比較關切實際的議題，尤其是在航海業界。早在一七一四年英國頒布經度法案（Longitude Act），提供獎金給能夠精準測量海上船舶經度的時候，導航與計時的關係就緊密結合。相較於測定緯度，測量經度是一項艱難的挑戰。有一種方式是測量月亮的運行，然後與曆書進行比對，但是這種方式相當笨拙，而且對於在海上不斷移動的船舶也太過苛求。唯一比較可行的替代方案是，以地方時（船舶所在地點）與陸地上已知經度位置的時間進行比對。這樣的方式能夠輕易測定地方時，但是無法測量地球其他地方的時間，除非有一座時鐘。但是在一七〇〇年代初期，沒有一座時鐘能夠準確到足以獲得在汪洋大海中長途航行的海員的信任。

後來是鐘錶匠約翰．哈理森（John Harrison）製作一座準確到足以符合海員要求的時鐘，讓水手不須仰賴複雜的夜觀太陰就可以確定在海上的經度。到了一八八〇年代，哈理森的時鐘已經過多次改良，他的方式也為全球使用。但是海員想要的是計時能夠進一步的標準化。其中一位是威廉．帕克．斯諾（一八一七到一八九五年），他當了一輩子水手，在一八八〇年代對時間改革產生

威廉・帕克・斯諾（William Parker Snow, 1817-1895），胸前掛的是北極獎章。

興趣。斯諾認為應用統一的本初子午線將計時標準化，可以改善航海的安全與減少生命損失。

由於職業的關係，斯諾擁有豐富的導航與天文知識。他的生活困苦，使得一位學者甚至猜想他有某種精神疾病。[47]不過儘管如此，他是一位頗有智慧的作家與經驗老練的水手。一八五〇年代初期，他接受珍妮・富蘭克林夫人（Lady Jane Franklin）的招聘，多次參與尋找她丈夫約翰・富蘭克林爵士（Sir John Franklin）失蹤船隊的遠洋探險。約翰・富蘭克林是在一八四五年消失於西北航道（Northwest Passage）。這些廣為傳播的探險為斯諾帶來一筆不小的財富，然而卻沒有維持多久。到了一八八〇年代，斯諾生活艱苦，過著虛擺場面，實際上一貧如洗的日子，全是靠著他的寫作與親人的接濟度日。

斯諾一直希望能找到減少海難喪失生命的法子。一八八〇年十一月，他投稿《錢伯斯流行文學、科學與藝術雜誌》（*Chambers's Journal of Popular Literature, Science, and Art*），提出幾種海上救命的方法。[48]例如他建議在大西洋海面鋪設電報線，以作為緊急聯絡之用。他也建議利用廢棄的船隻作為海上燈塔，來指引船舶進入避險的港口。斯諾具野心的計畫是設立多座「海上救濟站」——在偏遠地區設立儲存食物、飲水與其他民生必需品的小型供應站，為遭海難或是迷航的海員提供庇護，等待救援。他建議設立的地點都是極為荒涼的地方，例如在大西洋中央的聖保羅群礁（St Paul's Rock），或是高度危險的地區，例如南非的好望角（Cape of Good Hope），每年有許多船舶都毀於這裡的滔天大浪。不過有批評人士指出，設立這樣的救濟站太過昂貴，也難以維持。《錢伯斯雜誌》的編輯就表示，這樣的救濟站「儘管構思巧妙，但是我們擔心不切實際。」[49]這些評語與皇家學會對佛萊明時間改革的批評如出一轍：高明，但是太理想化。不過，其實就和佛萊明的計畫一樣，只要有承諾實行的政治意願，斯諾的提議也並非遙不可及。

一八八〇年代初期，有關為航海與計時提供單一本初子午線的議題，斯諾決定積極參與。他立刻看出這是一個能夠拯救生命的工具。他本人就曾因為缺乏這類工具而在海上陷入混亂。一八三二年，在一場海上風暴中，他的船巧遇另一艘也在與驚天駭浪奮鬥的船舶。他們互換各自的經度訊息（這樣的操作十分普遍，海員以此來確認自己的計算是否正確），然而卻發現「天差地遠」。[50]在能見度很低的海上風暴中，經度計算錯誤，往往是致命的過失。當初經度法案的制定，就是為了因應在康瓦爾（Cornwall）西南方的錫利群島（Isles of Scilly）海難，在這場海難中，有四艘船舶遭遇暴風雨，由於無法計算經度而沉沒。斯諾認為在一八三二年暴風雨中相遇的這兩艘船舶，經度的計算可能都沒有錯，但是根據的是不同的本初子午線。斯諾相信未來若是使用統一的國際本初子午線，就可以預防這樣的錯誤。

有鑑於此，斯諾在一八八三年向皇家地理學會與其他一些利益團體發出一封通函，對本初子午線單一化可能救命的作用大加讚揚。他同時也指責勞合社（Lloyds）等保險業者反對本初子午線與海上救濟站的設立，是因為害怕虧錢。斯諾暗示如果海上航行變得安全，這些保險公司就賺不了錢，因此他們都遊說科學界反對他的計畫。[51]斯諾懇求科學家們不要理會這些沒有商業道德的公司，並且支持他的計畫，因為他的計畫有可能拯救無數生命。

斯諾選擇設立本初子午線的地點是聖保羅群礁。[52]他認為這是一個理想的地點，因為地處中立地帶，可以避免任何一國的眼紅。不過，他的目的不僅是將群礁變成地圖上抽象的線條，本初子午線的設立地點也可以作為他規劃已久的海上救濟站之一。他回應《錢伯斯雜誌》的批評：「至於是否不切實際，我不想多脣舌爭辯。人們擁有強大的精神力量，能夠克服一切困難，因此我引用阿基米德（Archimedes）的話：『給我一根夠強大的槓桿（在這裡指的是資金），我就能橇起整個世界』。」[53]斯諾也由此顯露他真正的意圖。他是要尋求一位贊助人來資助他的寫作。斯諾在那封通函的結尾寫道：「如何利用群礁與設立基地，還有磁極——南極與北極與其他地方，我會很樂意解釋，只要能夠提供我資金，因為我現在手頭拮据，無法獨力完成。」[54]

斯諾的建議有如石沉大海。雖說男性要進入科學界的障礙比女性少得多，但圈外人要與專業科學家打交道仍是困難重重。職業專家自有一套傲氣、禮儀與行為來規範其成員，從而將外人邊緣化。[55]專業學會與團體盛行象徵主義的繁文縟節，以此證明身為菁英的合法性，並且與其他人區隔開來。[56]專業本身並不足以保證獲得接納，如果沒有錢財、地位或是會員資格，即使再豐富的經驗也可能不會受到理睬。

斯諾碰壁了。儘管他的航海經驗豐富，擁有單一本初子午線的第一手資訊，仍是沒有受到注意。他將航海安全——一個值得稱讚的出發點——帶入時間改革的辯論之中，然而華盛頓會議卻是對拯救海上生命隻字未提。斯諾遭到排斥，並非因為缺乏專業，也不是因為種族、階級與性別的緣故，而是缺少地位與財力。正如佛萊明早期的論文直到獲得專業學會的發表才具有合法性，斯諾是因缺少官方的職位而被排擠在外。他只能算是業餘人士。

維多利亞時代科學界的業餘主義值得進一步探討。在十九世紀末期，領有薪酬的職業專家與沒有薪酬的業餘人士之間的隔閡益趨擴大，形成衝突。當時已有許多領域都已職業化，例如公務員、歷史學家與律師。[57]但是在英國的天文學界，業餘人士居多。只有很少一部分人可以靠著觀測天象來領取薪酬，除了大學職員、格林威治與劍橋等官方天文台的員工、《航海年曆》（*Nautical Almanac*）的編輯，以及由科學與藝術部資助，位於南肯辛頓（South Kensington）的諾曼・洛克（Norman Lockyer）的研究團隊。[58]幾十年來，業餘人士一直是天文學界的指引明燈，與專業人士合作無間。但是到了世紀末，雙方之間的距離逐漸拉開。

在某些領域，例如自然史，業餘人士繼續獲得接納。[59]但是在其他領域，距離卻是持續擴大。歷史學家約翰・蘭克福德（John Lankford）解釋：「職業專家要求的是專業，只有接受高等教育才有的專門技術知識，以及可以運用大型的研究設備。同時，他們會尋求政府支持他們的研究計畫，然而許多業餘人士都不願這麼做。」[60]業餘天文學家大都無法接觸到天文台內的大型設備，他們堅持小型、個人使用的望遠鏡，要比他們的職業同行的大型、昂貴的設備有用得多。

當年這種便宜，可隨身攜帶的設備的市場相當可觀。一八八〇年代，電氣工程師暨業餘天文愛好者約西亞・拉蒂默・克拉克（Josiah Latimer Clark）製造與銷售一款相對不是那麼昂貴（對大部分勞工階級家庭仍是屬於高價位）的中星望遠鏡。[61]由顧客的推薦信可以看出，有許多人都對這款既能從事天文觀測又具備計時功能的設備感到興趣。一位來自愛爾蘭帕勒斯格林（Pallasgrean）的顧客寫道，操作這套設備「相當簡單，對於在偏遠地區測量時間非常有用。」[62]購買這套設備還會附贈中轉表（transit tables）年刊，這是《航海年曆》的簡化版。該表包括如何使用中星儀的指示、如何測量正確的時間，以及在世界任何一個地方，一年中的任何一天如何找到格林威治時間。[63]社會大眾擁有這樣的工具，使得格林威治難以壟斷計時的權力與天文學的權威。

儘管如此，業餘與專業間的鴻溝卻是持續擴大。業餘人士定期規律的觀測與收集到的相關資料，成為專業人士進行進一步研究的主要資源。[64]不過專家所追求的是更為精確與專業的技能，以及超越基本觀測的工作。他們發明新方法將自己與業餘人士區隔開來，以禮儀、儀式、誓言與組織將自己的專業合理化。[65]十九世紀末所代表的並不是業餘人士的終結，而是將業餘與專業區隔化。他們兩者間的關係可以相當友善，但是並非一直如此。本章接下來的主人翁就是一位遭到鄙視的業餘人士。

查理斯・皮亞茲・史密斯，FRSE、FRS、FRAS、蘇格蘭皇家藝術學會會員（FRSSA）（一八一九至一九〇〇年），在一八四六到一八八八年間是蘇格蘭的皇家天文學家。他出生於義大利，他的中間名是紀念他的教父，一位天主教神父與天文學家，朱塞佩・皮亞茲（Giuseppe Piazzi），是巴勒莫（Palermo）天文台的創設人。史密斯在他一八八四年十一月的日記中記載一位訪客來到他座落於卡爾頓山（Calton Hill）的愛丁堡天文台：「在黃昏的時候，一位不知姓名的紳士（大學的醫學教授）牽著一位六、七歲的小男孩與我搭訕……『我什麼時候可以帶我的小孩來參觀你在卡爾頓山的天文台？』這在在突顯大學人士對皇家天文台非同等閒的蔑視與無知。我告訴他，天文台謝絕訪客，我們都是工作帶在身——他還是自己買一具望遠鏡好了——但是就和麥拉倫爵士（Lord McLaren）一樣，希望在冬季時能盡量夠用天文台，以省下他在愛丁堡另外再設立一具望遠鏡的經費——這位富有的醫學教授也是如此，根本無意自掏腰包為自己或他們的小孩購買一具望遠鏡。」[66]

史密斯相信，專業工作的層次是在公眾參與與教育之上。雖然並非所有的專家都同意這樣的觀點（諾曼・洛克就定期舉行公開演講，有些還是專門針對孩子們），但是也就是因為此一觀念造成

查理斯・皮亞茲・史密斯（Charles Piazzi Smyth）。

公眾、業餘人士，與專業專家間的差距益形擴大。

史密斯對圈外人的敵意，有部分可能是來自他本身在專業天文學的地位岌岌可危所引發的遷怒。儘管他符合成為學會會員的所有資格，但是他正面臨排擠出局的危險。他是一位生活富裕的紳士，兼具地位與專業。他是一位幹練的天文學家，也是公共計時系統的頂尖發明家。他在愛丁堡的時間訊號系統是全世界最先進的之一，許多外國專家都前來向他討教。[67]然而他提出的一些意見卻是離經叛道，導致他儘管有才能與地位，依然成為被開除的目標。

如第一章所述，史密斯對於吉薩大金字塔有一種超民族主義，有如宗教信仰一般虔誠的痴迷，他一心希望以此作為全球本初子午線的設立地點，因此也堅決反對桑福德・佛萊明早期有關標準時間的提議。由於他是蘇格蘭皇家天文學家，因此儘管他的意見古怪，但是依然有其重量。我們透過安妮・羅素的工作可以看到，時間改革走入宗教與科學間的關係；從威廉・帕克・斯諾有關航海安全的提案，可以看出計時在航海中的重要性。如今檢視史密斯的事業生涯，又為當代的時空背景添加一些話題。如果安妮・羅素代表的是科學與宗教間的相得益彰，史密斯所代表的就是其粗暴的反面。他的涉入同時也突顯時間改革與考古學、測量學、帝國主義，與國際政治間形成的激盪。

史密斯的金字塔學是《聖經》直譯主義的一種體現，他相信古埃及有關希伯來人的記載可以真確到足以與古代歷史遺跡進行比對，例如金字塔就是。他最初接觸此一議題是因為讀了約翰・泰勒（John Taylor）的著作《大金字塔：為何而建與由誰而建？》（*The Great Pyramid: Why It Built, and Who Built It?*一八五九年）。書中主張此一古建築是受到盎格魯—撒克遜種族之神的啟示而建，因此英國的度量衡制度也是來自於神諭。史密斯在讀了泰勒第二本著作《標準之戰》（*The Battle of the Standard*，一八六四年）之後，就完全投入金字塔學。[68]這本書力陳金字塔學對捍衛英國測量制度的重要性，以對抗當時正逐漸興起的法國公制。

史密斯很快也加入捍衛英制的陣營，在一八六四年發表自己的研究心得：《我們在大金字塔的遺產》（*Our Inheritance in the Great Pyramid*）。史密斯在這本著作中很謹慎地以科學來建構其論點，書中充滿了圖表、測量與例證。但是他並沒有實際測量金字塔。因此，他在一八六五年決定去證明他與泰勒的理論，偕同他的妻子潔西卡・鄧肯・史密斯（Jessica Duncan Smyth）訪問埃及進行實地測量。不知道是巧合還是預言的自我實現，史密斯的測量證明了他的理論是正確的。

史密斯認為他所發現的是：如果根據一般認為古埃及建造金字塔會使用的腕尺（Cubit，古代長度單位）來進行測量，「不論是測量大金字塔的底座、對角線、垂直高度，或是軸線，或是該建築的任何一邊的長度，」都無法得出整數。[69]反之，若是以二十五英寸作為長度單位來測量金字塔，「就會看出許多重要的巧合。」[70]有鑑於此一驚人的發現，史密斯斷定古埃及的建築師一定用的是英寸，「大金字塔的建築師與盎格魯—撒克遜民族起源之間，一定在觀念與知識上有某種不可名狀的聯結。」[71]這位建築師應具有希伯來人的血統，自諾亞（Noah）的兒子閃（Shem）繼承了以二十五英寸為一單位的「神聖腕尺」。此一論點直接將《聖經》中的希伯來人與現代的英國人連接在一起，從而為大英帝國的度量衡制度注入神聖的光彩與古代的莊嚴。根據史密斯的說法，建造金字塔的目的是向後人傳達訊息，是一個時間膠囊，向世人展示一套受命於天的測量制度。

史密斯在書中指出，金字塔不僅是長度的測量符合英制，在容量、重量、溫度，甚至時間上的計量都符合大英帝國的制度。例如，他寫道：「當英國農民測量上天賜予他土地的小麥收成時，他會以什麼來測量？他會用夸特（Quarter），夸特！什麼東西的四分之一（Quarter也意為四分之一）現在的農民都不知道，但是依照舊俗，他將玉米最大的計量單位稱作夸特。」[72]現代英國的容量計量似乎是大金字塔內國王墓室石櫃容量的四分之一。此一計量單位不知怎麼竟然存活了四千年，史密斯如今重新發現，將其奉為神的諭旨。

同樣地，他也相信金字塔是教導世人如何正確利用星座來計算時間。「在現代科學中，只有天文學能夠讓我們找到測量時間的正確指引。廣義而言，時間據信是測量天體均速運行而得。」[73]在現代，這是使用中心儀來測量，然而史密斯卻是宣稱金字塔自有一套古法來測量時間。「對我而言，一位大半輩子都在觀測天體運行的天文學家，大金字塔指向北方的入口通道，就是一個子午線磁極指針。」[74]由此可見，金字塔的建築師顯然是受到神諭才會使用「此一在別的地方無人知曉，直到最近才受到歐洲天文學會重視的天文方法。」[75]史密斯的論點越來越玄妙，後來甚至將金字塔的天文學與預示未來的先知扯上關係。史密斯認為，現代的英國人必須學習與接受神諭的指引，拒絕公制，捍衛大英帝國的制度，同時以大金字塔作為全球計時的本初子午線。

易言之，金字塔就是某種形式的宗教經書。「在文字罕見的時代，」它為後人記載了聖靈之道。[76]建造金字塔的希伯來建築師顯然是受到神的啟發，預示後人在仔細研究，解開其中奧妙之後就會出現一個科學時代。史密斯本人在一八六五年就進行這樣的研究。他在親自證明之後返回蘇格蘭，成為金字塔學最虔誠的信徒。事實上，是他的努力，而不是泰勒的研究，使得金字塔學成為顯學。一八八〇年代初期，推動時間改革的呼聲日趨高昂，史密斯也毫無意外地鼓吹將大金字塔作為本初子午線的設立地點。

後來的歷史學家與一些專家學者嘲笑史密斯是「金字塔白痴」。但是他們攻擊他的金子塔學卻與歷史無關。直到一八八〇年代，金字塔學的相關研究還受到專家學者與社會大眾的讚揚，[77]是到了後來才受到人們的鄙夷。金字塔學有一段時間頗受民間歡迎，由此也可一窺維多利亞時代的文化。它將埃及的魅力摻入當代大英國帝國與國際政治的色彩，同時也以一種前所未見的方式將考古學、天文學、宗教信仰與時間改革結合在一起。

早在史密斯發表其發現之前，英國民眾就已認識埃及與其紀念碑。如果說維多利亞時代人士有許多著迷於時間改革，那麼對於埃及的痴迷更是過之。「埃及瘋」（Egyptomania）起於一七九〇年代拿破倫出兵佔領埃及，一八二〇年代羅塞塔石碑（Rosetta Stone）的翻譯更是將這股熱潮在拿破倫戰爭之後帶入英國與美國。一九二二年圖坦卡門墓穴（Tutankhamun Tomb）的發現，二度掀起埃及瘋。

這股熱潮在一八七〇與八〇年代方興未艾。[78]英國博物館與私人藏家收集了（往往是非法的）大量的埃及古董，由於埃及文物穩定流入英國，「各階層的倫敦市民……都可以消磨一個下午，在公共展館欣賞這些外國文物。」[79]古埃及建築風格也開始在英國流行，出現在許多宗教與商業建築、紀念碑與墓園。[80]一些自埃及運來的大型文物都成為英國街頭的公共古跡，例如名不副實的「克里歐佩特拉方尖碑」（Cleopatra’s Needle），這是一座於一八七八年自亞歷山卓運至泰晤士河畔的紀念碑，儘管上面刻有碑文，但是主要是紀念英國在埃及的軍事勝利。這座屹立於倫敦的紀念碑，和史密斯的金字塔學一樣，將古埃及的魅力與英國的國家主義相連。

埃及瘋帶來幾乎是永無止盡的新發現。考古學上的發現吸引了媒體的注意，而看來似乎能夠證明《聖經》故事的文物，例如比東石碑（Pithom stele），更是大受公眾的歡迎。[81]如同安妮．羅素以天文學來解釋《聖經》，其他人則是以考古學來做同樣的事情。歷史學家大衛．甘格（David Gange）就指出：「在一八八〇年代，《聖經》為熱衷於埃及學的讀者提供了豐富的題材，他們沉醉於考古學家年復一年地發現《聖經》證據與圖畫。」[82]史密斯對金字塔的測量也帶有相同的宗教魅力，它們似乎能夠為《舊約》提供證據與補充說明。

英國「東方主義」人士對古埃及的幻想隨著時間改變。[83]在十九世紀中葉，英國許多基督徒都厭惡古埃及與它的紀念碑，認為它是被上帝遺棄、殘忍的異教徒文化。當代的一位埃及學學者就指出，後來所建造的紀念碑都是來自一個「崇拜偶像的王朝」。[84]史密斯則是堅持他的看法。他謹慎地將被視為天選子民所建的大金字塔，與其他的紀念碑區隔開來。史密斯表示：「大金字塔雖然位於埃及，但是並不屬於埃及。」[85]埃及其他的紀念碑都不具有如大金字塔這樣的崇高地位。《舊約》所描述的埃及國王是天選子民的剋星，崇拜的是許多不知名號的萬神教，這些都難以讓英國基督徒接受。但是這種異國風格的另類文化所引來的興趣，並不亞於其所造成的厭惡。想像中崇拜偶像的埃及暴君引起了社會的興趣，史密斯將大金字塔神聖化更是將大家的興趣加倍。他巧妙地利用「另類」的魅力，同時又去除偶像崇拜的負面意涵，的確是高招。

到了一八八〇年代，維多利亞時代對埃及文明的認知變得友善多了。[86]此一轉變不僅在於文化，同時也在於政治。宣揚埃及的歷史、考古，以及保存其紀念碑，在一八八二年突然變成政治正確，主要是因為英國需要以此來合理化佔領埃及的行動。在英國一八八〇年代的外交政策中，埃及意義重大。即使被佔領之前，埃及也被視為解決「東方問題」的重要推手，此一問題即是日益疲弱的鄂圖曼帝國。埃及是一獨立國家，不過名義上是受鄂圖曼帝國的統治。相對於巴爾幹半島激烈的衝突，埃及的穩定有如鄂圖曼帝國的定海神針。長期以來英國人都是取道埃及進入印度，不過蘇伊士運河在一八六九年開通後，提供了一個較為便捷的路線。[87]

英國的統治令埃及學學者與金字塔學者狂喜不已。史密斯寫道，光是研究金字塔的機會就足以證明英國佔領埃及是一項正確的行動，其他許多人也都分享了他這樣的熱情。[88]一位仰慕者致函史密斯：「我們買下埃及是不是一件天大的喜事？——金字塔從此就屬於我們了——我應該去那裡看看。」[89]另一位則是建議應該更加仔細觀察金字塔，「如果我們干預埃及的行動成功，並以征服者的姿態進入開羅，科學界袞袞諸公就擁有重新測量金字塔四邊，一勞永逸解決所有相關問題的機會。」[90]一位婦女對史密斯的妻子潔西卡．鄧肯表示，金字塔研究工作的重要性不亞於「重大的東方問題」。[91]英屬埃及的概念令人血脈賁張。佔領埃及與之後的蘇丹危機都令英國人民痴迷不已。查爾斯．戈登將軍（General Charles Gordon）的英雄事績與在喀土木（Khartoum）的壯烈犧牲，激發了他們無窮的幻想，成為詩歌與藝術的靈感。[92]也有一些人對政府作為感到憤怒。堅持保守立場的天文學家，後來成為ＩＭＣ英國代表的亞當斯，尤其是對威廉．尤特爾．格萊斯頓（William Ewart Gladstone）領導的自由黨政府初期沒有乘勝追擊感到不滿。[93]不論怎麼說，在一八八〇年代初期，埃及已成為英國外交政策的中心，而且眾所皆知。

埃及在英國維多利亞時代的中心地位，有助於解釋像金字塔學這樣牽強附會的理論竟然還能吸引眾人的原因。威廉．狄克遜（William Dixon）是史密斯最忠誠的追隨者之一，是一位工程師與業餘的埃及學學者，當初載運克里歐佩特拉方尖碑由亞歷山卓到倫敦的運輸船就是他設計的。他在一八七七年初致函史密斯，他在信中寫道：「儘管我同意克里歐佩特拉方尖碑具有重大的歷史價值，我也相信它的遷移有助它的保存，不致遭到毀壞與遺失，但是我必須承認，這筆一萬鎊的經費若是花在別的地方可能更有用處，尤其是對大金字塔的進一步研究——難道沒有人為了這個目的而願意提供相同數額的經費嗎？我無法不相信東方問題即將引發新的政治危機，而且埃及必會在其中扮演一個重要的角色——英國佔領埃及或是將其納入保護國，應該就是最先發生的事件之一。這將是飽受束縛的埃及人民終於獲得解放的光榮時刻，也是這個備受壓迫的國家終於踏上長久以來預言中邁向福祉之路的開端。就我看來，如果真是這樣的話，難道政府不該採取行動，化解疑慮，解開懸在大金字塔上空的起源與意義之謎？」[94]

狄克遜在信中結尾問道大金字塔的研究進度：「金星凌日是否符合金字塔的測量結果？」[95]此一封信反映出埃及在英國外交政策與文化上的重要地位，同時也以驚人的遠見預測即將發生的危機，以及樂觀地相信未來會有豐富的考古機會。它同時也將金字塔學描繪成對應於金星凌日的科學活動。金字塔學的信眾視金字塔為顯示宇宙與其運作的資訊來源，包括如何測量時間與空間。在這樣的情況下，史密斯的金字塔學也成為經過考驗的科學假設，掌握了英國社會的文化幻想、政治操作、宗教信仰與國家主義人士的感情，從而廣為民眾接受。這是一個魅力十足，引人注目的概念，因此當史密斯建議以大金字塔作為本初子午線的設立地點，眾人也樂於接受。

要了解金字塔學在當時風靡的程度，可以看歷史學家艾瑞克．萊森奧爾（Eric Reisenauer）的一項研究結果。一八八三到一八八六年，在英國西北部坎布里亞（Cumbria）的巴羅因弗內斯（Barrow-in-Furness），有一百四十七人向市立圖書館借出史密斯所著的《我們在大金字塔的遺產》，也就是說平均一周就約有一位借書者。這些讀者顯然大部分都是勞工階級。[96]此外，史密斯也收到許多讀者來信，邀請他去演講，或是請求他的准許，以他的著作當作主日學的課程，以及將該書的部分內容印成小冊子提供給大眾閱讀。[97]

他的理論還吸引一些比較特別的國家主義與宗教次文化人士。[98]第一個就是由查爾斯．拉蒂默等這類人士（美國IPAWM領袖）所組織的反公制運動團體，他們欣然接受史密斯的研究結果，以此作為他們反對公制的最新理由。還有什麼比奉天承運的帝國測量單位更具有說服力？拉蒂默告訴史密斯：「你給了我們推翻法國公制的武器……我們不推翻法國公制誓不罷休。」[99]在一八六四與一八七八年，英國國會曾多次就度量衡制度的改革進行辯論，之後更將公制的使用合法化。因為如此，反公制的運動也更顯急迫性，史密斯的理論則是一個現成的反駁論點。[100]正如拉蒂默所言：「唯一能夠擊敗法國公制的武器就是《聖經》與大金字塔。」[101]

與此同時，還有一批國家主義人士以更具宗教動機的力量來接納金字塔學，這批人就是英國以色列人。[102]他們相信盎格魯—撒克遜人是以色列民族的直系後裔，因此也就是天選之民。他們此一主張將大英帝國侵略行為合理化為上帝的旨意，同時也作為英國高人一等的證明。[103]可想而知，此一主張的興起與人氣上升，正逢英國重新取得帝國身分的時機。[104]根據史密斯的理論，金字塔證明了英國是在神諭之下直接繼承了以色列人的度量衡制度，這是一個輕易就能深入英國以色列人心靈中的說法。

金字塔學逐漸滲透進入英國與美國文化，時間改革也難以倖免。受到史密斯理論的影響，IPAWM加入美國時間改革運動，希望藉此確保大金字塔成為本初子午線的設立地點。拉蒂默將佛萊明納入IPAWM旗下，是想借用他的關係打入時間改革運動。透過在大西洋兩岸的關係，IPAWM旨在確保任何有關本初子午線的決定，至少都會考慮到吉薩大金字塔（與天授的英寸制度）。在醞釀召開IMC的那些年間，IPAWM遊說美國政府與議會，將吉薩大金字塔置入新興的全球計時系統之內。IPAWM並非獨力作戰。IMC主辦單位收到來自各方的信件，要求將本初子午線設在吉薩大金字塔。

儘管金字塔學荒誕不經，但是其信眾在時間改革上卻能夠展現強大的影響力。不只是一般公眾，該理論在當時至少有一段時間也獲得科學界的支持。在維多利亞時代的科學界，不論是宗教信仰或是神蹟，都和其他的自然現象一樣，須經過科學方法的驗證。例如《倫敦評論季刊》（*London Quarterly Review*）對於史密斯第一篇有關金字塔學的論文，就抱持一種健康的不可知主義態度，決定保留意見直到他完成在埃及的測量工作。[105] 憑著他的調查結果，他似乎也擁有了令人信服的立論基礎，而有十年左右的時間，至少也說服了一些科學家。自一八六五年埃及之旅返回之後，史密斯將他的發現提交給愛丁堡皇家學會，因此獲得凱斯獎（Keith Medal），這是一年兩次的獎項，主要是頒給發表在該學會期刊上意義最重大的論文。[106]

不過最終史密斯仍是失寵了。針對金字塔更加深入的測量顯示與史密斯的發現相互矛盾。一八七四年，蘇格蘭出生的天文學家大衛．基爾結束在模里西斯觀察金星凌日之後，趁著餘暇時間趕到埃及進行金字塔測量的工作，但是他只完成部分的測量作業，他和同事將一根木杆插在金字塔的頂端，以標誌金字塔在部分大理石傾塌之前的原始高度。基爾未竟其功的測量工作在一八八〇年帶來第二次的測量計畫，這一回的領隊是弗林德斯．皮特里（Flinders Petrie），他的目的是要確認史密斯的發現。皮特里的父親是史密斯的朋友，而皮特里父子都相信史密斯的假設是正確的。[107] 但是弗林德斯．皮特里在測量後卻發現，以埃及正規的腕尺可以算出金字塔的大小，反倒是用史密斯所謂二十五英寸的神聖腕尺來測量，出現了一些錯誤。[108]

皮特里的測量、巴納德在美國支持法國公制的大力遊說，再加上天文學界另一位重量級人物理查．普羅克特（Richard Proctor）的抨擊，使得史密斯的聲譽大受打擊。史密斯其實大可接受他的錯誤，根據新證據來修正他的假設。然而他卻是更加押注於金字塔學，對同僚的批評與意見充耳不聞。如此一來，他逐漸失去科學界主流對他的尊敬，他也被迫到英國以色列人的極端國家主義，與反公制的狂熱中尋求溫暖。[109]他之所以遭到天文學界的疏遠，並非因為金字塔學本身，而是在於他背棄科學原則，投入毫無底限的神祕主義。如果IMC早十五年召開，在新的證據尚未出現之前，史密斯以金字塔作為本初子午線設立地點的建議，可能會更受到重視。

天文學界否定金字塔學是史密斯的一個轉捩點。他的假設在皇家學會會議上受到亨利・詹姆斯爵士（Sir Henry James）的嚴辭攻擊。此人曾經叱責史密斯的理論是「道貌岸然地胡說八道」。[110]史密斯試圖解釋，但是這位學會會長主席卻是寫道，史密斯的反駁「不值一看」。[111]史密斯備感侮辱，寫了一封憤憤不平的辭呈。[112]他成為該學會首位決定退出的會員。[113]歷史學家瑪麗・布魯克（Mary Bruck）與布魯克（H.A. Bruck）指出，此一決定不僅讓他備受嘲笑，更重要的是「在他與具有影響力的科學界大老、相關重要機構之間放置了一根攔杆。」[114]史密斯也因此轉進到儘管較為友善，但是名聲相對低落的論壇，例如拉蒂默的IPAWM。

不過史密斯並沒有切斷與皇家學會會員間所有的私人關係。在科學界的人際網絡之中，私人關係與專業關係一樣重要。例如天文學家亞當斯仍然偶爾與史密斯共進晚餐，並對他退出學會感到遺憾。詹姆斯・納皮爾（James R. Napier）在一八七六年初致函亞當斯：「自從上次與您和亞當斯夫人在皮亞茲・史密斯家中共進晚餐之後，我就再也沒有見到我們這位朋友。我很遺憾他這樣離開皇家學會——我希望他能放棄金字塔——我敢說以您和您的望遠鏡對金星的觀測，會比埃及的紀念碑更能告訴我們有關太陽與地球間距離的知識。」[115]納皮爾、亞當斯與史密斯間的聯繫，緩和了史密斯孤絕的心理，但是在諸如金星凌日等眾多更具前景的科學發現之下，史密斯的主張也遭到摒棄。

史密斯完全退出科學界是十年之後的事情。他仍是一位學識淵博的天文學家與民用時信號的頂尖人物，他仍是定期參與時間分布的討論。但是他在擔任蘇格蘭皇家天文學家的最後幾年，他與科學界日益疏遠。一八八八年是他擔任蘇格蘭皇家天文學家的最後一年，他在其著作《赤道之書》（*Equatorial Book*）的字裡行間顯露出鬱鬱寡歡的心情，儘管也帶有一些挑釁的意味，其中包括他在回家途中被「惡作劇的頑童」丟擲石塊的故事；抱怨他被愛丁堡大學教授嘲諷，以及提醒他的繼任人要注意任何「無法預期與不幸的事情」。116

不過，在退出科學界之前，史密斯的金字塔學幫助天文學界否決了佛萊明的時間改革計畫。他身為皇家天文學家的地位，加上喬治．艾里的力量，在一八七九年說服了英國天文學家拒絕佛萊明的時間計畫。的確，從另一個角度來看，佛萊明提出時間改革計畫，反而給史密斯鼓吹以金字塔作為本初子午線設置地點的機會。之後五年，金字塔一直是各項有關子午線設立地點壇的重點之一。這並非靠著史密斯的一己之力。維多利亞時代英國對埃及的情懷對時間改革，包括華盛頓會議都造成重大影響。儘管金字塔學最後是一條死胡同，但是它也是政治、宗教、社會與科學辯論合流下的產物——完美體現ＩＭＣ時間改革辯論的文化環境。

結論

時間改革並不是在真空的環境下產生的，它是受到各種不同利益相互競爭下的產物。例如大部分的職業天文學家，都視時間標準化為一高度專業的工作。他們在一八七四與一八八二年觀測金星凌日的經驗，教導他們精密與準確計時的價值，同時也讓他們了解全球計時系統的必要性。對他們而言，它就是從事複雜的天文觀測或是航海導航的工具，但是在他們的專業之外就沒有什麼用處。然而在一八八四年華盛頓的IMC上，他們發現他們的主張與佛萊明所追求的改革格格不入，後者所要的是改變所有人的計時方式。要求一般大眾在日常生活中採用新的計時方式，對他們而言既無必要也不重要。

時間改革的二元性——將世界時間作為科學工具或是作為日常生活的工具——形成時間改革辯論的核心所在。但是羅素、斯諾與史密斯的故事也顯示，圍繞此一核心的各種概念是多麼多樣化與複雜。一如天文學、考古學、計量學與神學，也在形塑世人對計時的感知上扮演重要的角色。同樣地，航海安全與《聖經》解讀等各種不同的專業領域，也為這場爭議帶來多種辯論角度。這些專業與業餘人士圍繞時間的討論也是跨國界的，輕易地就成為一個國際性議題。當然，殖民主義與偏見也影響所有的事情。例如在職業天文學界，當英國天文學家想徵詢開普敦殖民地天文學界的意見，他們不會找當地的天文學家，而是找大衛・基爾，一位在一八七九到一九六年間擔任開普敦皇家天文學家的蘇格蘭人。此外，社會階級甚至比種族與性別更輕易限制一個人加入科學界。富有的女性或是殖民地人民儘管會面對各種不同的歧視，但是只要他們願意，他們有時仍能找到進入科學的管道。但是勞工階級往往就沒有這樣的特權。同時，即使是想做一位業餘的天文學家，相關花費也是令人卻步。在這樣的情況下，天文學界也顯得狹隘與孤立。

不過，在天文學界的外圍卻是一個充滿活力與刺激的地方，有許多技能高超的奇人異士，包括羅素、斯諾與史密斯，他們所帶來的知識並不亞於「圈內人」。然而由於風俗習慣與禮儀規範，不論是正式的還是非正式，他們都遭到排擠，難以找到能夠展示他們研究所得的平台。他們所提供的知識也往往被視為不具「權威性」，在政治決策上也無足輕重，不過儘管如此，他們依然使得時間改革的辯論範圍更加廣泛與有趣。這些外圍人士的經歷，包括航海、天文、考古與神學，豐富了時間改革辯論的題材與內容。宗教信仰可以為人類計時帶來輕鬆以對的寬容，例如羅素，也可以成為毫不妥協的極端主張，例如史密斯。職業上的經歷，例如當了一輩子海員的斯諾，他對航海安全的關切，則盤點時間改革帶來一個另類視角。這些所有的事情都是發生在一個積極追求現代科學與古代文書意義，希望能夠透過多種方式來了解世界的文化之中。這些所有的信念與概念，一八八四年在ＩＭＣ齊聚一堂。時間改革有其包袱，尤其是ＩＭＣ的結果反映了業餘與專業（同時也在各職業）之間，各個網絡之間的鬥爭。專業化的興起使圈外人有關時間的意見受到忽視。不過它們仍是有一些影響力，透過各種細微的空隙滲透進入時間改革的辨論之中。若非他們的主張與意見，這場辯論只不過是鐵路工程師推動民間使用世界時間的概念，與天文學家將世界時間視為科學工具的主張之間的對決。這些主張與概念上的差異如何影響一八八四年華盛頓ＩＭＣ的國際外交操作，將是我們下一章的主題。

第三章

國際子午線會議

一八八四年的華盛頓哥倫比亞特區，是一座正在變遷的城市。她自一八六五年美國內戰中倖存下來，道路泥濘、公共建設嚴重缺乏。該市百廢待舉，犯罪頻仍，與其設計人皮埃爾．查爾斯．朗方（Pierre Charles L'Enfant）最初所設想要建設一個宏偉的首都的目標天高地遠。[1] 這座城市座落於濕地之上，有時會遭逢水災侵襲，而且不時會陷入政治動盪的局面，如果要稱頌這座已建立一個世紀的城市，最高的讚美可能也就是仍在繼續建設之中。

不過這座城市已重現生機，儘管是來自高築的債台。市長亞歷山大．羅比．薛佛德（Alexander Robey Shepherd，一八七三至一八七四年擔任市長）展開了一連串的大型公共建設，包括造橋鋪路、電車與紀念碑。因為內戰而長期停工的華盛頓紀念碑終於在一八八四年底完工。這座埃及風格的紀念碑華麗非凡，當時是全球最高的建築物，是反映傳統文化的國家主義與追求進步的現代主義的綜合體。

象徵「新」華盛頓的另一座建築物是座落在白宮對面的國務、戰爭與海軍大樓（State, War

and Navy Building），〔現在已改名為艾森豪行政辦公大樓（Eisenhower Executive Office Building）〕。這棟具有法蘭西第二帝國風格的建築物建於一八七一年，但直到一八八八年才大功告成，多年來一直是全世界最大的行政辦公大樓（共有五百六十六間房）。在一八八四年的時候，這棟建築還在繼續建設之中。該棟大樓作為國務院辦公之用的南翼是最先完工，自一八七五年以來就一直在使用。海軍部是稍晚才搬進東翼。至於該棟建築的其他部分仍只是工地。南翼擁有一間敞亮的外交接待室，主要是用來接待外賓。身處這棟豪華的會堂內，根本不會在意外面泥濘的道路，而國家事務就在這裡運作。一八八四年十月，這裡運作的事務是要建立一個國

IMC 總部設於華府的艾森豪行政辦公大樓。本書作者於二〇一五年拍攝。

際共享的本初子午線。

這一年在華盛頓召開的IMC毀譽參半。歷史學家有時會稱其「大而無當」，他們說得並沒有錯。[2]標準時間是在IMC建立的說法，說得難聽一點兒就是一個空想，說得好聽一點兒，也只是過度簡化了其中的過程。全球計時系統其實是各國在長達五十年左右的時間裡憑藉個別的努力拼湊而成，至於像IMC這樣的國際協商，反而難以形成各國的政策。既然如此，為什麼在一八八四年會有二十五國派遣代表舉行這場國際會議討論子午線與其用途，而且最終在計時系統上沒有達成共識？到底發生什麼事情？

有些歷史學家會將之歸咎於法國與英國的摩擦。[3]在華盛頓會議上，這兩國確實是什麼都不對盤的死對頭，在本初子午線設立地點的意見上堅不妥協。但若是仔細分析會議經過，可以看出其實根本沒有幾位代表，不論是哪個國家的，會想要建立標準時間。[4]他們兩位代表的是北美商業與工程利益，難以說服主要代表航海與天文學利益的海員、天文學家、外交官相信本初子午線，不僅應該應用於航海與天文學，而且也應在民間計時上扮演重要角色。

工程師與天文學家的衝突在IMC的討論過程中難以察覺，主要是因為並不明顯——只是這場會議數十個議題中的一個線索而已。IMC匯集了多層利益衝突的激盪：計時對航海、天文學家對工程師、業餘對專業、法國對英國、宗教對科學、基督教對伊斯蘭、公制對英制等等。這些種種衝突形塑了那個時代時間改革的辯論，具體而微地反映在IMC。這些在當代文化下形成的大量辯論在IMC匯聚成一股亂流，激起千層浪花。

要在其中理出一個頭緒困難重重，比較好的方式是從該會議的紀錄著手。這部兩百頁的文件紀錄了各個代表的演說、通過的協議，以及各國表決的意向。會議紀錄雖然並非鉅細靡遺，不過也能讓我們了解其中經過，可是卻無法說明箇中原因。我們若要了解原因，當時的時空背景是關鍵所在——第一章與第二章幫我們大致理清了一些線索，讓我們能夠掌握大部分的情勢。我們可以從中看出一些與會者的動機何在。對於某些人而言，例如佛萊明，IMC是六年來辛苦推動時間改革的成果。對於其他一些人而言，例如亞當斯，對於時間改革僅是略知一二，他之所以被英國科學與藝術部選中，完全是因為其反公制的政策。還有一些人，主要是外交官，他們與會主要是代表國家的利益，至於有關會議議題的專業知識，他們根本一無所知。例如英國駐美大使萊昂內爾・薩克維爾・威斯特主要是負責接待與協調該國代表相關事務，對於會議主題卻是漠不關心。英國（印度）代表理查德・史崔奇爵士的兄弟就警告他：「威斯特是一位好人，但是對於『大地測量』一竅不通。」[5]

會議最終結果所呈現的是，與會者對各議題的投資產生失衡。在IMC上，只有少數幾位討論計時系統，由此也可以解釋為什麼佛萊明與天文學家之間的衝突受到忽視。法國與英國因公制辯論而引爆的爭執才是全場注目的焦點，因為這是IMC最激烈的衝突。可是要解答我們的中心問題——全球標準計時是如何形成？——我們需要將焦點從英法間的衝突移開，專注於將民間計時導入原本主題應是航海的一場辯論之中。同樣地，我們也需要檢視一些較不受注意的會議協議，這些協議與「天文日」的改變有關。這些辯論，不論是當時還是之後，都在在顯示天文學家視精準與標準化的計時系統是一項特殊的工具，與民間計時沒有關係。

為了掌握其中脈絡，本章除了會議紀錄之外，也參考許多個人文件，以了解本次活動的「文化」。在這場會議之中發生了什麼事情？誰和誰曾經交談，在哪裡談？ＩＭＣ集合了國際天文學界所有的成見、傳統與習慣，同時又有外交官、工程師與立法者的介入，使得整個情勢複雜化。聚焦於決策者個人與相關的經驗，可以讓我們掌握他們所做的決定，在抽象的「國家利益」之外，隱藏在身後的真正動機。在理清頭緒之後，我們會發現ＩＭＣ暗潮洶湧，遠遠不是英法間衝突所表現的那麼簡單。專業，而不是國家，決定了這場會議的結果。

從數字看ＩＭＣ

ＩＭＣ的會期整整有一個月，從一八八四年十月一日到十一月一日。在這段期間，總共召開七輪會議，第一輪與最後一輪都是儀式性與組織性的，真正進行議題討論的是中間六輪。共有來自二十五國四十一位代表與會。第二十六國丹麥，原本預期也會參加，但是其領事卡爾・史汀・安德森・戴・比爾（Carl Steen Anderson de Bille）一直沒有現身。在與會國家中，十一個是歐洲國家、十個是南美洲國家或島嶼國家、兩個北美國家、一個亞洲國家、一個非洲國家，另外還有兩個打著大英帝國旗號的「殖民地」（加拿大與印度）——這些都是與美國有外交關係的國家政府。美國長期以來所主張的門羅主義（Monroe Doctrine）強調西半球國家的影響力應僅及於西半球，可以部分解釋此一會議為何有這麼多的南美國家參與。但是這些國家代表來到華盛頓，都有各自的目的與盟友，他們的利益並不全然與美國一致。其中有一些國家，例如巴西與聖多明哥（即後來的多明尼加共和國），往往是站在法國這一邊。

有些與會國家對IMC的熱衷程度不如其他國家。例如，土耳其代表直到第三輪會議才出席；智利、荷蘭與賴比瑞亞的代表到第四輪會議才現身；薩爾瓦多代表缺席第四、第六與第七輪會議。各國代表人數也互不相同。由於旅費的問題，若干小國所派遣的代表人數也較少，而且大都要仰賴他們的駐美大使。不過會議的一個重大變數是美國在最後一刻妥協，允許英國可以有五位代表出席，而不是三位。

表3-1：IMC與會代表職業分布

職業	人數	比率（%）
外交官	20	48.7
海軍	8	19.5
科學家	7	17.1
工程師	4	9.8
測量師	2	4.9

註：該表格將與會代表職業分布有所簡化，因為其中有些人的職業是重疊的，有些海軍代表同時也是天文學家，例如富蘭克林與史崔奇。

表3-2：發言超過五次的IMC與會國家與代表

國家	代表
英國	亞當斯、伊凡斯、佛萊明、史崔奇
法國	讓森、勒菲佛赫
俄國	斯特魯維
西班牙	阿伯爾、帕斯多林、巴萊拉
瑞典	萊文豪普特
美國	阿貝、羅傑斯、拉瑟弗德、桑普森

表3-3：IMC每位代表發言次數

代表／國家	職業	發言次數
謝佛／奧地利	外交官	3
克魯爾斯／巴西	科學家	2
亞當斯／英國	科學家	19
伊凡斯／英國	海軍	6
佛萊明／英國（加拿大）	工程師	9
史崔奇／英國（印度）	外交官 （擁有其他專業）	22
戈馬斯／智利	海軍	0
塔珀／智利	海軍	1
法蘭克林／哥倫比亞	海軍	1
艾切維里亞／哥斯大黎加	工程師	0
比耶／丹麥	外交官	缺席
讓森／法國	科學家	21
勒菲弗赫／法國	外交官	19
阿文斯萊本／德國	外交官	4
辛克爾登／德國	外交官	0
瑞克／瓜地馬拉	測量師	1
艾哈羅／夏威夷	外交官	0
亞歷山大／夏威夷	測量師	0
弗雷斯塔／義大利	外交官	1
菊池大麓／日本	科學家	0
柯平杰／賴比瑞亞	外交官	0

代表／國家	職業	發言次數
安吉亞諾／墨西哥	科學家	0
費南德茲／墨西哥	工程師	1
威克林／荷蘭	外交官	0
史都華／葡萄牙	外交官	1
戴・斯特魯維／俄國	外交官	9
科洛格里戈夫／俄國	外交官	0
史戴賓斯基／俄國	外交官	0
加爾萬／聖多明哥	外交官	1
巴特雷斯／薩爾瓦多	外交官	1
阿伯爾／西班牙	海軍	8
帕斯多林／西班牙	海軍	5
巴萊拉／西班牙	外交官	14
萊文豪普特／瑞典	外交官	15
弗雷／瑞士	外交官	2
赫希／瑞士	科學家	不確定是否出席
魯斯特姆／土耳其	外交官	4
阿貝／美國	科學家	8
艾倫／美國	工程師	3
羅傑斯／美國	海軍	107 （大會主席與主持人）
拉瑟弗德／美國	科學家	29
桑普森／美國	海軍	15
索特多爾／委內瑞拉	外交官	2

此一改變是在會議召開僅僅數月前才出現的，其他國家根本沒有時間來得及反應。最終，在與會的二十五國中，僅有九國的代表人數超過一位，大部分都是歐洲國家，只有美國與英國的代表人數超過三位。

會議紀錄能讓我們了解與會代表與他們在會期間的活動。與會代表主要是來自五個專業領域：二十位是外交官、八位具有海軍與航海背景、七位是科學家、四位是工程師，還有兩位土地測量專家（表三—一）[6]。另外有五位不具投票權的專家獲邀參與討論，他們除了一位之外，其他都是科學家。[7]

IMC的討論主要是由科學家主導。根據會議紀錄，我們可以了解每位代表的發言次數。發言次數並不代表其重要性，有些人的發言還不如建議暫時休會受到歡迎。發言次數的意義也因為美國代表羅傑斯海軍上將而遭到扭曲，他以大會主席的身分總共發言一百零七次，但是他從來沒有參與協調討論。儘管如此，由發言次數可以看出哪些國家與代表最為投入。例如代表發言次數超過五次的國家（表三—二）只有英國、法國、俄國、西班牙、瑞典與美國，顯示歐洲國家尤其重視此一會議。

如果依據專業來分析發言次數，外交官發言九十八次、科

表3-4：IMC與會代表依職業別的發言次數與比率

職業	發言次數	發言比率（%）
外交官	98	43.2
科學家	79	34.8
海軍	36（不包括主席羅傑斯的發言）	15.9
工程師	13	5.7
測量師	1	0.4

學家七十九次（不包括不具投票權的專家）、海軍代表三十六次（不包括主席羅傑斯）、工程師十三次、測量專家一次（表三—三）。雖然科學家人數僅佔所有代表的的百分之十七，不過他們的發言次數則佔了百分之三十五——是唯一發言次數比率超過人數比率的專業（表三—四）。換句話說，雖然外交官的發言次數超過科學家，但這只是因為他們人數較多而已，科學家才是會議中聲量最大的。

數字之外的ＩＭＣ

統計數字只能告訴我們這些訊息。要對此大會有更深一層的了解，必須從其歷史背景著手。有數十個國家、王國與其他型式的政治實體，在一八八四年並沒有接獲參與ＩＭＣ的邀請。她們有許多在歐洲與美國的眼中並非主權國家。這一點可以由一八八四年秋天的另一場國際會議看出來：柏林會議。在ＩＭＣ結束沒多久，於十一月召開的柏林會議無異於歐洲列強吹響宣告進軍非洲的號角。「瓜分非洲」政策的正式確立，代表歐洲列強無視非洲本土政治實體的存在，同時也解釋了為何非洲國家沒有獲邀參加ＩＭＣ的原因。唯一的例外是賴比瑞亞，她是一個政治組合，既是美國的殖民地，也是一個殖民強權。賴比瑞亞是一八四〇年代美國將獲得自由的黑奴遣反西非所建立的國家。賴比瑞亞即使在獨立之後也與美國保持密切關係，是美國外交政策的一環，因此獲得美國大量的援助與保護。至於其他非洲本土政治實體就無法擁有這樣的優惠待遇，更別提獲得歐美列強的主權承認。

由於這兩項會議的時間十分接近，有些學者也將它們相互連接。[8] 柏林會議是為西方列強的掠奪設下條件，華盛頓會議則是予以執行。[9] 採行標準時間一時之間強化了以倫敦為核心，成為時間與物質世界中的核心／邊陲關係。[10]「以小時、分鐘與秒鐘來統合世界的行動，」歷史學家焦爾達諾．蘭尼（Giordano Nanni）寫道：「無疑是歐洲遂行其統一意志的最強表現之一。」[11] 歷史學家凡妮莎．奧格勒（Vanessa Ogle）深有同感。她指出全球化的行動，例如時間標準化，並非中性的，而是具有意識形態：「當歐洲與美國超越時空，以統一時間來為世界建立全球化的秩序時，她們是依據自己的想法來建立一個由她們主導的世界。」[12] 這個世界其實並非平等，而是劃分階級。

由IMC與會代表的地域劃分可以看出其中端倪。南美小國雖然較非洲國家較受到重視，但是仍須仰仗她們強鄰的鼻息，尤其是美國。若說哥倫比亞派遣一位代表來華盛頓參加IMC，根本就是騙人的。它是由美國海軍天文學家，自一八八四年二月以來就擔任華盛頓美國海軍天文台台長的海軍准將富蘭克林（S.R. Franklin）來出任代表。一八八三年二月，波哥大天文台領導人致函美國海軍天文台，請求後者找人來代表哥倫比亞參加IMC。信中指出：「鑑於波哥大與華盛頓的子午線相近，（哥倫比亞的利益）一定也與美國相同。」[13] 美國海軍天文台顯然沒有辜負哥倫比亞的委託，雖然接到此一要求沒多久，美國就同意以格林威治取代華盛頓作為子午線的設立地點。哥倫比亞直到十月十四日，也就是IMC召開之後，才接獲美國通知代表人選。[14] 在會議期間，富蘭克林幾乎沒有發言，而且每一項重大協議的表決，都是以美國馬首是瞻。富蘭克林後來提交給哥倫比亞政府的報告，只列出會議結果，而沒有任何解釋。[15]

同樣地，瓜地馬拉也是由美國出生的測量專家邁爾斯．洛克（Miles Rock）出任代表。洛克是一八八三年旨在劃分墨西哥與瓜地馬拉彊界的邊界委員會主席，曾經不顧墨西哥的野心，幫助瓜地馬拉爭取到若干具有爭議的土地。此一成就贏得瓜地馬拉政府的信賴，也不難解釋他為何會成為瓜地馬拉的代表。另外一個類似的例子，不是南美，而是夏威夷。夏威夷的代表之一是耶魯畢業生，也是這個島嶼王國的美國與歐洲菁英階層之一。在IMC結束沒多久，該菁英階層就發動政變推翻國王，從而促使夏威夷在十九世紀結束前成為美國的屬地。哥倫比亞、瓜地馬拉與夏威夷的例子，儘管並不血腥殘忍，但是也足以顯示強權是如何奪取與破壞小國在IMC的代表權。

這些背景對我們的分析有何意義？它們形塑了我們用來檢視這場會議的視角。科學活動絕非政治中立，本初子午線的選定也不例外。IMC與柏林會議的性質其實大同小異，都是西方強權在殖民主義基礎上遂行其全球化行動。一八八四年秋天，IMC的與會代表就是在這樣的背景下來到華盛頓。

抵達

對於許多參加IMC的代表而言，這趟華盛頓之行持續了好幾個月，會議僅是其中一個行程而已。多數人都還有其他專業的活動。例如菊池大麓一八八四年的華盛頓之行也是為了建立科學界的人脈。菊池（IMC的日本代表）本身是東京帝大的數學教授，曾在劍橋就讀。他來美國讓他得以參加克耳文勛爵在巴爾地摩約翰．霍普金斯大學的分子動力學碩士講座。本初子午線在菊池的美國之行中僅佔了一小部分時間。

菊池的情況並非特例，其他許多代表也趁此機會拜訪海外同僚與參加其他的專業聚會。不列顛科學協進會在同年的八月與九月於蒙特婁召開年會，是該組織首次在英倫三島之外的地方舉行會議。英國代表亞當斯出席此一盛會，佛萊明也參加了，他同時也是該組織的G組「機械學」的副主席。[16]據了解，理查德．史崔奇爵士也參加這一年會。[17]

為了不列顛科學協進會的年會，亞當斯夫婦提前來到北美，展開了一次觀光兼具知性的旅遊行程。他們來到魁北克的荒野，然後以敬畏的眼神觀賞尼加拉大瀑布（Niagara Falls），亞當斯稱其「壯觀得難以形容」。[18]他們也參加費城一場科學講座，並接受之前在劍橋結識的「數學女教授」康寧漢夫人（Mrs. Cunningham）的邀請，住在一所女子學院。[19]他們曾到阿勒格尼山嶺（Allegheny Mountains）遊玩，又乘船遊覽尚普蘭湖（Lake Champlain），然後才來到華盛頓。亞當斯在寫給英國友人的信中表示，雖然他這趟旅程十分愉快，但是對當地報紙大篇幅報導美國總統選情感到厭惡（大選日是十一月四日），因為報導中「充斥各種卑鄙的人身攻擊」。[20]

桑福德．佛萊明也是與妻子珍妮（Jeannie）同行。他們在九月三十日途經紐約抵達華盛頓。[21]在丈夫參加會議期間，珍妮遊覽了喬治．華盛頓的故居維農山莊（Mount Vernon），這是富有的遊客來華盛頓必定參訪的地方。佛萊明已去過那裡——一八八二年五月，在與國會議員商討後，他搭船順著波托馬克河（Potomac）來到維農山莊。當時他曾寫道，希望珍妮也能同行。[22]現在就是她的機會了。

旅遊與社交密不可分，法國代表朱爾．讓森抵達美國後也展開一連串社交活動。他在紐約接受記者訪問（他感嘆沒有帶妻子同行來充當他的翻譯，因為他只會說法文），並且與電話發明人亞歷

IMC與會代表一八八四年十月十六日在行政辦公大樓（IMC舉行地點）前的台階上合影留念。在此之前，他們曾在對面的白宮接受美國總統切斯特·阿瑟的設宴款待。

從左至右，前排：阿文斯萊本（Alvensleben，德國）、加爾萬（Galvan，聖多明哥）、勒菲弗赫（Lefaivre，法國），右端是謝佛（Shaeffer，奧地利）。第二排：辛克爾登（Hinkeldeyn，德國）、巴萊拉（Valera，西班牙）、索特爾多（Soteldo，委內瑞拉）、史崔奇（Strachey，英國—印度）、讓森（Janssen，法國，故意背對亞當斯與羅傑斯）、羅傑斯（Rodgers，美國）、克魯爾斯（Cruls，巴西）、威克林（Weckherlin，荷蘭）。第三排：弗雷（Frey，瑞士）、菊池大麓（Kikuchi，日本）、拉瑟弗德（Rutherfurd，美國）、法蘭克林（Franklin，哥倫比亞）、伊凡斯（Evans，英國）、亞當斯（Adams，英國）、佩德里克（Peddrick，美國，祕書）、魯斯特姆·艾芬迪（Rustem Effendi，土耳其，站在佩德里克前面）、弗雷斯塔（Foresta，義大利）。第四排：帕斯多林（Pastorin，西班牙）、阿貝（Abbe，美國，被拉瑟弗德的頭部擋住部分）、在小幅間隔之後是科洛格里戈夫（Kologrigoff，俄國）、戴·斯特魯維（de Struve，俄國，他們兩人都蓄有倒V字型的鬍鬚）、史戴賓斯基（Stebnitzki，俄國）、費南德茲（Fernandez，墨西哥，站在史戴賓斯基右前方）、桑普森（Sampson，美國）、安吉亞諾（Fernandez，墨西哥）、埃迪（Adee，美國助理國務卿，向左面對安吉亞諾）。最後一排：戈馬斯（Gormas，智利）、塔珀（Tupper，智利）、在小幅間隔之後是萊文豪普特（Lewenhaupt，瑞典）、巴特雷斯（Batres，薩爾瓦多）、艾切維里亞（Echeverria，哥斯大黎加，站在巴特雷斯右後方）、邁爾斯·瑞克（Mill Rock，瓜地馬拉）、亞歷山大（Alexander，夏威夷，站在瑞克右後方）、艾哈羅（Aholo，夏威夷）、史都華（Stewart，葡萄牙）、馬叟（F.R. Marceau，法文速記員）。缺席的有艾倫（Allen，美國）、阿伯爾（Arbol，西班牙）、柯平杰（Coppinger，賴比瑞亞）、佛萊明（Fleming，英國—加拿大）、赫希（Hirsch，瑞士）。

山大・格拉漢姆・貝爾（Alexander Graham Bell）共進晚餐。他也拜會美國氣象學會會長費德瑞克・巴納德。如前所述，巴納德因為聽力問題被迫辭去出任ＩＭＣ代表的職務。[23]這些拜會活動兼具旅遊與社交性質，大都與本初子午線無關。

由以上數位代表的行程可以看出，ＩＭＣ的舉行並非與世隔絕。這場會議是植基於當代科學界由私人關係建構的人脈網絡。因此，ＩＭＣ的性質除了外交與政治外，也具有科學的意義。ＩＭＣ的會期長達三十二天，但是正式會議只有八輪。與會代表在空檔時間會準備、翻譯與閱讀會議上的各項議案，或是從事社交活動。

ＩＭＣ有多位代表都是外交官，擁有自己的社交人脈，並且負有其他的談判任務。例如來自多明尼加首都聖多明哥（San Donmingo）的特使曼努埃爾・德・赫蘇斯・加爾萬（Manuel de Jesus Galvan），是要與美國進行貿易談判。在會期間，他曾與美國國務卿弗德瑞克・弗里林海森（只出席ＩＭＣ幾場會議）進行數天協商。[24]當時美國總統大選已如火如荼地展開，對於加爾萬與其他外交人員而言，包括英國大使薩克維爾—威斯特（Sackville-West），正是觀察美國政局發展的大好機會。他們將大量有關大選可能結果，與他們國家跟美國間關係可能發展的資訊回報國內。[25]

參加ＩＭＣ的外交官有許多都是長駐華盛頓，早就建立一套新來者沒有的人脈網絡。他們與當地菁英維持良好關係，也是社交圈內同時受到尊敬與八卦的對象。《尊敬的山姆大叔》（*Hon. Uncle Sam*）是一部以戲謔的口吻描述華盛頓上流社會的著作，依據各個外交官在社交圈中的地位來進行排名。薩克維爾—威斯特（後來晉升為薩克維男爵）排名最高。書中嘲弄道：「我認為山姆大叔深愛他來自英國的主子。」[26]法國大使所受尊敬的程度就略低一等。「難道是因為他沒有頭銜嗎？或者因為他是共和黨員？」作者如此質疑。[27]與此同時，「俄國大使戴・斯特魯維男爵（Baron de Struve）卻是頗受社交圈的歡迎，美國相當喜歡俄國人。」這本書對於代表俄國參加ＩＭＣ的戴・斯特魯維給予很高的評價。不過，他雖然精通數種亞洲與斯拉夫語言，卻只是略懂英文而已。[28]美國天文學家西蒙・紐康曾致函俄國天文學家，同時也是俄國大使的兄長人奧托・斯特魯維，信中寫道：「您會很高興知道您的兄弟讓俄國駐美使館增色許多。我認為他是華盛頓社交圈最受歡迎的大使。」[29]

《尊敬的山姆大叔》也對ＩＭＣ的義大利代表艾伯特・戴・弗雷斯塔（Albert De Foresta）讚譽有加。該書指出：「與他共舞，是每一位女孩的心願，一輩子難以忘懷。」[30]很顯然，這是一個類似專業的社交網路。美國名媛瑪麗安・胡珀・亞當斯（Marian Hopper Adams）與瑞典大使暨ＩＭＣ代表萊文豪普特伯爵（Count Lewenhaupt）的妻子結為好友。[31]他們的活動不僅是報紙的焦點，同時也成為一些更為嚴肅刊物的題材。例如《顱相學與健康科學雜誌》（*Phrenological Journal and Science of Health*）就曾根據各個大使的頭顱形狀來評斷他們的性格。薩克維爾—威斯特「態度端正」，而且「實事求是」，德國的ＩＭＣ代表馮・阿文斯萊本男爵（Baron H. von Alvensleben）則是一位「思想敏銳，感情充沛」的人。[32]

不過並不是每一個人都與這些社交網路有聯繫。以佛萊明為例，他寧願將心力放在他的事業，而不是外交或科學相關的人際關係。在ＩＭＣ會期間，他曾多次離開華盛頓。在第三與第四輪會議間的一個星期，他趕到紐約，與加拿大太平洋鐵路公司（Canadian Pacific Railway）兩位主要發起人唐諾・史密斯（Donald Smith）、喬治・史帝芬（George Stephen），以及在前往英國途中的保守派總理約翰・麥克唐納爵士（Sir John A. Macdonald）會面。[33]他們四人主要是商討在蒙特婁興建聖羅倫斯大橋（St Lawrence Bridge）的計畫。事後，佛萊明的妻子珍妮與唐諾・史密斯一起返回蒙特婁。他們乘坐的是唐諾・史密斯名叫「薩喀徹溫號」（Saskatchewan）的私人車輛。佛萊明則是單獨一人返回華盛頓。

在第五輪會議結束後，佛萊明又離開華盛頓一個星期，這一回是到蒙特婁處理哈德遜灣公司（Hudson's Bay Comapny）的相關事務（他是該公司的董事），同時要就聖羅倫斯大橋計畫進行進一步的商討。[34]與此同時，IMC其他與會代表則是接受總統的招待。十月十六日，他們到白宮拜會共和黨的總統切斯特・阿瑟。在經過幾場演說與握手寒暄之後，他們參觀了白宮，並在外面拍了團體照。[35]之後，英國代表亞當斯教授、費德瑞克・伊凡斯爵士在宇宙俱樂部（Cosmos Club）與代表哥倫比亞的美國天文學家，海軍准將富蘭克林共進晚餐。遺憾的是我們對他們的談話內容不得而知。第二天，十月十七日，代表們再度與政壇菁英交際應酬，這一回是乘船順著波托馬克河而下，參觀維農山莊，由國務卿弗里林海森作陪。[36]佛萊明當時正在蒙特婁忙著處理自己的事務，並沒有參加這次旅遊，不過他之前已經參訪過維農山莊，只不過不是和這批人同行而已。

這些接待、晚餐與遊覽，都是專為IMC代表所安排的官方與非官方活動。藉由這些活動，創造出一個奇特而混雜的社交圈：華盛頓上流階層與國際知名天文學家的組合。科學家、外交官與商業人士，也因此在IMC之外擁有相互交流的機會。不過各代表仍是將其自身的人際關係置於優先地位，佛萊明與他在鐵路界的朋友會面、亞當斯與菊池則是參加學術研討會，加爾萬則是尋求與美國協商貿易協定。

參加ＩＭＣ的各國代表，顯然都有各自的主張與立場。外交官著眼的是國家利益；天文學家與海軍軍官想的是金星凌日與羅馬會議，尋求為航海建立一條本初子午線。例如佛萊明與艾倫等商業人士與工程師，則是根據他們的事業與鐵路管理所需，主張建立一套民間通用的計時系統。國務、戰爭與海軍大樓會議廳內所發生的事情，事實上是會外情勢發展的結果。ＩＭＣ與會代表間的爭議與他們之前先入為主的觀點，有密切的關係。

先入之見

參加ＩＭＣ的代表最初對這場會議都抱有什麼期待？如我們所見，佛萊明認為這場會議是要依據一個共同的本初子午線為全球建立標準時間。不難理解他之所以如此認為，因為這是他的會議。若非他苦口婆心地遊說，ＩＭＣ根本不可能舉行。此外，對於航海界而言，一條共同的本初子午線對於導航並無必要，任何一條經線都可以辦到（目前航海界使用多條經線，儘管累贅，不過並不成問題，除非是如威廉．帕克．斯諾所言的極端情況）。反觀一套共通的計時系統卻是需要單一的本初子午線。因此，ＩＭＣ應該關注計時系統而不是經線。

不過，並不是所有人都是如此認為，英國其他代表有另一番想法。亞當斯教授、費德瑞克．伊凡斯爵士與理查德．史崔奇將軍，當初接受的指示有兩個重點，第一點是英國不一定要同意會議中所有的決議，尤其是將格林威治定為本初子午線地點之外的任何決議。第二點是英國代表應盡可能避免任何有關公制的討論。這三人並沒有接到任何有關如何處理時間改革的指示，因為任命這三人

Country	Delegate	Seat	Seat	Delegate	Country
		1		President Rear Admiral C.R.P. Rodgers	
États-Unis	Professor Cleveland Abbe	41	2	Count Carl Lewenhaupt	Suède
États-Unis	Commander W.T. Sampson	40	3	Baron Ignatz Von Schaffer	Autriche-Honorie
États-Unis	Mr. W.F. Allen	39	4	Dr. L.Cruis	Brésil
États-Unis	Mr. Lewis M. Rutherford	38	5	Mr. F. V. Gormas	Chilé
Venezuela	Senor Dr. A.M. Soteldo	37	6	Mr. A. B. Tupper	Chilé
Turquie	Mr. Rustem Effendi	36	7	Commodore S. R. Franklin	Colombie
Suisse	Proffesssor Hirsch	35	8	Mr. J. F. Echeverria	Costa Rica
Suisse	Col. Emile Frey	34	9	Mr. A. Lefaivre	France
Espagne	Mr. Juan Pastorin	33	10	Mr. Janssen	France
Espagne	Mr. Emilio Ruiz Del Arbol	32	11	Baron H. Von Alvensleben	Allemagne
Espagne	Mr. Juan Valera	31	12	Mr. Hinckeldeyn	Allemagne
Salvador	Mr. Antonio Batres	30	13	Captain Sir F. J. O. Evans	Grande-Bretagne
Saint Domingue	Mr. M. de J. Galvan	29	14	Professor J.C. Adams	Grande-Bretagne
Russie	J. de Kologrivoff	28	15	Lieutenant General Strachey	Grande-Bretagne
Russie	Major-General Stebnitzki	27	16	Mr. Sandford Fleming	Grande-Bretagne
Russie	Mr. Chas. de Struve	26	17	Mr. Miles Rock	Guatemala
Paraguay	Captain John Stewart	25	18	Honourable W. D. Alexander	Hawaii
Hollande	Mr. G. de Weckherlin	24	19	Honourable Luther Aholo	Hawaii
Japon	Professor Kikuchi	23	20	Count Albert de Foresta	Italie
Mexique	Mr. Angel Anguiano	22	21	Mr. Leandro Fernandez	Mexique

Desk

IMC 與會代表座位圖，取材自大英圖書館歐洲一二七檔案（Mss. Eur F127）之理查德史崔奇（Richard Strachey）爵士暨中將檔案一八八卷。

的英國科學與藝術部對於這一議題毫不關心。[37]

亞當斯在一八八四年七月致美國天文學家西蒙·紐康的信中透露他自己的想法：「我希望會議的主題完全是放在本初子午線與由天文日所計算的時間，不要摻雜其他問題。」[38]雖然亞當斯並沒有說明是什麼問題，不過由他語意顯示，他指的是兩件事情：標準時間與重要性可能更高的使用公制問題。亞當斯對於計時系統並不感興趣，他只關心由天文學界所使用的天文日，不是眾人使用的民用日。他無意改變一般民眾使用的計時方式。亞當斯對於ＩＭＣ的目標與規模，是抱持一種偏狹的看法。

佛萊明的一些盟友了解與會代表間的矛盾，試圖警告他。巴納德在九月下旬曾寫信警告佛萊明。當時巴納德才剛決定辭去代表職務，不過他也希望會議在他缺席下依然能順利進行。他首要之務是限制佛萊明的企圖心。他請這位工程師審慎考慮會議的規模：「依我愚見，」他寫道：「在進行討論時最好不要超越會議名義上的主題。有關共同本初子午線的協議與相關問題都應擺在一邊。」[39]雖然他認為標準時間是一個目標，但是有關此一議題的討論可能不會盡如人意。任何反對的意見都「可能會危及主要的目標」。[40]他也警告這位朋友，有關一天分成二十四小時與其他曆法改革的建議都可能出現慘痛的結果。」

佛萊明並沒有接受這樣的暗示。巴納德在十月二日再度發出警告：「我擔心……在會議還未討論唯一且真正重要的議題，也就是何謂本初子午線之前，你就提出如何使用本初子午線的問題。」[41]如果佛萊明提出本初子午線的用途，例如建立標準時間，「可能會出現各種不同的意見而難以擺平，因此如果倉促提出，可能反會傷害到真正的主題。」[42]巴納德懇求在確定本初子午線之前不要提出時間改革的議題。可是如我們之後所見，這些建議並未獲得接受。

大部分關於ＩＭＣ的歷史都是聚焦於英法之間在本次子午線設立地點的爭執，不過真正的衝突應是在本初子午線的使用。它是用來決定經線，或者也許是如亞當斯所希望的提供天文學計時之用，或是如佛萊明所願的推動民用計時的全球改革？戰線的劃分不在各國之間，而是在各專業網路間的競爭。

會期頭兩天

大會第一天的情況並不明朗（一八八四年十月一日，周三）。的確，除了開幕典禮等官樣文章與推選大會主席（羅傑斯上將）之外，乏善可陳。大家曾經討論在會議中要使用何種語言（大家同意使用英文與法文），也提出是否允許公眾參與的問題，不過此一問題後來決定留待第二輪會議再進行討論。

到了第二輪會議（十月二日，周四），與會代表逐漸形成壁壘分明的陣營。例如法國代表職業外交官勒菲弗赫（A. Lefaivre）對於若干科學家毫不了解外交會議的進程感到無奈。英國與美國的代表提議邀請外界的科學家也來參與討論，但是勒菲弗赫抗議這些學者專家並沒有獲得政府的授權。他表示：「允許未經政府授權的個人來影響會議的決定，並不符合會議的目標。」[43]最終，這些學者專家仍是獲得邀請，但是不得全面參與，只有在接受詢問或要求時才能發言。另一項允許公眾參與的提案也遭到勒菲弗赫反對，與會代表同時也決定沒有必要回覆來自公眾的信件。這是一場封閉式，防範嚴密的會議，不是論壇。

IMC組織了一個委員會來審閱與總結這些公眾信件，並且提出是否要對其中若干建議予以考慮的建議。該委員會主席英國代表亞當斯教授警告：「大會對於是否要接受與本會議毫無關係的人士所提出的計畫或裝置，必須謹慎。因為有許多發明人或其他人士顯然希望能夠對本大會施加壓力。」[44]他這樣的態度並沒有錯。在這些信件中有若干是以新發明或鐘面刻度創新提出時間改革計畫，寄信人顯然已擁有這些發明的專利，希望能利用這場會議來獲利。還有一些是建議以格林威治作為本初子午線，由此作為東西經各一百八十度的起點。也有人以宗教的立場提議以伯利恆或耶路撒冷作為本初子午線的地點，並且引經據典指出西方曆法是根據耶穌誕生而制定的。推薦伯利恆的人還提到威廉·帕克·斯諾以聖保羅群礁作為本初子午線的構想，盛讚斯諾選擇這樣一個中立地區以避免各國相爭的苦心。不過他仍是認為應選擇具有神聖象徵的伯利恆，而不是斯諾所提在大西洋中的礁岩。還有一些信件是嘗試舒緩英法間的緊張關係。一位法國人支持在中立地帶設立本初子午線，也有人建議格林威治，但是將其稱為勒哈佛爾（Le Havre，一座法國城鎮，與格林威治具有相同的子午線）。

蘇格蘭皇家天文學家查理斯·皮亞茲·史密斯也透過IPAWM提出自己的訴求，寄出多封信函與傳單，建議以吉薩大金字塔作為設立本初子午線的地點，並對英國與法國代表可能聯手讓公制在全球通行表示憂慮。在一些較具特色的建議中，有一項是來自一位愛國的美國人，他建議以即將完工的華盛頓紀念碑作為設立本初子午線的地點，理由是這座方尖碑代表的是人類迄今最高的成就。[45]

雖然大部分的建議都遭到直接拒絕，尤其是具有專利權的，不過也有一些值得進一步研究。遺憾的是審核委員會直到第六次會議，也就是十月二十日周一，本初子午線地點已經選定之後，才向與會代表宣告這些信件，使得其中大部分提議毫無作用。外交界保守的心態阻絕了外來意見的管道，而只在意內部已擺在檯面上的提案。因為如此，斯諾與史密斯的提案登上IMC的檯面時都已太遲了。

IMC的第二輪會議（十月二日，周四）十分簡短。在做出如何處理公眾信函之後，與會代表轉向其他議題。早在預料之中的英法對立情勢開始浮現。法國代表勒菲弗赫強調IMC的任何決議都對法國沒有約束力，只是建議而已。他同時拒不承認羅馬會議的決議（以格林威治子午線為本初子午線），辯稱這次聚會的意義有所不同：是從政治面出發，不是技術面。[46]他表明了法國反對格林威治的態度。

第二輪會議同時也決定是由國家，而不是個人來進行表決，剝奪了佛萊明可以獨立於英國代表團之外進行投票的能力。大會在第二天休會時只達成一項協議：相較於現行使用多條子午線的情況，單一的本初子午線會比較合適。

第三天與第四天：劃分界限

在第三輪會議之前有幾天的休會期間，可以讓各代表安排與拉攏可能的盟友。周五，十月三日，佛萊明與西班牙的一位代表胡安·帕斯多林共進晚餐。[47]他們兩人之前就曾以書信討論時間改革，帕斯多林支持佛萊明改革民用時的主張。現在他們面前出現了可以聯手推動改革的機會。但是他們兩人同時也須面對同樣的挑戰。他們有關時間改革的主張並不被代表團其他的成員接受。佛萊明與英國代表團的其他成員，尤其是亞當斯，在IMC各方面上都是意見相左，帕斯多林也發現他的西班牙同伴完全拒絕接受標準時間的概念。的確，佛萊明、斯托林與鐵路人威廉·艾倫是本次大會中唯一對此一議題是感到興趣的人（耐人尋味的是克里夫蘭·阿貝在會議期間對計時相關的議題隻字未提，也許是因為他謹記巴納德要聚焦於選定本初子午線此一主要議題的建議，然而佛萊明卻是完全聽不進去此一建議）。其他代表關切的是一條供導航使用的本初子午線和一個供天文學使用的國際日，但是其他就沒有什麼了。

在與帕斯多林會面後，佛萊明將餘暇時間都用於撰寫一份通告，並於十月四日周六分送給其他代表。在這份通告中，他呼籲大家在考慮經線的問題時也應納入時間改革相關的議題，不應切割開來。他也分送一本說明標準時間用途的小冊子，希望藉此引起討論，或者至少讓其他代表了解除了經線之外，計時也與本初子午線關係密切。[48]

第三輪會議是於十月六日周一舉行，而由會議情況來看，與會代表對佛萊明的建議顯然是充耳不聞。此次會議打開了英法對立的水閘。在會議中，英法代表脣槍舌劍，長篇大論地進行本初子午線線的攻防戰。法國一方堅持科學中立的原則，主張本初子午線不應設在任何一國之內，甚至不應在「任何一座大陸之內，包括歐洲與美洲」。[49]法國認為白令海峽或是大西洋島是比較合適的地點。與此同時，英國與美國則是強調兩個重點：便利性與科學精密性。他們指出，如今全球大部分的船舶都是使用格林威治子午線，使其成為導航最方便的選擇。同時，經線的確立需要極高的精密性，只有最高等級的天文台，例如巴黎、格林威治、柏林或是華盛頓才辦得到。他們強調，在汪洋大海中設立一條虛擬的中立線根本無法精確計算。[50]雙方激烈爭執，相持不下，以致於當天沒有進行表決，而是在沒有任何決議下散會。

有關英法之間激辯的分析已有許多，我在這裡不再贅述。[51]不過在第三天稍早發生一件很容易就因兩國相爭而被忽略的小插曲，反映了計時相關議題在此一辯論中的地位。在會議第二天，美國天文學家路易斯·拉瑟弗德（Lewis Charles de Rutherfurd）提議由格林威治作為設立本初子午線的地點，從而引爆英法之間的爭議。不過，在此一提案於第三天進行討論之前，他提出了修正版：「大會向在座各國政府代表建議，以通過格林威治天文台中星儀的子午線，用來作為經度的標準子午線。」[52]修正版與原來版本的差異是增加了「用來作為經度的標準子午線」，原來的版本並沒有提到此一新設的本初子午線的用途。不過在經過修正之後就十分明確了。本初子午線是用來作為建立經線的工具，供導航、觀測與繪製地圖使用。此一定義完全將計時摒除在外。

根據大會進程，此一經過修正後的版本，包括「用來作為經度的標準子午線」的文字，獲得與會者一致通過，但是實在難以想像佛萊明竟然會如此輕易地默許這項提案，因為它已嚴重威脅到他過去五年來努力促成IMC召開的初衷，並且完全破壞了他兩天前散發手冊的作用。他最不幸的是因為表決程序的改變，使他的投票意向必須仰賴英國代表團其他成員的鼻息，然而他們沒有一人對他的時間改革感興趣。

這是佛萊明的計畫面臨危機的第一道癥候，不過如果我們光是從國家與國家間的爭議來看此一情況並無意義。如果我們是從各代表的職業來看，就可發現其中的道理。鐵路工程師與帕斯多林是與會代表中唯一支持時間改革的人。與會的天文學家與海軍官員（帕斯多林除外）所關心的只有子午線。這種職業上的隔閡在接下來的幾周益趨明顯。

第三輪會議之後是六天的休會期（十月七日周二至十月十二日周日）。這一周也是媒體報導最熱烈的時期，主要是受到英法間對峙情勢的吸引。「很有可能不會達成任何協議。」《紐約時報》在其十月八日的頭條宣稱。[53]「據信此一會議將以失敗告終，」該篇報導寫道：「法國反對採用英國子午線的態度強硬，儘管此一態度是出於對國家的情感，而不是意氣之爭。」[54]英國與美國的報紙不出意外地站在反法的立場。「如果這場會議無法達成既定目標，責任完全在於法國。」《每日新聞》寫道。[55]當然，其實英國代表團也是一樣固執，只是盎格魯—撒克遜的報紙是不會說出來的。

有關會議陷入僵局的新聞很快就傳播開來。理查德．史崔奇爵士在美國的一位舊識於十月十一日寄了一封信過來，邀請他在會議結束後到紐奧良一遊。他希望「我們暴躁的法國表親能夠明理，同意格林威治才是最合適的單一子午線，這樣您才有機會在返回英倫之前多看看我們的國家。」[56]

在那一周，法國天文學家朱爾．讓森是所有代表中最受到報紙追逐的人。記者的糾纏不休與逼人熱浪，使他備感疲累。那一年的十月出奇的悶熱。佛萊明在其日記中記下十月四日周六的溫度超過華氏九十度。[57]國務院富麗堂皇的外交大廳悶熱擁擠，無助於紓解外面溫度造成的燥熱。到了十月底，氣溫驟降。根據佛萊明的記載，在第七輪會議時（十月二十二日，周三），氣溫變得「非常冷」。[58]

在備受煎熬的第一周，讓森盡量維持樂觀的心態。他在會議上必須面對言語上的攻擊，英國代表團的成員一個接一個試圖以激烈的言辭來摧毀他的中立子午線提案（讓森只懂法語，英國代表團對他的攻擊都須經過勒菲弗赫的翻譯）。悶熱的氣候使得情況更為糟糕，讓森告訴他的妻子：「我在會議中連續四個小時與人爭辯，當我離開這間鍋爐室時，身上襯衫已經濕透，花了兩天才乾……由於這裡每件事情的步調都很快，我有兩天都沒脫掉衣服……還有全美國的報紙都跟在我們後面。你可以想見這裡絕對不是一個舒適的地方。」[59]

至於其他人，相對沒有像讓森那樣受到壓迫，都各自設法打發這單調的日子。周日是休息日，也是從事宗教之旅的機會。佛萊明在日記中記載十月五日周日參加長老教會的禮拜，下午在別處又參加一次。[60]同樣地，一周之後他邀請胡安·帕斯多林參加長老教會的禮拜，這是這位篤信天主教的西班牙人首次參加基督教的禮拜。[61]

但是佛萊明也沒有浪費為會議進行準備的機會。他需要將會議的重心從國家尊嚴之爭轉移至計時系統。經過一周的休息之後，代表們在十月十三日周一再度聚首。第四次會議首先討論的是一些雜務，在討論結束後，佛萊明率先發言。為了挽救他瀕臨失敗的計畫，他發表了一次長篇大論的演說。他希望建立一套全球民間計時系統，與他為美國與加拿大所建立的類似。這套計時系統需要單一的本初子午線。然而導航並不需要。在ＩＭＣ結束後，其他與會的所有國家，只要願意，都可以恢復使用他們原先的本初子午線來進行導航，不成問題。但是這樣對佛萊明的計時系統卻會形成災難。因此，他必須設法調和英法間的爭執以確保能能夠選定一條本初子午線。

他提出一項折衷方案。本初子午線應設在白令海峽的中央——一如法國所主張的具有中立性，但是設立位置應距離格林威治一百八十經度，符合天文學家在格林威治天文台進行精密計算的要求。當然，本初子午線與格林威治間的關係有損佛萊明所謂的中立性，不過他的本意是在協調英法雙方的爭議，因此也是無可厚非。

然而他的折衷方案卻是無人問津。巴西代表路易斯·克魯爾斯（Luíz Cruls）反而是基於中立的原則更加支持法國的提案。克魯爾斯是比利時人，在一八七四年遷至巴西，為里約熱內盧的帝國天文台工作。[62]他是法國天文學家埃馬紐埃爾·利艾（Emmanuel Liais）的學生，可能是因為這層關係使他傾向支持法國。巴西帝國皇帝佩德羅二世（Emperor Dom Pedro II）與英國間在奴隸貿易上的爭議也可能影響他的決定。[63]此外，巴西是使用里約熱內盧作為本初子午線，並非屬於百分之七十二使用格林威治子午線從事導航的國家之一。因此，也沒有必要支持英國的立場。[64]不幸的是，巴西只是屬於少數。讓森後來就曾抱怨，美國邀請了一批小國與會，作為她的盟友來推翻所有的反對意見。[65]

沒有人願意接受佛萊明的折衷方案。巴西與法國繼續支持設立一條基於中立原則的子午線，其他人幾乎全都站在格林威治這一邊。會議先是表決是否必須根據中立原則設立本初子午線，結果此一主張遭到挫敗，只有法國、巴西與多明尼克投票支持。在障礙去除後，美國代表路易斯·拉瑟弗德立刻提案以格林威治作為經線的本初子午線。

看著自己的折衷方案胎死腹中，又著急讓時間改革計畫能夠重返會議桌，佛萊明提出一項修正案：「用以確認經線與規範全球計時的子午線，應是貫穿兩極與格林威治天文台中星儀中心的大圓線。」[66]此一修正案有兩個重點：首先，他將計時系統拉高至與確認經線同一高度，都是設立本初子午線的主要目的。此舉是為彌補拉瑟弗德所造成的傷害，他之前所提有關本初子午線用途的修正案，只提經線，隻字未提計時系統。其次，佛萊明措辭謹慎，以確保他的折衷方案仍有一線生機。

如果本初子午線是一大圓線，可以解釋為何是在距離格林威治一百八十經度的白令海峽之中，而不是格林威治本身。如果想要他的全球計時系統獲得通過，佛萊明仍然需要向法國遞出橄欖枝。

接下來所發生的事情是會議專注於國家利益而棄專業競爭不顧的關鍵時刻之一，因為身為大英帝國代表之一的佛萊明的提案，竟然遭到同為大英帝國代表團同伴的否定。劍橋的天文學家亞當斯起身反對佛萊明的修正案。「我在此聲明……此一修正案並非英國代表團其他成員的意見，而且在表決時也會反對該案。」[67]英國科學與藝術部之前就曾對佛萊明的主張可能不符英國利益表示憂慮。這樣的憂慮現在實現了。佛萊明的修正案不但遭到亞當斯的反對，同時也引來一片譴責之聲。德國代表就指出，此一修正案將兩個問題混為一談，時間與經線應該分開來討論。[68]該案在表決時立刻遭到否決。

會議返回國家對壘的形態。西班牙重提羅馬會議的折衷方案，以法國接受格林威治子午線來換取英國支持公制。但是英法雙方都拒絕此一提案。勒菲弗赫依然堅持科學的中立性，指出（略帶有預警的性質）如果只是因為格林威治子午線為大部分商業航運所使用，就出於便利性來選擇它為本初子午線，恐怕很快就會出現時代倒置的情況：「沒有什麼比權力與財富更短暫與容易消逝。這個世界所有偉大的帝國，所有的金融、工業與商業榮景都一再地證明這一點。」[69]換句話說，英國的海上霸權不可能永遠存在。

克耳文勛爵是獲邀參與會議，但沒有投票權的專家之一，大家徵詢他的意見。他強調沒有一條子午線會比另外一條更具「科學性」。事實上，任何一條經線都可以。不過他同時指出，格林威治的是最方便的，完全不顧勒菲弗赫的警告。

在拉瑟弗德的提案付諸表決時，只有聖多明克反對，法國與巴西則是棄權。倫敦一家刊物指出，聖多明克的加爾萬可能根本還沒有搞清狀況。[70]這樣的說法毫無根據，加爾萬和法國代表一樣，都希望能有一條中立的本初子午線，若是設在大西洋中，與多明尼克地方時的距離會比格林威治要近。[71]但是多數人的意見佔了上風，格林威治現在是全球的本初子午線。

只有在此時，本初子午線的問題解決之後，與會代表才願意討論計時系統。佛萊明意外獲得一位盟友。俄羅斯代表戴．斯特魯維是該國天文學家奧托．斯特魯維同父異母的兄弟，後者支持佛萊明若干時間改革的主張。尤其是這位俄羅斯代表支持以二十四小時的鐘面來取代十二小時的鐘面。他同時也主張根據本初子午線建立世界日，但是並不完全支持佛萊明激進的民間計時改革。戴．斯特魯維建議不必改變地方時，另外建立世界時，「以供國際電報通信與鐵路以及汽船的國際航線使用。」[72]本質上，他是主張雙重時間：供某些專業使用的世界時與供民間日常使用的地方時。然而這並非佛萊明所要的。

第四輪會議的其他時間演變成討論如何計算經度：東西經各一百八十度，或是只朝著一個方向三百六十度。會議在討論無果下散會。對佛萊明來說，這一天是有得有失。他如願以償地得到本初子午線，不過法國仍是不置可否，而民用時改革仍有待討論。

第五天：將時間改革送上會議桌

IMC的第五輪會議是在第二天舉行，也就是十月十四日周二，在經過一些程序之後，佛萊明再度搶先發言。他的目的是要將與會代表們的注意力從東邊還是西邊來計算經度的小問題，轉移至遠為重要的全球計時標準化工程。「根據我的認知，」他開始說道：「經線與時間是密不可分的，當我想到經線，我腦中自然而然也會想到時間與其測量。因此，我相信在座諸位應會允許我的發言略微超過決議的範圍。」[73]佛萊明指出，過去幾個世代以來，「科學在人類移動與思想、言論傳輸上的應用，逐漸縮小了空間。全球已是天涯若比鄰。」[74]在一個持續縮小的世界中，缺少一套統一的計時系統將會帶來困擾，如果不即時處理，此一困擾只會日益擴大。當務之急是建立一個根據本初子午線確認時間所制定的世界日。佛萊明一心想喚醒在座代表的科學敏感性，強調現今大家使用地方時，造成無數的地方時，是「極不合理的事情」。他也談到如何運用通用的計時系統。它應以實際運用為目的來進行設計。換句話說，便利性應與精確性同等重要。一般民眾可以用來在七點起床，中午用午餐等等。單一的世界日也意味有些人會在午夜起床、在早餐時吃午餐等等，端視他們是住在世界的哪一地區。這些的改變一定會使許多人感到震驚，因此需要在地方時與世界時之間取得折衷。美國現行使用的標準時間就是解決之道，這是可以合理連接地方時與世界時的工具。[75]它依據世界時創造了二十四小時的地方時（時區），全部都有一小時的差距，以取代現行所使用數以千計的地方時。

為了簡化時間與經線間的關係，佛萊明建議從一個方向來計算經度。如果將旋轉的地球假想為二十四小時的鐘面，經度與時間推算就可以完美結合。

然而當他演說結束，他充滿激情的呼籲立刻再次被他在英國代表團的同伴當頭潑下一盆冷水。亞當斯教授起身建議，經度應從東西兩個方向計算。他也否定標準時區的觀念，主張繼續使用以簡單的公式即可確定的地方時：「任何地方時是世界時加上當度的經度……我認為佛萊明先生根本無法找出比這個更為簡單的公式。」[76]亞當斯的公式如果付諸應用，將會更加鞏固民間對地方時的使用，而將時區的應用淘汰出局。

英國的費德瑞克．伊凡斯爵士也反對佛萊明的方案。他以導航員的觀點要求與會代表將時間的問題與經線分開來看。「各位，佛萊明先生表示他無法將經線與時間分開。如果他與海員熟識，他就會發現在他們的腦海中，這是截然不同的事情。對於海員而言，經線完全是獨立於時間、空間與距離的東西。它所代表的是向東方或西方延伸許多英里。有鑑於此，我無法將經線與時間視為一體。」[77]由此顯示，在各專業之間，對於經線與時間之間的關係，在觀點上有很大的差異。像佛萊明這樣的工程師，與如亞當斯這樣的天文學家來到ＩＭＣ，各有不同的目的。至於海軍軍官之間的意見則是明顯分歧，帕斯多林站在佛萊明這一邊，但是與會的其他導航員，包括伊凡斯則是站在對立的一方。當伊凡斯向ＩＭＣ表示，對他而言，世界時只是「無關緊要的事情」，對於經線與時間的關係幾乎已沒有其他解釋的餘地。[78]儘管佛萊明參與ＩＭＣ的目的完全是在於計時系統，但是對於天文學家與導航員而言，計時並不切實際，經線才是唯一值得討論的議題。

第四位英國代表，來自印度的理查德．史崔奇爵士接著發言，試圖在已經分裂的英國代表團中尋求共識。他同意亞當斯與伊凡斯從東西兩方計算經度的主張，不過他也沒有推翻佛萊明設立世界日的計畫。他提議設立一條距離格林威治一百八十度的國際換日線（這是新的一天的開始，不過當時還未如此稱呼），這樣，一天是自格林威治的午夜開始，不是中午。

沒有人要討論史崔奇的提議。會議反而轉為對經度計算的方向進行表決，結果是從格林威治向東西兩方延伸計算的方式勝出。法國、巴西與多明尼克再度棄權，維持其一貫反對格林威治作為本初子午線的立場。

在這項議案通過後，世界時鐘於登上會議桌開始正式進行討論。世界時的議案寫道：「大會提議基於任何可行之目的採用世界時，此一世界日不得干擾地方時的使用。」[79]在這一議案中有一句話特別醒目：「不得干擾地方時的使用。」這一句話顯示該議案其實是傾向亞當斯，不是佛萊明。該議案是把世界日定位為供特定目的使用的工具，不是供大眾使用的通用性工具。地方時將繼續主導一般大眾的日常生活。

不論是正反兩方，對於此一議案都有意見。義大利代表提出一項目前已在該國實施的替代性方案：「大會認為，針對特定的科學需要，與政府在如鐵路、航運、電報與郵政等聯繫方面的服務，可以使用世界時，至於地方時或國家時，有必要在民間生活中繼續使用。」[80]此一替代性方案在本質上與原議案並無二致，只不過將世界時的用途更為明確的劃分為「特定的科學需要」和把地方時劃分為「民間生活」。在與會代表就這兩項方案進行討論之前，威廉・艾倫又提出第三項替代性方案，強調另一個面向：「民用時與地方時可以理解為地表一個大約是中央子午線地區的平均時間，其中或許可以方便使用單一的標準時間。」[81]艾倫的方案建議設立供民間使用的標準時間，就如同美國鐵路在前一年採用的系統一樣。討論計時系統的大門終於打開，然而卻是各方意見紛歧。大家爭論的重心是在於：世界日是否應透過標準時間應用於每一個人的生活之中，或者只供科學目的使用，而在日常生活中繼續使用地方時？

艾倫想用他的提案來對抗一個具有階級意識的時間系統的出現。他表示，商人、科學家、鐵路與一般民眾都應使用同一套時間系統。他強調，標準時區應是能夠滿足每一個人需求的最佳選擇。他並且以標準時間在北美的成功經驗來作為證明。艾倫的方案是此一會議有關標準時間的爭議中最具說服力，而且也是最具可行性。但是該方案的光彩卻是十分短暫。艾倫竟然變臉，幾乎是立刻撤回他的方案。艾倫此舉耐人尋味，有可能是因為拉瑟弗德認為定義地方時已超出會議的範圍。[82]

義大利的方案立即就遭到否決。代表們認為它過於明確，還是語意模糊的原方案比較好，這也使得世界時可以在任何需要的時候獲得採用。為了妥協，原方案的措辭略有修改：世界時「不得干擾地方時或其他標準時的使用」。[83]增添的詞句允許各國自行選擇計時方式——國家時、地方時或標準時。IMC顯然沒有採用艾倫在全球建立標準時間的方案，而是容許各國自行決定其民間計時方式。此一方案獲得代表一致通過（德國與多明尼克棄權）。現在，世界日已經確立，但是其使用受到限制，是從屬於一國所選的地方計時系統之下。IMC決議讓標準時間作為一個選擇性的工具，而不是必要的工具。

無論如何，世界日已經確立了。這可不能等閒視之。如果我們還記得奧格爾與蘭尼有關時間改革是遂行殖民霸權的歐洲化計畫的觀點，就應三思與會國家一致同意「世界日」的意圖。雖然在場反對的殖民地聲音很小（只有佛萊明與史崔奇是來自殖民地），不過也有一些非西方國家發出反對的聲音。鄂圖曼帝國（Ottoman Empire）代表魯斯特姆·埃芬迪（Rustem Effendi）就展示「世界日」的「普世性」多麼的單薄。

魯斯特姆是波蘭難民之子，他的父親在一八四八年波蘭革命失敗後於一八五四年遷至鄂圖曼帝國。魯斯特姆出生於鄂圖曼的米蒂利尼島（Midilli），他原名是艾爾弗雷德·畢林斯基（Alfred

Bilinski），後來因為信奉回教而改名。[84]魯斯特姆是鄂圖曼的外交官員，在一八八四年駐節華盛頓，精通土耳其語、法語、英語與義大利語。[85]

一八八〇年代，鄂圖曼的改革派深感他們的帝國所面臨的威脅，尤其是英國佔領埃及之後。[86]在英國目睹其他強權興起，擔心「國勢衰落」之際，鄂圖曼的改革派也對國家的頹敝深以為憂。在整個一八八〇年代，鄂圖曼的知識份子一心尋求振興國家，灌輸人民自我提升的倫理精神以抵禦外侮。此一新生活運動包括時間管理與杜絕浪費時間。[87]與此同時，鄂圖曼帝國也採取行動，在包括宗教與法律等多樣化的計時系統之間取得平衡。魯斯特姆代表的就是這麼一個生機盎然卻又十分複雜的政體，其利益與其他與會國家並不一致。[88]

魯斯特姆投票支持世界日。但是他也明確表示他的政府不受會議任何決議的約束。其實所有的代表都是如此表示，不過魯斯特姆的態度更加果決：「我的投票並不能約束我的國家。我有義務投票反對任何可能對我的國家造成約束的議案，因為我希望我的國家能夠自由處理這件事情。」[89]在世界日通過之後，會議開始準備討論細節問題。例如一天是從何時開始？但是魯斯特姆還未打算完全接受世界日的原則。

魯斯特姆直言無隱，說破了支撐世界日概念的假設。他指出：「世界日的問題在於其對所有的國家並非利益均霑，或是具有同等的重要性。」[90]他解釋，較小的國家使用國家日可能比較合適。此一複雜的系統可能比較適合幅員廣大的美國、加拿大、俄國或是大英帝國，但是對於如法國、日本或是義大利等較小的國家卻是用處不大。至於鄂圖曼帝國，並不需要再增添一套計時方法。事實上，就世界日而言。鄂圖曼帝國可能要較其他國家需要更多的「緯度」。魯斯特姆解釋：「在我們的國家，有兩套推算時間的方式，一套是從中午到中午，或是從午夜到午夜，另一套是從日落到日落。後者的推算是從太陽被地平線一分為二算起，而且我們一天是兩個十二個小時，即是計算兩次零時到十二時，而不是毫無間斷的二十四小時。我們了解其中的不便，因為日落到下一次日落並非剛好是二十四小時，零時也是每天有所不同。由於季節的變化，日落的時間有早有晚，我們在君士坦丁堡（Constantinople）的鐘錶也會根據四季每天或快或慢三分鐘。不過，由於國家與宗教的因素，使得我們難以放棄這樣的計時方式。我們的人口大部分是務農為生，在田地日出而作，日落而息。此外，穆斯林的祈禱也是根據日落來計算。因此，我們根本不可能放棄我們固有的計時方式，雖然我們的海軍已在使用一般的時間推算方式。」[91]

魯斯特姆希望能夠確認世界日只使用於國際事務，不會干擾到他的國家本身的計時方式。他的遲疑主要是來自宗教，他並且道歉基於「不同的優先次序」而沒有將自然科學放在首位。[92]他其實大可不必道歉，因為他並非唯一以宗教為由提出異議的代表。西班牙代表企圖以格里曆（Gregorian calendar），將羅馬建立為反子午線世界計時的中心。皮亞茲·史密斯（並非代表）也是基於宗教的理由，建議以吉薩大金字塔作為本初子午線的設立地點，就像有人建議伯利恆與耶路撒冷一樣。和伊斯蘭一樣，基督教在時間改革的辯論中也佔有一席之地。

魯斯特姆反對的意見並未引來討論，因為通過的議案已表明世界時不會干擾地方時的應用。[93]隨著世界日的確立，現在輪到它該如何定義了。

第一項工作是決定世界日該從何時開始（即是國際換日線該設在哪裡？）西班牙代表胡安·巴萊拉（Juan Valera）提議留待次日討論。他表示，畢竟他已完成使命：確認本初子午線。他認為有關計時的討論已超過他的政府對他授權的範圍，他必須慎重考慮。會議結束。

第六天

與會代表在換日線該置於何處的問題上難以達成共識，在十月二十日周一的第六輪會議上爭論不休。大家討論了多項方案。路易斯．拉瑟弗德提議置於距離格林威治一百八十經度的地方。瑞典的萊文蒙普特伯爵（Count Lewenhaupt）則是建議依照羅馬會議的決議，直接以格林威治作為換日線（意即世界日始於格林威治時間的中午）。西班牙代表團建議設於距離羅馬一百八十度的地方，他們的理由是地球大部分地區都已在使用儒略曆（Julian calendar，包括後來的格里曆）。一位西班牙代表宣稱，如果改變操作會導致曆法出現巨大與複雜的更動。他指出，在導航上或許可以使用格林威治時間，但是在時間與日期上向來是以羅馬馬首是瞻。

亞當斯不同意西班牙的提議。用一條子午線來推算時間，再用另外一條來計算經度，似乎是多此一舉。史崔奇同意亞當斯的觀點。他們並且質疑，格林威治為什麼會混淆日常使用的儒略曆？史崔奇強調：「世界日與日常生活無關。它不會對民間使用的任何時間形式帶來絲毫影響。這兩個目標毫不相干。很明顯地，世界日的概念是源自於全球時間，本質上就是地方時的概念。任何在（子午）線上的時間，絕不會與該線兩側的時間是在同一時刻，不論偏差有多小。因此，為了科學的精密性，最好是有一套可供日期與時間參考的絕對標準時間。」[94] 史崔奇想向與會代表保證，世界日僅是針對專業人士使用的小改革，並不會影響大眾生活。（佛萊明等一心想改變民間計時的人，一定對此大失所望。）

西班牙代表的回應是，警告會議的決議可能會對民間生活造成無從預想的結果。「誰知道我們會遭遇什麼困難？每個國家都必須使用兩種方式。大家必須使用民用時與世界時。」[95]他表示，多重時間只會增加不必要的複雜性。就在此刻，胡安．帕斯多林站起來提出一項解決方案——就是佛萊明一直主張的某種形式的標準時間。遺憾的是，此一提案再度遭到否決。辯論回到換日線上。情勢漸趨明朗，以格林威治子午線作為換日線的意見勝出，於是問題縮小到世界日應由格林威治時間的中午還是午夜開始。

至於為什麼有人會提議世界日應從中午，而不是午夜開始，必須了解天文學家使用的是一套特殊的計時系統。天文日是從中午開始，如此一來，天文學家在夜間觀測星空時就不必在中途還須更改日期（相同地，正如西班牙代表所強調的，航海日也是從中午開始）。[96]對於那些基於科學的理由使用世界日的人而言，將世界日與天文日相連，而非民用日，是再合理不過的事情。這也是一八八三年羅馬會議的結論。

不過在IMC上，亞當斯提出了一個新主意。既然不只是天文學家，連鐵路與電報都使用世界時，或許應將世界時與民用時相連。的確，天文日也不是不可以改成從午夜開始，儘管在觀測上可能會造成一些不便。亞當斯認為天文學家應比一般大眾更容易改變，因為他們畢竟人數較少，而且也比較能夠了解其中意義與進行更動。[97]

儘管在討論時出現一些異議，但是最終IMC同意了亞當斯的提案：世界日是從格林威治時間的午夜更新，不是中午。即使是佛萊明，也支持這項議案，因為它與在美國與加拿大實施的標準時間異曲同工。於是，該項議案獲得大會通過，「大會希望世界各地能夠盡快實施天文日與航海日自午夜開始的更動」。[98]

在此之後，討論重心自計時系統轉移。法國代表提出一項臨時動議，建議以十進位來計算空間與時間。這是一項大家都接受的提案，因此沒有多費唇舌討論就予以通過。會議已接近尾聲。

第七天

下一輪會議（十月二十二日，周三）也是IMC最後一次出現重大討論的會議。討論的重點仍是標準時間的問題。在上一輪會議結束時，來自印度的史崔奇提議實施某種形式的時區，至少間隔十分鐘，或是二．五經度的寬度。各國可以自行決定它們希望使用的寬度。不過在休息期間，史崔奇與他的同僚討論此一議題，發現大家對於標準時間的形式沒有任何共識，於是又撤消該提案。

佛萊明在二十一日花了一整天準備關於標準時間的演講稿，但是史崔奇撤回提案，使得這位加拿大人的努力付諸東流。[99] IMC的結論，它對世人的貢獻是由路易斯．拉瑟弗德執筆：「我們不應以我們在這裡達成的協議干涉全球現行使用民用時的便利性……我們的世界日僅適用於視其為便利的目的，不會對其他因為便利性而採用的民用日或其他標準時間形成任何干擾。」[100] 此一結語終結了佛萊明的心願。標準時間並非一項全球性的計畫。

在第六輪與第七輪會議前後的那幾個晚上，提供了與會代表若干非正式會商的機會。十月二十一日，周二，佛萊明、伊凡斯、魯斯特姆在俱樂部共進晚餐（魯斯特姆是佛萊明的客人）。[101]

第二天晚上，魯斯特姆在大都會俱樂部回請佛萊明、伊凡斯以及英國駐華盛頓大使館的祕書。[102]此時會議已經結束，而在二十三日周四的晚上，英國大使夫婦在大使宴請亞當斯、伊凡斯、佛萊明與史崔奇四位英國代表。俄國與瑞典大使夫婦也受邀赴宴。[103]

翌日，佛萊明離開華盛頓，並沒有留下來參加十一月一日周六的會議閉幕典禮。他並非唯一這麼做的代表。許多代表都提前離開了。主席羅傑斯在十月三十一日致函佛萊明表示：「有許多代表都先走了，還有一些也迫不及待地要走。」[104]如果說有人還想進行討論，也很快就打消念頭。

這一會議令人百感交集。佛萊明提前離開意味他是失望而歸，不過他向來是一位樂觀主義者，很快就重返推動時間改革的工作（帕斯多林恰如其分地稱他為「百折不撓的宣傳家」）。[105]佛萊明開始大力宣揚（儘管有些心虛）ＩＭＣ帶領世人向世界標準時間邁進一大步。與此同時，讓森雖然沒有成功阻攔格林威治成為本初子午線設立地點，但是他也自豪曾努力奮戰，並且繼續保持法國的道德高位。加爾萬則是對自己堅持科學中立性，對抗盎格魯聯盟的行為感到驕傲。

反之，亞當斯則是如願以償，他致函一位同事：「我非常滿意華盛頓會議的結果，我在其中發揮的力量遠超過原先預期。」[106]亞當斯在十月二十五日周六離開華盛頓，他也沒有參加閉幕典禮。[107]當然，其他一些職業外交官仍留在華盛頓，繼續他們的工作。加爾萬在ＩＭＣ結束後，恢復與弗里林海森的貿易談判。[108]至於其他一些並非華盛頓居民的代表，包括克魯爾斯、讓森、羅傑斯與史崔奇，則是最後離開。[109]

餘波

ＩＭＣ到底有何成就？基本上，它為世界確立了格林威治本初子午線，以此來計算經線。同時也根據此一本初子午線設立世界日，但是並沒有說明有何用途。它沒有設立標準時間或時區。的確，ＩＭＣ唯一所做的時間改革是建議更改天文日與民用日一致。在民間計時方面，ＩＭＣ顯然是一事無成。

全球對ＩＭＣ決議的立即與中期反應可說是平淡漠然。它們只對批准它們的國家具有約束力。一八八〇年代末，唯一遵守協議的國家只有日本，這還是在菊池大麓的大力推動下才有的成就。[110]歷史學家伊恩・巴特基（Ian Bartky）指出，日本此舉是「ＩＭＣ僅有的實質成就」。[111]可想而知，法國一定是拒絕接受格林威治本初子午線，直到一九一〇年代才願意轉換。即使是該會議的地主國美國，也沒有批准其決議。美國總統大選改變了政治版圖，民主黨人格羅弗・克里夫蘭（Grover Cleveland）的新政府無意採行前任的任何計畫。[112]海軍上將羅傑斯一再催促新國會，卻是徒勞無功。他告訴佛萊明：「我發現上台的新政府對前任開頭的事情毫無興趣。」[113]

ＩＭＣ也未受到應有的尊重。國際間對其決議不屑一顧。在一八八九年於巴黎舉行的第四屆國際地理大會（一八八一年威尼斯國際地理大會的後續會議），義大利的曆法改革家通迪尼・德・夸倫吉（Tondini de Quarenghi）提議，由耶路撒冷作為本初子午線的設立地點，並且呼籲重新召開會議以取代ＩＭＣ過時的決議。佛萊明擔心此一會議會將其推動全球標準時間的努力毀於一旦，懇求夸倫吉保留格林威治本初子午線。[114]此一會議一直沒有召開，但是由此可看出國際並不為

IMC的結果具有決定性的意義。[115]

IMC也造成天文學界的分裂。許多天文學界人士認為，配合民用日更改天文日的想法荒謬至極，從而在學界內引發激烈爭議。在格林威治的新任皇家天文學家威廉．克里斯帝決定遵守決議，宣布格林威治的時鐘在一八八五年元旦會調整至與民用日一致，並且使用二十四小時的計時系統。多家報紙興奮地報導此一新聞，猜想新的計時系統是否會推廣至民用系統。「或許在當前的科學時代，此一系統會由科學界與科學書籍逐漸滲透進入民間生活。」[116]一家報紙如此寫道。在美國方面，海軍天文台台長富蘭克林也計畫在元旦實施變動。[117]但是並非所有人都如此熱衷天文日的變更。

西蒙．紐康是反對變更天文日最有力的聲音。「這不僅是改變習慣，」他寫道：「這是改變整個學科與該學科的教育。現有系統已遍布天文學圖書館所有的星曆表與觀測資料。」[118]此外，航海年曆需要提前幾年預做準備，無法立即變更，這也意味可能會有四年是錯誤的。

富蘭克林不同意紐康的觀點。他寫道：「就我來看，當初召開會議的國家理當是率先採行會議決議的國家。」[119]然而紐康的反對使他躊躇不前，他寫信向美國其他天文台徵求意見，包括在英國的克里斯帝。[120]結果在十一封回信中只有兩封支持紐康，其他都對更動天文日沒有意見。[121]但是在紐康的勢力下，富蘭克林在最後關頭示弱，在十二月三十一日決定延後天文日的更動，至少延到航海年曆能夠更動為止。[122]

菊池大麓聽說紐康反對，在十二月十二日致函亞當斯，向他詢問英國，包括他的劍橋天文台會怎麼辦。菊池已經聽說紐康的反對聲浪迫使克里斯帝「推延相關的公開活動，儘管他的天文台本身已採取變更。」[123]的確，雖然克里斯帝完全支持更動，他也僅是改變格林威治內部的系統。[124]至於航海年曆，則是沒有更動。

天文學家與海軍官員積習難改的程度在大家意料之外。天文日與航海日一直是到幾十年後的一九二五年才更動與民用日一致。佛萊明在加拿大與加拿大研究所攜手繼續推動航海日、天文日與民用日的統一。佛萊明將進展受阻歸咎於紐康的反對，他在一八九五年為文嚴辭抨擊紐康，宣稱紐康多年來一直在暗中破壞國際間在時間改革上的合作，包括時區的設立。根據佛萊明的說法，有人問紐康在美國之外設立標準時區的看法，紐康回答：「我們才不管別國，我們幫不了他們，他們也幫不了我們。」的確，紐康視整個計畫是「千禧年的資本計畫，對於現在的人類來說太過完美。在這件事上考慮歐洲，還不如考慮住在火星的居民呢。」[125]佛萊明稱：「對於這個所有國家都感關切的科學改革，紐康卻是一直在唱反調……紐康先生對於推動全球時間統一的活動一直抱持對立的態度。」[126]

面對自己十幾年來的努力付諸東流，佛萊明在沮喪之餘指責紐康就是破壞IMC的罪魁禍首，也是可以理解的，但是我們對他這樣的指責必須存疑。他將標準時間（IMC並沒有同意）與重要性相對較輕的更動天文日與民用日一致的問題相提並論，然後將IMC的挫敗完全怪罪於一人身上。

但是如我們所見，IMC的挫敗並非紐康的責任。同時，所謂「挫敗」也只是一個觀點而已。佛萊明與讓森或許認為IMC是一挫敗，但是你若問亞當斯或是其他幾乎所有與會的天文學家與海軍官員（甚至外交人員），IMC正是達成了他們所要的目的：建立了一條以此確認經線的本初子午線。

結論

一八八四年十月的華盛頓充滿利益衝突與糾葛，國家之間的對立固然在其中扮演重要角色，不過更為根本的是在IMC中出現對會議目的兩種認知，形成水火不容的局面。一方是佛萊明、阿貝、艾倫與帕斯多林等少數一批人，他們希望推動民用時間改革。IMC得以舉行，就是靠著他們的努力。然而諷刺的是，他們在IMC中的人數遠不及另一個利益群體：尋求為經線設立標準的導航員與設計一套工具（世界日），以供科學家與專業人士使用的天文學家。

結果後者勝出。IMC與會代表大都無意討論民間計時的全面性改革（以英國代表團為例，科學與藝術部當初是以對公制的立場，而非計時系統來甄選代表）。對於那些天文學家而言，討論本初子午線與世界日的目的完全是在於提供天文學與導航使用。俄國天文學家奧托．斯特魯維於一八八五年看過IMC會議紀錄之後指出，該會議的決議對科學、導航、電報與鐵路交通頗具價值，但是「對於一般日常生活，以太陽為主的地方作息，沒有立即的影響。」[127]斯特魯維並且指出，在所有的科學家中，天文學家是最不需要統一時間的一群人，因為他們都是時間的專家。他們每天都需要面對時差的問題，而且可以輕易轉換。不過他們無意強迫一般民眾也以此方式來調整時鐘。

在IMC之後的半個世紀左右，時間改革逐漸從國際視野移轉至個別國家。IMC沒有發揮絲毫作用。法國、巴西與鄂圖曼帝國都依循自己的步調前行，將民間計時的問題留待各主權國家面對。與此同時，殖民行動將歐洲列強的計時系統透過武力移植到被征服的地區。許多殖民地在獨立近一個世紀後，才開始重建他們自己的時間系統。在各國各行其是之下，世界標準時間是幾十年來一步一腳印地逐漸建立起來。但是即使如此，標準時間也不完美。在二十一世紀，它代表的不僅是經線，也是國界，而且還出現許多例外情況與怪現象，更別提有些國家實施日光節約時間與夏令時間，一年兩次全面拋棄標準時間系統，令人錯愕。佛萊明心中建立幾何上完美的二十四個時區的夢想從未實現。

不過長期來看，國家在建立時區上居於首要地位的情況並非不可避免。國家之所以擔負起這個責任，是因為IMC沒有完成其建立標準時間的任務，此一挫敗的原因在於各專業間的衝突，並非國家之間的鬥爭。同時，在與會各國中，沒有幾國的代表團是內部和諧的。艾倫的野心逾越了美國其他代表的意圖，佛萊明的計畫是遭到英國代表團其他成員的打壓，帕斯多林的意見與西班牙代表團其他成員格格不入。會議室中的代表、他們的職業、他們的背景、他們對現代世界的觀點，遠比有哪些國家與會重要。對工程師與企業人士而言，IMC是一大挫敗，但是對天文學家與導航員卻是一大勝利。北美的鐵路人已向世界展示國際間在民間計時上確實可以合作。但是在IMC上，王牌是在天文學家手中，海軍與天文學的利益主導整個辯論，不是與鐵路合作。主導IMC的天文學家們將焦點完全放在如金星凌日的科學研究，為殖民地設立經線或是海上導航。他們對一般民眾的計時毫無興趣，認為地方時就足夠了，至於世界時只是提供給少數需要的人使用。在這樣的框架下，IMC出現此一結果也就不足為奇了。

我們現在回到問題的中心：為什麼一八八〇年代所建立的時間標準化系統是以這樣的型式呈現？鐵路工程師為簡化持續成長與益趨複雜的鐵路系統與電報系統，於是將時間標準化。然而他們的行動卻與設立經線與天文學的科學追求、度量衡制度引發的政治鬥爭糾纏不清。在ＩＭＣ，保守的天文學界主導了本初子午線的辯論，將鐵路工程師邊緣化。結果是將時間改革的權柄長期置於國家政府的手中，可是並非所有的國家都願意以北美鐵路的方式來規範時間。由此觀之，ＩＭＣ注定不會成為實施標準時間的關鍵時刻。

如果不是ＩＭＣ，那是什麼？我們可以從最初持反對立場的法國身上尋找答案。他們直到第一次大戰爆發前才接受格林威治本初子午線，不過同時也拜一項新科技所賜，巴黎的重要性並沒有因此消退，即是無線電通訊。自一九二〇年代開始，艾菲爾鐵塔就向遠端即時發布時間訊號，使得巴黎成為傳播格林威治時間的媒介。無線電的問世使得世界時得以更為廣泛的應用與共享。航空業很快就開始採行，其他產業也是一樣，使得世界時不再像以前那樣深奧艱深，其用處也大為增加。北美鐵路一八八三年所設立的框架、ＩＭＣ一八八四年的辯論，與一九二〇年代的無線電技術，每一個都以其自己的方式形塑人類如何推算時間。

但是在ＩＭＣ與無線電技術出現之間有四十年的空檔。在這幾十年間，計時方式突然失聯了。精確的世界時存在於電報通信、鐵路交通以及艱深的科學工作之中，但是卻難以深入民間。在此同時，相對失準的地方時則以各種形式為一般民眾使用。多重的計時系統帶來困惑、沮喪，有時也會有一些趣味。探索世人在世紀交替之際如何利用這些計時系統摸索前行，是下一章的重點。

第四章

傑克蓋的房子：販售時間，現代性的建構

ＩＭＣ落幕了。由北美鐵路工程師所提的民用時間改革計畫因為天文學界作梗而胎死腹中，該學界更是將此會議收為己用。ＩＭＣ的決議對民用計時沒有立即的影響，它根據格林威治本初子午線建立的世界時，主要是供天文學家與航海界的導航員使用，並不是供一般大眾使用。

但是決議中新設世界日並非提供給每一個人使用的意涵卻是宣導不力。全球許多熱心的讀者自報紙讀到ＩＭＣ的相關新聞之後，都開始好奇世界日會對他們的生活帶來什麼影響。「現在是什麼時候了？」此問題一時之間變得比過去複雜多了。一般民眾也開始思考誰有權決定時間，與誰的時間才是「真正」時間的問題。答案不得而知，而且可能有幾十年都是如此。何者較優的一場競賽已悄然成形，一方據稱是完美無瑕的科學性世界日——由天文學家所設，力求精準，需要以某種分配方式與其他經度的時間普遍同步，並且往往與二十四小時制合併使用，取代固有的上午／下午制，另一方則是相對實際但較不精準的民間計時。

此一衝突值得探索，因為它可以讓我們一窺在這兩大陣營的碰撞下，有關計時的社會規範是如

何形成。外交與科學界由上而下的決策只是故事的一半。這些決策與由下而上的公眾行為產生碰撞。隨著IMC完成外交決策，接著就是實施的過程，然而卻是一團糟。官方在時間推算上的改變，引發各地民眾的激辯，他們的反應重塑了時間的景觀，這是佛萊明與亞當斯都始料未及。

本章是聚焦於英國公眾對科學時間的反應，這是因為格林威治時間與其他相對不是那麼精確的民用時間，在英國造成的差異最為嚴重。英國民眾對科學時間的反應主要有兩種方式，第一種是大部分的人都繼續使用他們認為最方便的計時方式。他們完全忽視科學時間，或者只是將其視為笑話。他們知道這種新式的計時方式通行於學術界、鐵路交通，而且也是IMC做成的決議，但是他們不認為這樣的改變會影響他們的日常生活。畢竟，我們無須誇大IMC的影響力，這個世界並不是因為有太多的計時方式才陷入混亂。相對準確的格林威治時間由於在轉換上過於複雜，因此難以通用於民間。但是它的存在也不容忽視。科學時間是文化環境中的尖兵與重心，是維多利亞時代追求量化與測量世界熱潮的一環（至少在英國與其不斷擴張的帝國是如此），代表的是十九世紀對現代性與進步的願景。

由此也導出人們對科學時間的第二種反應方式——視此為地位的表徵，由此突顯自己的高瞻遠矚與現代性，從而提升自己的身價，建立自己在人類科技與社會未來發展上的「正當」權威。世界日代表進步，想擁有進步形象的人士都希望能夠將科學時間據為己有。因此，試圖獲得世界時與將世界時傳播給其他人，已成為各方願景相互競爭的戰場。例如在IMC，各國激辯誰該擁有本初子午線，各專業之間也在爭執它的使用權，於是公眾也將民用計時方式的爭議轉變成由誰來控制的辯論。誰才是「真正的」時間？誰才應該擁有？這場競爭的賭注頗高，因為不論是誰擁有計時大權，就可以宣稱掌握了未來。

簡而言之，人們對於科學時間是既嘲諷又垂涎。這兩種情緒——對科學時間百般嘲笑與佔為己用，或者至少對其有所了解的慾望——之所以興起，主要是因為科學時間不可多得。這是一則有關其得來不易對社會所造成影響的故事。科學時間有其限制性，使其難以為公眾普遍使用。但是也正是由於其稀缺性，再加上有IMC加持的合法性，使其成為某些人特別想要的東西。

英國公眾對IMC的反應

在IMC之前，英國已有一大堆令人眼花撩亂的計時方式。許多城鎮鄉村都是使用依賴太陽星辰的地方時，儘管鐵路已在用格林威治時間（愛爾蘭則是使用都柏林時間）。英國也和世界其他地區一樣，宗教機構往往也是主要的計時來源，在計時上的重要性不亞於市政廳與其他公共建築。這些地方時、皇家時與宗教時為了佔有民間日常生活的主導地位而相互競爭。[1] IMC並沒有消除這種計時多樣化的情況，反而是又添加了一個新的計時方式。如今出現了一個根據格林威治時間的世界時，而且被賦予官方權威性，其他所有的時間都應是從屬的地位。然而世界時的不食人間煙火與得之不易的特質，使其在計時上更為複雜，絲毫不具普遍性。

維多利亞時代的英國人有許多都是以取笑的方式來對應這樣的困惑——它也因此成為固定的漫畫與幽默專欄的笑點。歷史學家羅伯·丹頓（Robert Darnton）曾經指出，現代的讀者往往不再了解以前的笑話，意味其中出現劇變——認知上的轉變——即是時空的變化導致舊社會漸迷失，老笑點也因此反而顯得愚蠢。[2]不過在這裡並非如此。始料未及的時間變換與令人沮喪的調整時鐘，即使到了今天依然困擾著世人，也使我們不禁對這些在十九世紀的紛擾感同身受。不過也許不是在同一程度上。在維多利亞時代的英國，時間不準的情況幾乎是無所不在。《亞伯丁周刊》（*Aberdeen Weekly*）在一八八七年曾刊登一篇幽默文章，說的是一位勞動工人向警察詢問時間的故事：

他擠進警察局，手中拿著帽子，怯怯地走到桌前，深鞠一躬，然後問道：「警察大人嗎？」

「是的，先生。」

「是這樣的，大人，俺想知道現在的時間。我過去一個星期被這事整慘了。」

「你用的是什麼時間？」

「這就是俺想知道的。有人告訴我用太陽時，也有人要我用標準時間，我老婆用的是第三種時間，把我搞昏頭了。我和老婆說我要來這兒問出正確的時間，然而就一直用它。」

「好吧，把你的錶定在一時二十八分。」

「好的，長官。這是俺最近兩個星期最感滿意的事情了。」他掏出一隻古董懷錶，上下摸索著身子找鑰匙。然而就在他準備調整時針時，懷錶上的水晶外殼掉落地面打碎了。在一陣忙亂之後，他拿起懷錶湊近耳邊搖晃，懷錶內的機械裝置又掉落地面，滾到長椅下面。

「俺早就料到會有這樣的情況，」這人說道，雙頰顫動著。「它一直是使用三種時間操作，沒有一隻錶能禁得起這樣的折騰，我該料到的。」

「你現在怎麼辦？」

「啥也不做。俺未來六個月會像雞一樣，早上餓了就起來，然後到晚上等老婆睡得和木頭一樣再回家。」[3]

這位工人對計時「科學化」的反應是迴避，這是面對複雜甚於便利的現代科技的一種自然反應。

《漢普夏電報暨薩塞克斯記事周刊》（*Hampshire Telegraph and Sussex Chronicle*）在一八八五年七月也曾刊出相類似的玩笑：「聖路易（密蘇里州）有標準時、子午時、南方時、西方時，還有其他一大堆時間，只有瘋子才會想要戴上一隻錶。」[4]對英國人而言，具有多個時區的美國鐵路要比自家的情況更為複雜。不過英國報紙也會報導一些有關國內時間的故事，例如《曼徹斯特信使暨蘭開夏一般廣告報》（*Manchester Courier and Lancashire General Advertiser*）在一八九五年的一則報導：

一位紳士騎馬經過一位坐在柵欄上的小男孩，柵欄後是他的住家。紳士問他是否住在這裡。

「我正在努力。」小男孩回答。

「好吧，孩子，我想知道現在是什麼時間，你能告訴我嗎？」

「我可以，我五分鐘前才從屋內出來，鐘上時針指的是十一。」

「你們用的是什麼時間？」

「噢，我們有各種時間。」

「我指的是你們用的是太陽時還是標準時？」

「我就是這麼說的，我們有各種時間。」

「我不懂你的意思。」

「你不懂？那麼你來我們的房子住上一段時間，你就懂了。我老姐莎兒用的是標準時——就是我們的時鐘；我用的是城市時——這是市政廳的時鐘；女傭用的是太陽時——這是根據光影而定，而老爸老媽把時間都用在爭吵上，他們現在就是如此，我坐在這兒等他們決定要怎麼處理這個柵欄。老天，如果你不想聽到他們的爭吵，你最好別待在這兒，他們的聲音可是大得嚇人。」

那人立刻策馬離開，小男孩又踢掉一塊木板。[5]

這則故事的笑點在於中產階級典型動盪不安的婚姻關係，與一位無所事事的小男孩，但是其對計時方式混亂的描述，正是維多利亞時代晚期社會的寫照。

《曼徹斯特時報》（*Manchester Times*）的幽默專欄在一八八九年，也刊出一則有關時間相類似的笑話。一位困惑的傢伙問道：「先生，請問現在幾點了？」這位科學人（心不在焉地）回答：「你想知道哪一個——太陽時、地方時，還是標準時間？」[6]再沒有比這個笑話更能突顯當年計時方式混亂的情況了。

當然，困惑與混亂並非對多重計時方式唯一的反應。這樣的情況也是可以大加利用的機會。一些調皮的學生會遊走於各種計時方式之間，例如牛津基督堂學院（Christ Church College）鐘塔內著名的大湯姆鐘（Great Tom）是以地方時計時，比其他以格林威治時間計時的時鐘要慢五分鐘。根據《天文台雜誌》（*Observatory Journal*）一九〇八年的一則報導，一名學生在晚上九時宵禁幾秒後才抵達學校，表示大湯姆鐘的時間還未到九時。門房拒絕他入校，並且表示宵禁的規定行之有年，比大湯姆鐘要早了好幾個世紀。[7]還有一些學生利用這個五分鐘的時差爭辯應該提早下課。

一位校友回憶：「我們當時是真的認為應該延後上課與提前下課，這樣每小時就可以省下十分鐘。」[8]

有關時間的漫畫在一八八四年登上《旁趣雜誌》（*Punch Magazine*）的版面，就在IMC結束沒多久，該會議的一項決議是以二十四小時取代十二小時來計算世界日。當年十二月十三日的一則漫畫顯示困惑的時間老人（Father Time）無法辨識倫敦林肯律師學院（Lincoln's Inn）鐘面為二十四小時的時間。漫畫

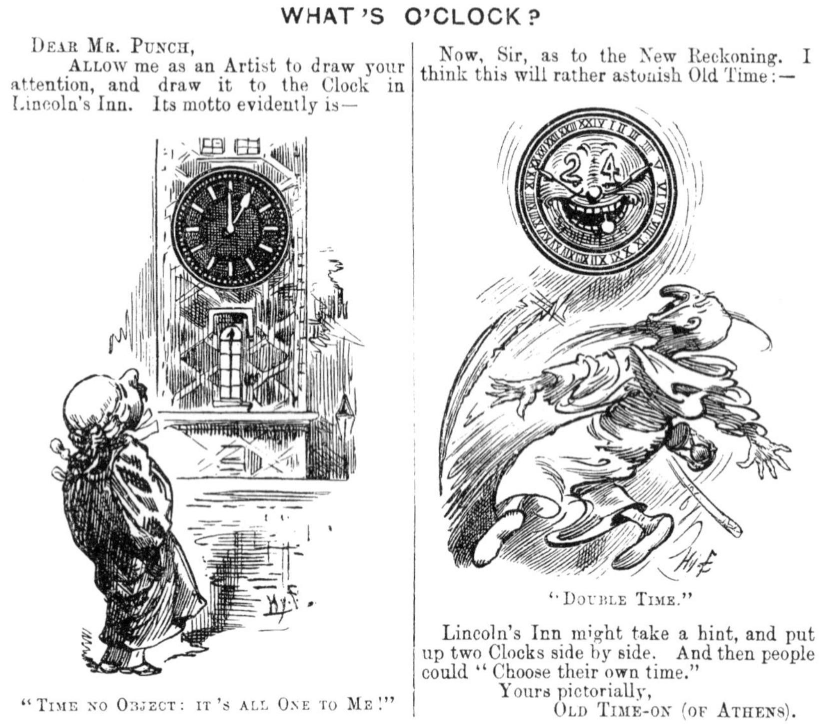
WHAT'S O'CLOCK?

DEAR MR. PUNCH,

ALLOW me as an Artist to draw your attention, and draw it to the Clock in Lincoln's Inn. Its motto evidently is—

"TIME NO OBJECT: IT'S ALL ONE TO ME!"

Now, Sir, as to the New Reckoning. I think this will rather astonish Old Time:—

"DOUBLE TIME."

Lincoln's Inn might take a hint, and put up two Clocks side by side. And then people could "Choose their own time."

Yours pictorially,

OLD TIME-ON (OF ATHENS).

一八八四年十二月十三日《旁趣雜誌》（*Punch Magazine*）的漫畫「幾點鐘是什麼意思？」

家建議最好是將十二小時的時鐘與二十四小時的鐘並列，讓經過的人自行選擇，而不是只有二十四小時的「科學」鐘。[9]

細心的讀者可能會自這些笑話與故事注意到「恰如其分地」報時，其實也是一種身分地位的表現。例如《曼徹斯特信使暨蘭開夏一般廣告報》那則故事中的女傭只會以陽光陰影來看時間，她的雇主則是使用各種時鐘看時間。看時間的方式越機械化，也就代表越摩登，越受人尊重。但是科學性的時間裝置在計時上反而顯得複雜，而不是簡化，這樣的情況導致一般民眾敬而遠之。科學家大都類似《曼徹斯特時報》幽默專欄中那位心不在焉的學者，熱衷於追求精確，反而使得簡單的問題複雜化。美國海軍天文台長約翰．羅傑斯（John Rodgers）在一八八一年批評科學家「有時過度強調他們的作用」，破壞了日常生活的簡單性。[10] 他指出：「不在乎科學時的人有一千位，在乎的只有一位。」[11] 這種鄙視科學時的心態可以由《天文台雜誌》的另一則短篇故事看出來，在這則故事中，皇家天文學家喬治．艾里發表奇一篇長篇大論的演說。在他演講結束後，看來百般無聊的帕默斯頓爵士（Lord Palmerston）不禁小聲抱怨：「格林威治時間是否與永恆有關係？」[12] 在眾人眼中，天文學家聰明絕頂，但是不切實際，往往會將日常生活的節奏複雜化。其實，各個階層的英國民眾所要的是在兩者之間：準確性與現代性，沒問題，但是也必須簡單直接。

計時的社會影響不僅是在報紙的趣味版，時間與其測量同時也與政治、經濟，以及社會運動相關，例如爭取勞工權益就往往會和時間掛鉤。湯姆．曼（Tom Mann）在一八八六年的宣傳小冊《一天八小時的工作日對勞工的意義》幫助「八小時運動」的發起，在該運動中，費邊社、社會民主聯盟、工會與其他勞工、社會組織聯合推動立法縮短工作日的工時。[13] 他們不是將勞工的福利與工作環境或是薪資掛鉤，而是勞工的工作時數。雖然此一運動遭到挫敗，並沒有帶動減少工時的立法，不過也成功地將時間與工作之間的關聯帶入一八八〇年代的公共意識之中，類似一八四〇年代的工廠法規定婦女與兒童工作日的工時不得超過十小時。時間的測量在那個年代對政治與經濟都帶來重大影響，尤其是在英國充滿改革氣氛的一八四〇與八〇年代。

時間、它的測量，以及其文化意涵也逐漸滲入大眾文學。朱爾・凡爾納（Jules Verne）一八七三年的著作《環遊世界八十天》（*Around the World in 80 Days*）也許是最明顯的例子。此一故事的高潮在於計時的差錯，故事主人翁打賭能以八十天環遊世界，他以為他以微小的差距輸了。不過因為他是向東出發，不知道自己在跨越換日線時多賺得一天，最終他贏了賭注。在凡爾納的生花妙筆下，這一時間上的差異造就了一筆財富。

伯蘭・史杜克（Bram Stoker）一八九七年經典的哥德恐怖小說《德古拉》（*Dracula*），也利用時間與時程表來創造高潮。書中英雄馬不停蹄穿越歐洲，精密計算鐵路時刻表與汽船速度，智取長生不死的怪物。文學家亞當・巴羅斯（Adam Barrows）寫道：「《德古拉》講述的是，化外之地最後一座遺跡與標準時間世界的爭鬥。」書中對德古拉古堡四周風景的描述，在地圖上根本找不到，是舊時代的遺跡。「最終消滅這座遺跡，或者更準確地說，將其轉化成與時間同步的敘述，為時間統一的帝國提供了世紀末的神話基礎。」[14]不論是在文學還是現實世界，ＩＭＣ設立的世界日都是推動世界邁向現代化、計算與測量世界、發現與消除世界不可知的角落的象徵。在《德古拉》的故事中，科學時征服了舊時代落伍、邪惡的遺孽，根除了地方時利用太陽的古法。

相較於文學，在現實世界中要消除落伍的生活方式卻是困難得多。社會上充斥著對科學時感到

馬夏爾·波爾丹（Martial Bourdin），格林威治炸彈客，取材自一八九四年二月七日《每日寫真報》（*Daily Graphic*）。

困惑的氣氛與反對的聲浪。一八九四年發生一樁事件，或許是反對時間改革最為爆炸性的例子，一位名為馬夏爾·波爾丹（Martial Bourdin）的法國無政府主義份子，企圖以炸彈攻擊格林威治皇家天文台。但是他操作失當，導致炸彈提前爆炸，他也因此喪命。[15]波爾丹炸彈攻擊的動機是在於擁有眾多計時儀器的格林威治，是時間世界秩序的中心。攻擊格林威治就等於是攻擊英國王室權威。

十幾年後，在一九一三年，有傳言指出婦女參政運動人士有意仿效波爾丹，以炸彈攻擊格林威治。一位男士向蘇格蘭警場（Scotland Yard）報案，「他在電車上聽到兩位知名的婦女參政運動人士的談話。他聽到他們說『等他們在倫敦格林威治天文台發動。（生活中）沒有時間會讓他們警醒的。』」[16]警方立刻加強保護格林威治天文台，保持巡邏逾兩年的時間。[17]對格林威治的恐怖攻擊威脅也引發社會大眾的幻想。例如約瑟夫·康拉德（Joseph Conard）以波爾丹拙劣的攻擊手段為藍本，虛構了一部著作《間諜》（*The Secret Agent*，一九〇七年）。人們都喜愛閱讀有關秩序與混沌對立、時間完美，然而卻無法獲得的故事。維多利亞與愛德華時代的作家滿足了世人這樣的願望。

文學中有關時間的故事，不僅反映了計時政策的改變，有的甚至還有助相關政策的形成。例如費德瑞克·巴納德在籌備IMC時看到一部內容與計時有關的小說，他致函桑福德·佛萊明，提及這部小說：「前幾天我遇到一個奇怪的例子，說明有人可能因為不知道或不注意不同經線的地方時差異而鑄成大錯。它是出現在一部人物鮮活的小說中，不過還頗具文學價值。故事的主角是有婦之夫，拋棄妻子與一位年輕貌美的女孩私奔（從英國到歐陸），他欺騙這位女孩自己還是單身而

群眾圍觀格林威治爆炸案，取材自一八九四年二月十七日《每日寫真報》（*Daily Graphic*）。

且承諾娶她為妻。但是他百般拖延，日久天長，他也對她感到厭煩。他的健康日漸衰弱，他想出一條毒計，將痛苦與傷害加諸於她身上。令她驚喜的是他竟然向她求婚，並且舉行婚禮，但是他也立下遺囑，將他所有的財產留給他『鍾愛的妻子』。他很快就死了，而在結婚當天（在那不勒斯），他『鍾愛的妻子』在倫敦去世，這個可憐的女孩發現自己既沒有錢也沒有名分，否則她就可以繼承大筆財產。一位律師表示：『這是一個時間的問題。』如果那不勒斯的婚禮要早於倫敦妻子的死亡，這人就是重婚者，女孩也成為名節敗壞的情婦。如果倫敦的死亡先於那不勒斯的婚禮，女孩就可洗刷清白，繼承財產。一項調查顯示倫敦妻子是在公共時鐘指著九時三十分之前去世。這位作家自認將情節安排得合情合理，而將牧師在那不勒斯主揚婚禮的時間設定在九時四十五分。但是倫敦的九點半是那不勒斯的十點半（作者可能忘記，或者根本就不知道兩地間的時差），所以在倫敦妻子嚥氣之前，有充裕的時間可以在那不勒斯舉行婚禮。因此，這是一個重婚的案子，儘管作者本意並非如此。我覺得這個誤解十分有趣，因為它的主題與我們的興趣關係密切。」[18]

巴納德在小說中找到了一個漏洞，這是其他不太關心時間改革的讀者不會注意到的。不過這部小說也突顯了國際如何測量時間，與利用時間準確性來為故事製造關鍵的問題。巴納德所指出的這些錯誤也正是佛萊明的時間改革，與世界日所希望改正的。但是如我們所見，問題並未解決。地方時、標準時與世界時之間的差異，再加上各個不同鐘錶參差不齊的準確度，使得時間測量的情況益發混亂。

計時的混亂清況在一八八〇年代頻頻出現。與工時運動一樣，一八八〇年代關於時間的辯論與一八四〇年代相類似。英國鐵路當局在一八四〇年代晚期開始採行格林威治時間，同時也引發第一波有關格林威治時間的激辯。《格拉斯哥先驅報》（*Glasgow Herald*）一八四八年在一篇專欄文章中呼籲讀者，修正他們使用地方時的鐘錶，轉為使用新的鐵路時間。「要確保大家普遍而全面地採用一個統一時間，首要之務是促進公共意識的改變……那些聽過《不滿的鐘擺》（*Discontented Pendulum*）故事的人，應該都知道最後那位農民一天清晨醒來發現他的錶慢了幾分鐘，這些加總起來就會造成公眾的不便。大家都採用鐵路時間，一切就會恢復正常……改變時間只會對天文學家造成不便，而他們都能應付自如。」[19]

《不滿的鐘擺》是出自英國詩人珍．泰勒（Jane Taylor，一七八三至一八二四年）一篇同名的短篇故事（一八五五年初次發行），在學校課本上常常出現。這則故事講的是一個擬人化的鐘擺，為一位農民所有。這個鐘擺厭倦了經年累月的搖擺，拒絕繼續工作。幾分鐘後，時鐘的其他零件說服它恢復工作，一次只要搖擺一下。結果農民醒來發現他時鐘慢了幾分鐘。除了道德說教之外，專欄文章的作者也強調，在經過簡單調整之後，沒有人會注意到這幾分鐘的差異。此一在一八四八年做出的主張，與一八八〇年代類似。例如批評有人在鐘面上增加指針，同時使用格林威治時間與地方時，稱這樣的做法是「半吊子」，只會使人更加混亂。[20]

但是在一八四〇年代，並非所有人都欣然接受改變。埃克塞特（Exeter）是英格蘭西部首批接受格林威治時間的社區之一。[21]但是埃克塞特大教堂的職員卻是拒絕接受，這座教堂的時鐘是當時最主要的時間訊號。[22]阿克靈頓（Accrington）也出現同樣的情況。一位匿名讀者投書《布萊克本標準報》（*Blackburn Standard*）：「我確信如果有關當局將教堂的時鐘改為採行格林威治時間（鎮上沒有其他的公共時鐘），阿克靈頓的居民與鄰近的人都會感到遺憾，因為它所導致的混亂造成許多居民的不便與懊悔。尤其是外地人往往會因此錯過火車，在上個周三上午就有十二到十五人沒有趕上火車。」[23]。長期以來，教堂的塔鐘一直是英國各地的時間訊號來源，因此和世俗一樣，計時的改變也成為教會之間激辯的主題。

在某些地區，教會反對時間改革的情況十分普遍。一位專欄作家曾經嘲笑約翰．卡明斯牧師（Reverend John Cummings），後者認為格林威治時間是天主教的陰謀。卡明斯在講道時指出：

「要埃克塞特、普利茅斯與格拉斯哥都採用格林威治時間，等於是要他們說謊——寡廉鮮恥的謊言——是要教堂鐘塔說謊、諸位女士先生的鐘錶說謊——事實上是依據當地法律遂行說謊……這對天主教很重要，因為他們為了統一，犧牲了真理……我希望新教能堅守原則。」[24]並不是所有人都這麼極端，不過此一議題在公眾間引起廣泛討論。[25]威爾士（Wales）的反對態度就顯得冷靜多了——教會抱怨卡那封（Carnarvon）與博馬里斯（Beaumaris）都改為採行格林威治時間，「儘管這兩座小鎮短期內都不會建造鐵路，然而鐵路卻是要如此大費周章改變計時方式的唯一原因。」[26]對於一個沒有鐵路的地方，以此一理由來反對似乎還算合理。

但是鐵路擴張快速，傳送格林威治時間的建設也同步發展。在喬治．艾里的指揮下，傳送時間訊號的電報線在一八四〇與五〇年代開始沿著鐵路架設。與此同時，一八五一年海德公園（Hyde Park）倫敦萬國博覽會的一座時鐘被大北方鐵路公司（Great Northern Railway Company）買下，安置在國王十字車站（King's Cross Station），只待電報線架設完成，就從此車站將格林威治時間傳送至沿線各站。[27]根據歷史學家戴瑞克．豪斯（Derek Howse）指出，萬國博覽會吸引大批民眾，「創下鐵路載客量最大增長紀錄，」[28]從而鞏固鐵路的主導地位。「英國的鐵路交通達到前所未有的規模，」需要更為精準的時刻表。[29]

到了一八八〇年代，格林威治時間在英國的聲勢已在地方時之上有幾十年的光景，至少在主要城市是如此。然而在一八八〇年代也看到關於應該如何使用時間的辯論再起。有三件事情導致此一辯論重回社會公眾眼前。第一件是格林威治時間在一八八〇年成為英國的法定時間（類似愛爾蘭的都柏林時間）。此一改變影響到英國所有酒館、商店與公家單位的作息時間。第二件是北美鐵路自一八八三年十一月開始採用以格林威治時間為根據的時區，第三件是一八八四年的ＩＭＣ針對科學界，推出使用二十四小時鐘面的世界日。雖然後兩件事情對英國民間計時的影響有限，但是足以引起成為社會大眾議論的話題。同時，ＩＭＣ的決議顯然將格林威治建立為世界時間中心，理論上，格林威治時間也因此成為「真正的」時間，至少在官方是如此。但是要穩定獲得格林威治時間仍是一大挑戰，而且其他形式的計時方式也拒絕淘汰出局。雖然我們可以說ＩＭＣ的決議對英國公眾計時影響不大，但是這場會議無論如何重新帶動時間與權威、現代與準確之間，自一八四〇年代就已出現的辯論。[30]

英國報紙廣泛報導ＩＭＣ的新聞。會議中英法之間的對立是大部分報紙的焦點，其他一些報紙則是報導會議協議摘要。只有少數幾家報紙詳細報導協議細節，其中有些還預測計時方式會因此產生劇變。[31]還有一些文章臆測，科學時是否會在某一時間滲透進入民間。[32]

除了報紙之外，俱樂部與會社也在思考ＩＭＣ決議的影響。例如汽球會社（Balloon Society）這類的科學團體在集會時會詳細討論決議。[33]不過最先了解ＩＭＣ可能影響的團體之一是學童。雖然計時並非英國的學校課程，卻是非正式的教學科目。有許多圖畫書在說教的同時也教導時間的概念。為了ＩＭＣ，皇家藝術學會在倫敦舉行兩場針對「青少年」的晚間講座。第一場是在一八八四年十二月三十一日舉行，第二場是在一個星期之後，也就是一八八五年一月七日。天文學家諾曼．洛克根據ＩＭＣ的決議，將講座題目訂為「世界時：我們未來的鐘錶」。[34]這兩場講座的門票都銷售一空。[35]

在第一場講座，洛克的開場白華麗非凡。「很久很久以前，在這個世界遠比現在年輕，精靈與仙子遠比現在經常出現，甚至在耶誕老人都還未出生的時代，我們真誠希望她（原文如此）今晚快樂——當時的人們都沒有任何鐘錶。」[36]在以精靈與耶誕老人抓住孩子的注意力之後，洛克開始講述計時的歷史與時鐘的運作，包括氣壓與溫度可能會導致時鐘過快或過慢。接著他進入講座的核心：ＩＭＣ與其對計時可能帶來的改變。「現在，在除夕夜，我在此向各位發表談話的原因——皇家藝術學會實在不該在這時候舉行講座，是邀請大家來參加講座，因為在這個除夕夜將會發生一件與時間相關了不得的事情，將會流傳好幾個世紀。在今晚午夜，格林威治天文台的一位人員將會把時鐘撥慢，我希望各位能夠親眼看到，轉換為格林威治的天文時。」[37]

洛克所指的顯然是ＩＭＣ決議中建議改變天文時以配合民用時，從午夜而不是中午作為一天的開始。不過我們自第三章可知這項議案在ＩＭＣ的最後一刻遭到否決，英國格林威治天文台所做的更改，也只是內部作業，並非官方行動。事實上，直到一九二五年天文學界才做出洛克所說的變動。但是洛克這位天文學家在一八八四年十二月底還不知道此一議案在ＩＭＣ遭到挫敗，因此他在講座中直言天文時將在他演說結束幾小時後做出改變。

洛克接著的談話有些不著邊際。他不再談時間改革，而是教導年輕的聽眾有關自然地理學的知識。他解釋地球是會轉動的巨大球體；人們為什麼不會自地球上摔下來，在太空中飄浮。他是想在進入複雜的全球計時主題之前，先奠定基礎。然而時間苦短，這些年輕的聽眾已是坐立難安，因此欲知後事如何，且待下回分解。

在第二周的講座，洛克要談的東西太多，他於是直接切入主題，沒有把時間浪費在精靈與仙子身上。他說明天文學者如何利用子午儀望遠鏡，藉由轉動的地球導致一顆選定的恆星重複穿越此一儀器來測量一天的長度。他接著指出，世界各國都在他們自己的天文台採取這樣的方式來測量一天的長度，從而形成航海圖與計時的差異。洛克表示，雖然地方時很方便，「但是全世界應該有一套放諸四海皆準的地圖」。[38]一條單一的本初子午線就可能解決這個問題。他說道：「除了日常生活之外，時間還有廣大用途；除了用來計算兩地之間距離之外，經度還有許多用處。這一類的困難多年來一直在加劇之中，直到去年，有一群智者在華盛頓舉行會議尋求解決之道。我將以這些智者達成的決議來作為本次講座的結束。」[39]

洛克列出IMC各項主要的決議，並且強調根據格林威治新設的世界日是以二十四小時取代十二小時來計算一天。「這項決議將改變我們的鐘錶，」他預言：「有人也許會說，『噢，這樣的情形不會發生在我們的時代。這是專門供天文學家使用的，就是那些只知觀察彗星，行為稀奇古怪的人。我們並不需要。』可是我認為你們會用到的，最大的原因就是其提供的方便性。」[40]他解釋，電報公司希望他們在全球的作業標準化，鐵路則需要與電報「密切配合」。[41]洛克複述佛萊明的主張，使用一天二十四小時的計時系統可以終結上午與下午之間的混亂。他展示了幾個根據二十四小時設計的鐘面設計專利。他也表示儘管鐘面有所改變，鐘聲仍會以十二小時來報時。

洛克在最後向台下年輕一輩的聽眾強調，世界時與其二十四小時的概念並非專屬於天文學家，而是屬於每一個人。「既然鐵路公司與電報公司都採用這個時間，我們也就必須使用。」[42]然而此一說法也意味公眾可能誤解了IMC的決議。洛克，還有其他許多看法相同的人，都認為IMC所做的改變最終一定會影響民間的計時，而他希望下一代能預做準備，儘管IMC的決議指出世界時並不會影響民用時。和報紙的漫畫家一樣，洛克也預想到時間的推算將產生一次革命性的改變，不過不同的是他真心希望如此，那些漫畫家與其他人則是感到遲疑與困惑。無論如何，IMC已揭開了民間計時改革的序幕。

但是並非所有人都同意洛克的看法，尤其是大部分的專業天文學家，一如我們在IMC所見。雖說他的講座是針對孩童，但是成年人的批評卻是接踵而至。主要針對鐘錶師的刊物《鐘錶雜誌》（*Horological Journal*）就刊出多篇評論。其中有一些只是輕描淡寫——取笑他對鐘錶運作的觀念錯誤（洛克對鐘錶平衡彈簧損壞時發出的聲音顯然誤導了這群年輕聽眾）。[43]不過有一位人士強烈反對他認為一般民眾很快就會開始採用世界時的說法。這人是著名的鐘錶設計師埃德蒙·貝克特（Edmund Beckett），西敏寺（Westminister）大笨鐘（Big Ben）的機械裝置就是他的手筆。[44]他認為洛克的演說內容「足以適合」青少年，「但是根據已經發表的報告，他顯然是將一些無中生有的事情也歸責於這場本初子午線會議。我要重申，他們從沒有提過民用世界時一句。」[45]貝克特指出，只有少數幾位代表有意改變公眾計時的方式。他也反對洛克認為電報公司使用世界時，很快就會促使一般大眾也使用的說法。[46]

鐘錶業大部分人士的看法，則是介於洛克的自信與貝克特的懷疑之間。有些人指出二十四小時鐘錶盤面的專利湧現，就是民間計時將發生改變的明證。[47]但是其他人卻不敢如此確定。在IMC閉幕後的幾個月，《鐘錶雜誌》滿是有關正反兩面的文章，顯示有些人為此下注，還有一些人打算以更改鐘錶盤面的專利來獲利。

但是這些創業家的行為也惹惱了一位投書人。鐘錶盤面的專利湧現，加劇了當時關於專利法、自由貿易與如何保護智財權的辯論。由於申請手續簡化，一八八四年是英國申請專利最多的一年。

[48]這位投書人認為，現在要申請專利實在太過容易，「如果人們只花幾分鐘就想到的一些小裝置都來申請專利，只會對貿易形成干擾……例如有好幾個人都來申請在鐘錶盤面增加一個標明十三到二十四時的時圈專利。」[49]不過這位投書人並不反對一天二十四小時，他或她只是單純反對一些腦筋靈活的鐘錶師利用專利來獨佔時間改革的利益，只不過是因為他們是最先踏進專利局大門的人而已。反之，所有的鐘錶師應該機會均等，都有幫助公眾採行世界時的機會。「有些鐘錶師，」這位投書人繼續寫道：「瞧不起擬議中的世界時，認為只是一時的流行而已，但是外國採用地方時所造成的不便日趨嚴重，顯示由文明國家建立一套標準系統的可能性也在日漸增高。」有鑑於IMC選擇將本初子午線設在英國，「英國人對其大潑冷水顯然並不合適」。[50]

《鐘錶雜誌》充滿像洛克這樣相信二十四小時的世界時鐘將到來的投稿人。該雜誌一直在追蹤，並且在一八八三年印製一批美國鐵路採行時區制的說明書。[51]《鐘錶雜誌》也密切注意IMC的動態，在一八八四年十一月號期寫道，該會議建立了一個世界日，「預期將民用日劃分成兩個十二小時的愚蠢風俗……很快就會被這種將一天視為一個整體的方式所取代……這樣的改變一定實現，但是首先需要領導公眾。」[52]這篇文章的作者指出，鐘錶師必須承擔領導的角色，創造出採用新系統的鐘錶。

在《鐘錶雜誌》十二月號期，一位名叫湯瑪斯・懷特（Thomas Wright）的鐘錶師投書討論IMC的決議對鐘錶商業的影響。他不確定公共計時是否會立即出現改變，但是他相信二十四小時的世界日終會成為標準規範。有鑑於此，他建議英國的鐘錶師應開始製造新式時鐘。[53]針對此篇文章，瑞士一位讀者提出一種採用二十四小時的錶盤設計。[54]

在一月號期，該雜誌的投稿人開始思考教堂鐘塔是否應該根據二十四小時來敲鐘報時，或者是否有其他的方式來配合這種新的標準。[55]有一位作者指出，如果根據二十四小時來敲鐘，在夜晚時「可能會對緊張或生病的人造成相當大的困擾」。[56]不過這樣的困擾在已實施二十四小時制的義大利獲得解決，方法是將一天分成四部分，每部分六小時。這位作者建議，英國也可以這麼做。[57]的確，在一八八五年初，有關公共時鐘在夜晚敲鐘報時擾人睡眠的問題導致希斯汀（Hastings）決定在晚間十一時到清晨五時停止敲鐘，「因為此舉會造成公害」。[58]

在一八八五年一月號期，海斯威爾（J. Haswell）綜合了鐘錶師圈內對公眾是否應該使用世界日的觀感。他指出，它的採用「或多或少都有可能」。[59]另一篇文章也表示同意：「天文學家將一天始於午夜的做法，將大大加速公眾普遍使用這種理性推算的方式。鐵路公司的主管已在詢問引進這套系統。」[60]

倫敦一所教堂——位於蒙斯特廣場（Munster Square）的抹大拉的聖瑪利亞（St Mary Magdalene's）——牧師自己主動做出改變。他以二十四小時列出耶誕夜的各項儀式，並且調侃那些經常缺席的會眾，「你需要稍加思考才能弄清楚，你們一定會記住的。」[61]

此一預期世界日終將到來的熱潮在一八八五年三月略有平息，這是因為《鐘錶雜誌》終於得知格林威治時鐘的更動是皇家天文學家威廉・克里斯帝擅自作主的行為，其他大部分的天文學家都拒絕追從。格林威治天文台的訪客監督委員會認為，克里斯帝「顯然必須為他貿然之舉提出解釋」。[62]曾批評洛克在大年夜預測民用時鐘將改變的埃德蒙・貝克特現在則是堅持，若是民用時要更動為二十四小時的世界日，必須經過國會立法。[63]貝克特此一主張的原則並沒有錯，但是在現實中卻非必然。例如格林威治時間是在一八八〇年成為法定時間，然而英國大部分城市早在三十年前就已採用此一時間。由此顯示，有關時間的行為規範的存在，先於立法。現在的情況也是如此。如果一天二十四小時成為規範，法律遲早會跟上腳步。

然而貝克特的評論與克里斯帝擅自行動，並沒有改變鐘錶業界對改變終將到來的預期。一家主要的鐘錶公司肯達爾暨丹特（Kendal and Dent）為了展示「對事物新秩序的實際信念」，為汽球會社主辦的作文比賽提供一百英鎊的獎金。[64]文章題目乃是根據洛克的講座而來，「世界日，我們鐘錶的未來」。[65]這家公司最近才推出一款新設計的錶盤，同時具有十二小時與二十四小時的盤面，希望藉此挽回因為錶盤額外多出好幾個小時而感到困惑的顧客。[66]

《鐘錶雜誌》的編輯群對二十四小時的世界日採取中立的立場，但是也清楚了解它對鐘錶業的影響：「不論最終發展如何，專利局勢必會充斥與二十四小時相關的申請案。」[67]他們表示，專利局收到超過九十件的二十四小時申請案，是美國的三倍。如果這項改變終將實現，其中一定會產生大筆金錢利益。大家都想「獨佔每個人都認為是唯一真正解決此一問題的方法」。[68]

創造財富的潛在刺激，反而使得英國鐘錶業在二十四小時制的辯論備顯辛酸。業者不但擔心會輸給大量製造的低價競爭者，同時也要提防來自國外的創新。[69]全球經濟在一八七三年開始逐漸走疲，英國在整個一八九〇年代都深受其害。鐘錶業者人心惶惶，密切注意來自瑞士與美國的競爭。一八八六年三月，英國鐘錶協會（British Horological Institute）與英國城市行業專業協會（City and Guilds Institute）在倫敦聯合舉行會議，商討「鐘錶業目前面臨的困境與來自外國的競爭壓力」。[70]他們邀請國會議員參與討論，希望能夠有所幫助——不論是透過支持自由貿易、反對進口或是採取保護措施等手段。這兩大協會將業界的問題歸咎於外國鐘錶的大舉入侵，他們宣稱（可能有失偏頗）外國的競爭對手都在「模仿」英國的業者。[71]

但是也有一些觀察人士自國內尋找病因。有些人指出英國鐘錶業者拒絕現代化才是根源。「時代已經改變，我們祖父輩使用的技術已經沒有用了。仍在依賴這些技術的業者將會發現自己正逐漸被淘汰出局。」[72]倫敦伊斯林頓（Islington）的克勒肯維爾區（Clerkenwell），是英國頂尖鐘錶業者聚集的地區，然而當地現在陷入一片愁雲慘霧之中。一位觀察人士寫道，鐘錶業者「都不願對他們的生意投下足夠的資本」。[73]他們的產品仍在使用「過時」的發條鑰匙，因為他們都拒絕提升製造技術。[74]觀察人士指出，克勒肯維爾區的鐘錶業者是咎由自取。不過也有許多觀察人士了解景氣不振並非限於英國，他們指出美國的鐘錶業者也面臨青黃不接的局面。[75]

不論原因為何，前景黯淡已是事實，鐘錶業者都急於突破困境，由此也說明了為什麼在IMC之後有大批申請專利的案件湧出。[76]如果民間改用一天二十四小時的計時方式，英國人民都需更換他們的鐘錶，這也意味鐘錶業者可望藉此大好時機走出衰退。鐘錶業者都寄望此一發展能夠成為他們解決經濟沉痾的靈丹妙藥，他們的雜誌也在持續密切觀察相關情勢的演變。[77]

不過鐘錶業者並非唯一搶搭時間改革創造經濟利益順風車的群體。許多新刊物與工具也都應運而生，幫助專業人士或一般民眾走出世界時的困惑。其中有一些頗為聳動，宣稱可以解決各種疑難雜症。有一份刊物，《佛基皇家懷錶世界時關鍵指數》（*Vo Key's Royal Pocket Index Key to Universal Time*）宣稱「時間上最偉大的發現：世界時」。[78]此一「發現」是把錶盤當作地球扁平化的代表，每一個小時代表不同的子午線。這本小冊子還為讀者提供相關圖表，教導他們利用自己的鐘錶來計算全球主要城市的時間。

《佛基皇家懷錶世界時關鍵指數》並非這類型的唯一刊物。還有一些時效短暫，專門為特定工作設計的刊物，例如《世界燈時圖》（*Universal Lamp Time Chart*），主要是根據路燈與車子所在的經度與一年的各時段，來決定何時應該關閉或打開路燈與車燈。[79] 也有一些例子是將時間表與其他的參考資料包裝在一起，例如《馬丁的圖表》（*Martin's Tables*）或是《商業語言》（*One Language in Commerce*）有一章是將標準時間與公制相結合。[80] 從曆書到火車時刻表，這些類似的刊物與工具充斥於市。由此也顯示大家都想圍繞著IMC、世界時與其二十四小時的概念，以及標準時的謎團創造獲利。

我們無法確定坊間對這些刊物的反應，或者是否真的有人會購買。當時大部分有關世界時與地方時的討論仍是相當抽象——人們將其視作未來的創新，不是一種新的標準規範。IMC根據格林威治本初子午線所創造的世界時從來就不是針對一般民眾，事實上也是如此。但是這樣並不足以防止創業人士、預言家、鐘錶業者與工程師設想世界時有一天會取代民用時。那麼，是什麼阻止了世界時深入民間？答案是技術。在無線電發明之前，要把準確的格林威治時間配送到各地是一件困難且昂貴的工作。此一挑戰導致民間出現各種不同的計時方式，不過同時也為計時「市場」帶來創新與競爭的機會。

販售時間

如果你想在維多利亞時代的英國知道格林威治時間，你最好是去觀察當地火車站的時鐘。電報線是當時報時的最佳工具，而且往往是沿著鐵路架設。因此，設有火車站的城鎮在報時上就相對具有優勢。至於意志堅決的鄉村居民，若是有錢又懂得技術，可以購買小型的子午儀，挑一個晴朗的日子，自行觀測天體以確定當地時間，然後再根據曆法轉換成格林威治時間。可是一般民眾都力有未逮，主要是因為花費太高而且需要時間的配合（更別提英國的天氣）。

到了一八八〇年代，英國的報時服務已存在好幾十年，主要是由皇家天文學家喬治・艾里與郵政總局主持。此套報時系統是以電報線將格林威治天文台的主時鐘與郵政總局的接收鐘相連。主時鐘是透過天文台的職員——例如安妮・羅素——利用與子午線直接相連的望遠鏡進行天體觀測後手動校正（在上午十時與下午一時進行校正，並將時間訊號以電報發給郵政總局）。這樣，接收鐘可在幾分之一秒內（在技術與人為操作所容許的誤差範圍內）顯示格林威治時間，然後郵政總局會以電報將時間訊號發送給全國的郵局與火車站。此外，西敏寺的大笨鐘與格林威治天文台外牆的一座時鐘也都與主時鐘相連。除了一天兩次報時之外，還有每小時的報時服務，但是只有倫敦才享有這樣的服務。在主時鐘校正後立刻發出時間訊號，可以確保誤差最小。[81]但是儘管如此，時間訊號仍是靠人工發出，這也意味雖然牢靠，不過並不完美。[82]

當然，郵政總局的報時服務只是格林威治皇家天文台的次要任務。它主要的任務是向海軍部提供精確的時間訊號與利用天文鐘（一種準確而昂貴的鐘錶）來測量海上的時間。為了此一任務，格林威治天文台一八三三年在屋頂上裝設一個時間球，每天準時在下午一點鐘落下，可以讓所有在泰晤士河航行的船隻看到。一般民眾若是在當地範圍之內也可以看到，但是一般而言，看到的人其實有限。此外，格林威治天文台還會定期舉行比賽，就是著名的格林威治競賽，檢試英國哪位鐘錶師能夠製造出最精準的天文鐘。獲勝的業者將因此聲名大噪，同時也可確保皇家海軍艦隊擁有最精準的計時設備。[83]

由於格林威治天文台主要的任務是針對海軍提供報時服務，民間的報時服務就由郵政總局來承擔。郵政總局在一八七〇年代開始研究販售時間訊號來獲取利益的方法，討論應針對什麼客戶提供服務與收費水準。郵政總局的總工程師寫道：「時間訊號在日常生活中的使用已益趨頻繁，」郵政總局應該制定一套收費制度，該像該局對訂購私人電報的企業[84]的做法一樣。他建議價格應該高得令人望而卻步，只有大企業才負擔得起，「至於要不是想省下子午儀費用，要不是想藉此打廣告的小企業與一般店主，」根本無力承擔。[85]他們只會對每次漲價抱怨不已。「我們發現這些人總是愛討價還價，我認為從郵局的角度而言，這些行為最不受到歡迎。」[86]不過這位總工程師並不認為報時服務能帶來多大的獲利，並且也同意喬治．艾里的看法，每間主要的郵局都應在窗戶上免費展示時間訊號，而不是藉此賺錢，這樣就可以避免處理所有私人報時服務的申請案件：「如果郵局公開展示時間訊號，那些想擁有私人報時服務的人就不能拒絕付費。」[87]但是儘管有這樣的討論，也不是每間郵局都能立刻免費展示時間訊號，結果使得格林威治時間在一八八〇年代大部分的時間，都成為財力負擔得起的人的奢侈品。[88]

在一八八〇年代，人們對郵政總局時間訊號的需求與日俱增，但是只有少數幾間郵局免費提供公共時間訊號，其中一間是在劍橋。每天早晨有一大批人聚集在郵局門口，等候郵局收到電報之後宣布時間訊號。到了一八八一年五月，每天聚集的群眾實在太多，造成困擾，「干擾到郵局正常的業務」。[89]於是，郵局職員停止這項服務。一位固定的訪客，皮爾森牧師（J.B. Pearson），在一八八一年五月致函郵政總局，抱怨無法再享受此一服務。他擁有一具供天文觀測使用的天文鐘，每兩周會到劍橋天文台進行校正。但是即使如此，也無法維持計時的精確，「有鑑於最好的天文鐘也會因為溫度的變化而產生誤差」，[90]他必須依賴郵局不斷進行校正。

郵政總局局長從職員口中得知，皮爾森「並不會利用這些資訊來從事商業行為……而且十分依賴電報。也許他並不會為我們帶來麻煩。」[91]但是局長並不願意提供特別優待。他所關切的不是對公眾提供時間訊號，而是如何防止群眾干擾付費的顧客發送電報、寄運包裹與信件。郵政總局拒絕皮爾森的要求，並且表示如果每日的時間訊號對他如此重要，他可以付錢租一條電報線直通他的住家。[92]不過私人電報線相當昂貴，郵政總局建議也許劍橋大學願意支付費用，他可以到大學接收電報。如果接收地與郵局的距離是在半英里之內，這項服務的費用是一年十四鎊（價格因距離而不同）。[93]

皮爾森牧師自己無法負擔，他是劍橋大學哲學學會的財務祕書，但是該學會與卡文迪許實驗室（Cavendish Laboratory）都拒絕他的請求。[94]不過他並不是一位輕易放棄的人。七月，他再度致函郵政總局，這一回他是打著公益的旗幟提出要求。他表示，全國郵局應該每周一次公布時間訊號，作為固定的公共服務。當然，皮爾森的建議無助於郵政總局解決群眾聚集的問題。但是皮爾森相信格林威治時間是一項值得提供的公共財：「我認為，如果能夠普及提供，不只是這裡，還有其他地方，包括一流鐘錶師所在的地方，都會需要這項服務。」[95]皮爾森進一步解釋，雖然許多郵局的時鐘都已使用格林威治時間，但是大都沒有「秒針」，為天文學家與鐘錶師造成有失準確的遺憾。[96]時間準確到分鐘的程度或許能夠滿足大部分民眾的需求，但是每周公布一次正確的時間，對於需要時間更為精準的人會大有助益。

然而皮爾森不了解的是，對於皇家天文學與郵政總局局長等公務人員而言，享有正確的格林威治時間並非公眾的權利。世界時是供專業天文學家、鐵路人、電報員與導航人員使用，並非針對一般民眾。除了這些人之外，其他人想要獲得服務就必須付費。時間，至少是這種具有權威性的科學時間，本身就是一個特權。

郵政總局局長向皮爾森解釋，即使時間只是每周公布一次，群眾「也會在這一天聚集，而且混亂情況可能還會更加嚴重。不僅如此，郵局可能很快就須放棄向鐘錶業者提供格林威治時間收取年費的服務，然而我不認為我們應該放棄這項收益。」[97]這封回信並且說明郵局的時間訊號也是經由人工操作，因此相較於直接連線格林威治天文台所接收的時間，仍是稍有誤差。[98]皮爾森終於放棄他的堅持，致函郵政總局，如果他未來的天文觀察需要精準的時間，他會付費購買。但是就目前而言，「額外的精準度與其費用明顯並不相符」。[99]

皮爾森不是劍橋唯一抱怨接收不到格林威治時間的人。博物學家查爾斯．達爾文（Charles Darwin）之子霍瑞斯．達爾文（Horace Darwin），在當地擁有一家製造科學儀器的公司。他和皮爾森一樣，也需要郵局的報時來校正他的設備。他在一八八一年底致函郵政總局，建議以電動方式來報時——就是在每間郵局外面設置「一根電流計」，每天上午十時讓時間訊號在眾人眼前通過。

100達爾文表示，每天對全國報時，需要數以千英里計的電報線，再加上人員的操作造成時間的浪費，「勢必為國家造成可觀的花費」，然而卻只有少數人才能獲得時間訊號。101裝置公共信號，可以節省成本。達爾文儘管是自己需要格林威治時間，但是就和皮爾森一樣，將其需求包裝成冠冕堂皇的公共服務。

郵政總局無動於衷。由於成本昂貴，它無法提供每座城鎮報時服務。它無法給予劍橋特殊待遇，因為其他城鎮一定也會要求同等待遇。就像對皮爾森一樣，郵政總局也告訴達爾文，他可以和其他客戶一樣，繳交費用，而讓時間訊號直接送達他的住宅或公司。不過郵政總局局長私下確實曾考慮達爾文的建議，要求他的總工程師估算在英國所有主要城鎮裝設電氣信號所需要的花費。102估算的結果是裝設費用七千四百一十英鎊，同時每年還需要一千零六十五英鎊的維修費用。103郵政總局每年可從個人或企業出售時間訊號賺進一千四百英鎊左右。提供免費的報時服務可能意味會損失大部分的客戶，與增加一千零六十五英鎊的維修費用。104依此看來，這並不是一個明智的財務決策。

達爾文與皮爾森的要求顯示，民間確實具有對準確公共報時服務的需求。劍橋每天都有許多人聚集在郵局門口等候報時。我們不能說英國每地方對報時的需求都和劍橋一樣熱烈，不過至少在像有許多科學家居住的大學城劍橋，或是鐘錶師聚集的倫敦克勒肯維爾區、華威郡（Warwickshire）的考文垂（Coventry）等地方，對於公共報時服務的需求都很旺盛。在這些地方，格林威治時間作為一項科學工具，確實有提供的必要，但是也都是付費的。然而由於費用不低，只有少數人負擔得起。準確的世界時由於費用昂貴，因此只有少數人能夠獲得。至於免費的格林威治時間只是精確到分鐘，除非你的住所或是工作場所正巧是在能看到時間球或報時炮（如查理斯·皮亞茲·史密斯在愛丁堡所設置）的地方，或是可以到大笨鐘鐘聲的地方。英國的報時服務實際上是遵循IMC的決議：世界時僅供專家使用，民用時無須更新以配合新標準。

皇家天文學家威廉·克里斯帝是格林威治時間的掌控者，他堅信格林威治時間就該如此。就他而言，公共報時服務是一項奢侈品，而且對於天文台真正的工作造成干擾。一八八八年夏季，有關格林威治時間是重要的公共服務，抑或只是可以放棄的奢侈品，引發辯論，然而此一辯論卻是來自一場勞動爭議。

格林威治天文台的工作繁重，職員難以負荷。[105]克里斯帝請求海軍部增加預算，准許天文台增聘員工，但是遭到拒絕，並且還被囑咐好好整頓天文台（的財務）。[106]克里斯帝的回應是威脅撤除任何與所有「無關緊要的工作，例如時間訊號的提供。」[107]「對我而言，」他寫道：「要維持時間訊號，就必須安排妥當，保持天文台的正常作業能夠順利進行與適當發展。」[108]換句話說，克里斯帝是把格林威治時間當作人質，直到海軍部願意增加支出，容許天文台增聘人手。

郵政總局局長亨利·塞西爾·瑞可斯（Henry Cecil Raikes）一開始並不知道克里斯帝對海軍部的威脅。事實上，克里斯帝的目的並不是要摧毀郵政總局的報時服務，而是以此作為籌碼來增加他的預算。克里斯帝只是在虛張聲勢而已。與此同時，克里斯帝也在設法削減成本。在前一年，克里斯帝曾要求郵政總局接管維護自格林威治天文台至郵政總局電報線的工作，因為電報線已相當老舊，需要維修——這項工作需要一百五十鎊的經費。[109]他沒有收到任何回應，於是他在一八八八年春天舊話重提。這是一個相當合理的要求，畢竟這兒不是美國，當地天文台的報時服務都是收費的，而在英國，這項收益都屬於郵政總局所有。因此，由郵政總局來負責維護電報線也是應該的。財政部同意了這項要求，而且各方看來都很滿意此一安排。也就是在這時候，瑞克斯得知克里斯帝要停止報時服務的威脅。他感到莫名其妙。

郵政總局的總工程師威廉．普利斯（William Preece）負責監督維修電報線的工作。他致函克里斯帝：「（郵政總局）局長對您的決定十分困擾……他不允許我進行維修的工作，直到提供時間訊號的問題獲得解決……現在該怎麼辦。」[110]克里斯帝回覆他正在等待財政部的回信，現在球是在他們手上。[111]

接下來的是一連串的政治操作與拖延。普利斯表面上是一位工程師，但是同時也扮演皇家天文學家與郵政總局局長間非官方信差的角色。六月九日，克里斯帝致函普利斯，解釋為什麼要刪減報時服務的原因，責怪海軍部不願提供經費以讓天文台增加報時服務的人手。他也將其威脅放緩，建議只撤除針對倫敦的每小時報時服務與全國上午十時的報時，不過仍保留提供所有人的下午一時報時服務。[112]第二天，普利斯請求克里斯帝將這封私人信函轉交給瑞可斯，說不定可以說服他一起對海軍部施加壓力。[113]易言之，這不再是天文台對郵政總局的攻擊，而是兩個公共服務部門攜手合作來對付海軍部與財政部。在讀了這封信後，瑞可斯鬆了口氣，他了解克里斯帝的本意是要挑戰海軍部，不是為了打擊郵政總局，是他同意幫忙。他要求克里斯帝撰寫一份官方版本的申訴，讓他用在自己寫給海軍部的信函中。克里斯帝很高興，立刻為瑞可斯寫了一份官方備忘錄，重複他之前私下向普利斯提到的抱怨。[114]

瑞克斯表現精彩，先是假裝對克里斯帝的抱怨感到震驚。就某方面而言，瑞可斯的不悅是真的。這兩人的結盟並非心甘情願，但是瑞可斯知道若要保住郵政總局的報時服務，幫助克里斯帝向海軍部與財政部討錢是目前最好的法子。於是他致函海軍部長：「我認為海軍部應立即慎重考慮皇家天文台的提案。」[115]如果郵政總局無法自格林威治天文台獲得時間訊號，就必須要求距離次近的基尤（Kew.）天文台提供，而這是十分荒謬的事情。「設立格林威治天文台的目的之一，不就是為全國與重大目的提供準確的時間。對政府而言，還有什麼比對英倫三島的每間郵局與火車站提供準確的報時服務更重要！據我了解，如果皇家天文台無法說服財政部提供更多的協助或是財務支援，它可能就會削減一些重要性低於為全國配送時間訊號的工作。」[116]瑞可斯希望海軍部能對財政部施壓，來滿足克里斯帝的要求。

由於沒有任何回音，瑞可斯在七月底又寫了一封信給海軍部，這一回他是從報時服務的歷史開始講起。一八四六年成立的電氣與國際電報公司（Electric and International Telegraph Company）在喬治·艾里任內與東南鐵路公司（South Eastern Railway Company）簽署一項協議，開始提供報時服務。後來郵政總局買下電報的獨家權利，從此也接替電氣與國際電報公司提供報時服務。瑞可斯在信中舊調重彈，強調報時在航海與民間計時上的重要性，希望海軍部確保這項服務能夠持續。[117]他也解釋撤消上午十時的報時服務，只會使得被迫轉向下午一時報時服務的客戶大發怨言，因為後者的費用相對昂貴，是一年二十七英鎊。（電報線在上午十時始忙碌，到了下午一時達到顛峰，因而使得後者的機會成本增加，郵政總局也將下午一時報時服務的費用訂得較高。）瑞可斯在最後強調在IMC之後，格林威治的地位大為提升，已成為全球標準時間的代表。正如他的一位助理表示：「在所有有關格林威治天文台的爭論中，我不禁想到最能直接觸動公眾的就是每天公布正確的時間。」[118]

瑞可斯仍是沒有獲得任何回應，不過他的信也達到預期效果——引起海軍部對時間訊號重要性的注意。海軍部在八月初致函克里斯帝，要求解釋。海軍部問道，為什麼他要「中斷你前任為了公眾利益所建立而且持續多年的服務，尤其事關英國航海業的利益。女王……決不會批准刪減對導航如此重要的系統，而且女王陛下的船舶所使用的天文鐘也都是依據此一系統而來。」[119]（瑞可斯在信中指出，為皇家海軍製造天文鐘的鐘錶師都是使用此一時間訊號進行校驗。）

克里斯帝的回信長篇大論。他表示只要財政部增加經費，他會很樂意繼續提供報時服務。他同時指出下午一時的時間訊號，足以滿足英國航運的利益。此外，儘管郵政總局提出異議，不過時間球、報時炮，與天文鐘的校驗都可以使用下午一時的時間訊號，而且效果與上午十時的時間訊號一樣。「這個問題看來應是在於郵政總局的收入，不是公眾的利益。」[120]

雖然瑞可斯與克里斯帝聯手壓迫財政部增加經費，但是他們兩人為了各自的利益也相互攻擊。九月中旬，仍在等待海軍部回音的瑞可斯，寫了一封信指出，時間訊號的提供在最近幾周經常發生錯誤。電報線與相關設備急需修理，而且郵政總局也早在幾個月前就承諾由其負責。但是由於報時服務的問題尚未解決，郵政總局也以此為藉口百般拖延。[121]此舉後來引發反彈。

到了十月一日，海軍部覺得受夠了。它發出兩封信函，一封是通知瑞可斯，必須持續提供報時服務，而且不論克里斯帝的說法為何，他都應該去修護相關設備。[122]另一封則是告訴克里斯帝，不得停止提供時間訊號的工作。「時間訊號是格林威治天文台的職責，也是天文台設立的目的之一。」[123]它拒絕克里斯帝增加經費的要求，並且要求天文台與郵政總局加強合作來改善計時設備，以期減少報時服務所需的人力。[124]

備感委屈的克里斯帝仍拒絕放棄，在十月十二日寫了一封回信，詳細說明天文台的作業情況——「上午十時信號的操作需要花許多工夫：「用來發送時間訊號 的平均太陽鐘（Mean Solar Clock）是一件複雜與精密的機械裝置，需要在信號 發送之前即時透過天文觀測來進行校準。」[125]此一設備每天都需要在上午十時下午一時前進行校準（除了周日，只有在下午一時前進行校準）。克里斯帝描述員工如何將太陽鐘與前晚的子午儀觀測結果進行比較，校準的工作需要卓越的技術，而且必須在匆忙之際圓滿完成。時鐘校準的工作（只是作業的一部分）本身就需要十到二十分鐘，其間很容易出錯。[126]克里斯帝解釋下午一時的時間訊號相對準確，因為有較充裕的時間進行操作，足以確保不致發生錯誤，或是在陰天與其他的時鐘進行比對。有鑑於此，英國幾乎全國的海軍時間訊號都是使用下午一時。

克里斯帝綜合所述，做出兩點結論。第一，「下午一時的信號適用於導航與其他高度需要信號準確性的目的。」[127]第二，「上午十時的信號是輔助性的信號，在平日會出現錯誤，而且周日也不會提供。此一信號對於郵局的商業配送作業無疑是十分便利，但是並不適合導航與天文鐘校驗之用。」[128]因此，他最後總結，只有下午一時的時間訊號「符合天文台成立的目的。」[129]

海軍部對於克里斯帝的抗命頗不以為然。該部在十二月一日答覆克里斯帝，與其停止提供上午十時的時間訊號，首要之務應是尋求改善之道。[130]海軍部並且更正克里斯帝指出大部分海軍時間訊號都是使用下午一時的說法。事實上，全國大部分的時間訊號都是使用上午十時。大部分的天文鐘製造商也都是依賴上午十時的時間訊號，因為相較便宜。因此，上午十時信號低劣的品質才應是最為關切的重點。「我們對您如此貶損上午十時信號的準確度感到十分遺憾……我們會很樂於見到此一信號的可靠度獲得改善。」[131]但是海軍部希望是在不增添人手的情況下進行改善，因此還問是否需要一座新的時鐘。

從一八八八年五月到十二月，長達八個月的書信往返終於結束了。然而最終仍無法確定是否有添購新設備，克里斯帝的天文台也沒有獲准增加新的正式職員，至少短期是如此。不過他也並非空手而回。海軍部同意增加雇用臨時計算員的預算百分之四十，允許他額外增聘八位青少年。[132]當然，沒有足夠的監督人員，要管理他們是一大挑戰。可能也就是由於此一困擾，才促使克里斯帝用了一批包安妮·羅素在內的女性計算員，她們年紀較大也比較牢靠，而且薪資也比全職的男性職員要少得多。[133]與此同時，克里斯帝仍對海軍部糾纏不休，要求增添監督人員。[134]一八九一年，他終於設法增聘一位二級助理以「加強監督力量」，並且承諾未來還會增加人手。[135]一八九二年，他實現承諾，再度增聘人員。[136]

一八八八年的時間訊號危機表面上是一場單純的勞動糾紛，然而卻是直指格林威治報時服務的問題本質。克里斯帝與他所挑選參加ＩＭＣ的代表亞當斯與伊凡斯一樣，認為格林威治時間（在世界日的旗幟下最為準確的型式）完全是供導航與天文學使用的工具。鐘錶師也會使用，不過這只是因為他們之中最傑出的工匠也在為皇家海軍製造天文鐘。因此，當他威脅要取消報時服務時，他本意是直接針對海軍部。他沒有料到的是，郵政總局竟和皇家海軍一樣依賴格林威時間。郵政總局不但利用格林威治時間維持電報服務的運作，同時還出售格林威治時間以賺取收益。雖然針對準確的世界時市場有限又專業化，但是已超過克里斯帝的想像，而且還在持續成長。

當然，時間仍有其階級意識，只有富人才會願意付錢讓他們的時鐘維持準確。不過在天文學家與鐘錶師之外也有一個私營市場，其規模足以吸引創業人士投資時間的銷售。這些新創公司開始販售格林威治時間，但是他們無法直接銷售。郵政總局享有獨家獲得格林威治天文台時間訊號的權利，向郵政總局購買報時服務的租戶都必須簽訂一紙合約：「根據協議，針對格林威治標時間，租戶除了其本身業務與個人事務相關的用途之外，不得將相關之時間電流與信號供做其他用途的複製與展示。」[137]換句話說，租戶購買格林威治時間只能供個人使用，「如果沒有郵政總局局長的特許或是書面許可」，就不得從事銷售的行為。[138]

但是私營公司都希望能夠販售時間，有一些爭取到郵政總局的許可。首批販售時間的企業之一是巴勞德與隆得公司（Barraud and Lunds），這是位於倫敦市康希爾（Cornhill）四十一號的鐘錶行。該公司在一八七〇年代販售與格林威治時間同步的時鐘。[139]它並不是租用電報線來接收時間訊號，而是利用郵局信號來維持公司總部一座主鐘的精確度。這座主鐘會將信號透過電流，每小時傳輸至與其以電線相連的時鐘。顧客可以購買這種與主鐘相連的接收鐘。

一八八二年，巴勞德與隆得公司分家，同步時鐘的部門經過重組，納入標準時間暨電話公司（Standard Time and Telephone Company，後來改為標準時間公司，簡稱ＳＴＣ）旗下。這家新公司接收巴勞德與隆得使用郵局時間訊號的權利，繼續銷售同步時鐘。[140]ＳＴＣ開始拓展自己的客戶群。它銷售的時間訊號要比郵局便宜許多，租戶一年只須支付四鎊的租金，外帶購買一座接收鐘。不過，ＳＴＣ拓展此一業務，必須小心不要侵犯到郵政總局的地盤。一八八八年，郵政總局諮詢律師，ＳＴＣ的商業模式是否合法。根據一八六九年的電報法，郵政總局擁有電報發送信號的獨家權利。不過律師的看法有利STC，他們認為STC的電流並非電報信號。此外，有許多傳統的鐘錶公司都會對其客戶的時鐘提供調整、上發條與校準的服務，而STC所從事的也是相同的服務，不論其調整用雙手還是電流。[141]一位律師並且表示，主鐘與接收鐘可以視為一部機器的兩個部分，因此並沒有所謂發送「信號」的問題。[142]郵政總局於是擱下這個問題，STC也因此得以繼續銷售它的同步時鐘。

STC並非唯一的業者。從一八八〇年代一直到一九〇〇年代，在民間對準確的權威性時間需求大增之際，類似的公司如雨後春筍般紛紛冒出，希望能加入此一熱潮。有些公司直接將格林威治天文台在時間上新建立的權威佔為己有，例如有一家公司乾脆就取名格林威治時間公司（Greenwich Time Ltd.）。[143]還有一些沒有冒用格林威治的名號，而是強調自己的現代性，選擇具有未來感的名稱，例如麥格奈特公司（Magneta Company）、雷梅萊克（Remelec），以及雪克隆（Synchronome）。[144]它們都是為迎合顧客追求現代感與進步的需求。以麥格奈特為例，它出售的同步時鐘標榜的是專家的作證與技術用語，其中包括郵政總局總工程師威廉．普利斯的推薦。[145]其他的則是直接以現代感與追求進步的精神為訴求。例如雪克隆在其宣傳手冊上寫道：「十九世紀輝煌耀眼，但是在科學上卻有一處黯淡無光。我們依然仰賴每周上發條來校準，盡是在騙人的時鐘來計時。」[146]

不過雪克隆有解決之道。它的電鐘應是「各大機構、飯店、銀行、辦公室、工廠，與所有損失一分鐘就會對企業主造成金錢損失，對所有家庭財富帶來損傷的任何場所不可或缺的裝置。在學校，這種特殊裝置可以控制鐘聲，在事先預定的時間於教室內響起。」[147]在一份類似的廣告中，格林威治時間公司宣稱「一種專治錯失時間與其他因為時鐘不準時而造成悲劇的靈丹妙藥終於發現了。」[148]該公司其報時服務與其他公共服務相提並論：「今天，在家中擁有格林威治時間的報時服務，可以和使用煤氣與電燈一樣方便。」[149]這種將報時服務正常化，當作公共事業的做法是該公司寄望擴大客戶基礎的策略。在郵政總局將時間主要出售給鐘錶師與業餘天文學家的同時，這些公司則是瞄準辦公室、公共建築、銀行、學校、工廠，甚至是富有人家。

麥格奈特還從《每日鏡報》（*Daily Mirror*）名為「一家日報的浪漫故事」的事蹟得到免費宣傳。「專賺女士錢」的《每日鏡報》早期由於發行量太低陷入生存危機，不過後來度過難關，欣欣向榮。《每日鏡報》的辦公室就裝置了麥格奈特的時鐘，幫助報紙的發行控制時間。[150]除了《每日鏡報》之外，還有多家報紙、醫院、皇家鑄幣廠、郵政大樓，以及倫敦的麗茲大飯店（Ritz）與薩伏伊大酒店（Savoy）都是使用麥格奈特的時鐘。[151]

雪克隆則是將其服務箭頭指向蒸汽船與遠洋郵輪，以及需要特殊計時設備的「賽馬場、賽車跑道與運動俱樂部」。[152]當然，它們的廣告內容與實際購買時鐘的客戶並不盡相同。實際的客戶名單也包括私人住宅、大學、啤酒廠〔包括健力士（Guinness）〕、海軍軍營、工業企業、工廠、保險公司辦公室、電話公司與市議會等。[153]

由這些公司的廣告可以看出他們所拓展的客戶層，遠超過郵政總局的天文學家與鐘錶師。例如雪克隆的一則廣告是針對富有的個人。這是以小孩童謠為藍本的繪本《傑克蓋的房子》（*The House that Jack Built*），講述的是一位叫傑克的人的故事，他是一位屋主，將他的時鐘同步化，因此獲得許多好處，包括從此準時。繪本中有一幅圖畫是有一人衝上已駛離車站的火車，下面的圖說寫道：

「傑克早上趕上火車／他的鄰人卻是大失所望／咀咒他們的生日／痛罵他們用鑰匙上發條的時鐘／遠不如已統一的時鐘／遍布傑克蓋的房子。」[154] 繪本還有一首打油詩指出，傑克所蓋的房子的時鐘「固定在清晨叫醒傑克的下女」，下女顯然有貶低女傭的意味。[155] 不過由此也反映在英國維多利亞與愛德華時代，上層階級處處可見的家事女傭。更重要的是，此則廣告突顯英國只有上層階級才有錢買得起這種時鐘，一般勞工階層，仍然無力負擔，不過透過雪克隆，所有雇主也受到格林威治標準時間的影響。因此，勞工階層儘管不是格林威治時間的顧客，卻是使用人。

和其他的廣告一樣，《傑克蓋的房子》也強調雪克隆的現代性，一面將其形容為新機械的先驅發明家，一面還安撫顧客對家庭使用電鐘的疑慮與困惑，指出電鐘使用的電池「連一隻蒼蠅都殺不死。」[156]《傑克蓋的房子》最後一節是他們抗議落伍又誤時的時鐘。時鐘廣告的圖畫是時間老人對著誤時的時鐘揮舞拳頭。「這些是在六點鐘與七點鐘的時鐘／貴得不得了，卻是騙人的／唷，老天爺／都上了發條，卻從來不準／都不應出現在人們眼前／難怪傑克要把它們送進當鋪／然後只用標準時間／遍布傑克蓋的房子。」[157] 這則廣告是在操弄人們對計時不準的憤怒與困惑，從而開發新客戶。

在某些情況下，新制定的法律無意間也為格林威治時間創造新客戶。例如一八七二年的酒類專賣法限制每天販賣酒類的時間，迫使酒館成為時間銷售業者的顧客。王冠酒館（Crown Tavern）在一八八四年至少有一段時間曾向STC購買時鐘。[158] 保障工廠勞工的法律也促使工廠開始採用格林威治時間。例如奧丹紡織業雇主協會（Oldham Master Cotton Spinners' Association，位於曼徹斯特附近）要求郵政總局許可對其會員配送時間。該協會的目的是「像倫敦的格林威治時間公司

These are the CLOCKS
At sixes and sevens
Which cost so much
And lie—Oh, heavens!
That have to be wound
And are never right
So should not be found
In anyone's sight
No wonder that Jack
Has put them in pawn
And gone in for the Time
That's uniform
All over the House
That Jack Built

《傑克蓋的房子》（*The House That Jack Built*）一書中的一頁，是雪克隆時鐘公司（Synchronome Company）的同步時鐘廣告。

一樣，為他們的會員提供報時服務。」159該協會配送時間，主要是幫助紡織業者避免因為讓勞工超時工作而遭到政府處罰。「多年來我們的會員不斷抱怨，遭到工廠督察指控涉嫌超時工作，這是因為用來規範工廠作業時間的時鐘五花八門，導致他們不時成為受害者，實在有失公允。」160

郵政總局拒絕該協會的要求，因為此舉可能會為郵局製造又一個提供報時服務的競爭對手。郵政總局建議各家工廠可以直接向其購買報時服務。此外，格林威治時間公司與STC的業務都在倫敦，而且是在郵政總局提供報時服務之前就已存在。准許這兩家公司販售時間是一回事，但是在倫敦之外製造像紡織業協會這樣的競爭對手，又是另外一回事。161

郵政總局與格林威治時間公司、STC，以及雪克隆等私營公司，都想極力爭取的最後一塊淨土是公共時鐘的所有人。商業大樓、政府建築與教堂，都會把時鐘掛在外面，讓路人可以看到，但是這些時鐘並不保證準確。郵政總局一九一三年的一份備忘錄寫道：「公眾無疑需要時鐘同步化，尤其是街頭時鐘。顯而易見，從艦隊街（Fleet Street）到斯特蘭德（Strand）都有必要採行較為有效的方式來進行計時。」162《每日快報》（*Daily Express*）在同時間刊登一篇文章指出，有鑑於郵政總局計畫對其報時服務降價，「不久的將來不會再有任何人抱怨公共或辦公大樓時鐘不準了。」163英國科學協會（British Science Guild）在一九〇八年也表示，該協會頗不樂見「在公眾中沒有一套能夠提供標準時間的公共系統……本協會強烈建議，並且認為在倫敦各區與其他大型城鎮的公共時鐘、電報局的時鐘，或許還有一些小鎮與村落的時鐘，在特定時間都採用能夠自動連接格林威治標準時間的系統，至為重要。」164

鐘錶師也對公共時鐘的不穩定抱怨連連。一位擔心自己名聲可能因此受損的鐘錶師投書《鐘錶雜誌》指出，公共時鐘的所有人有責任「為時鐘定期校準與維護，鐘錶師的聲譽才不致受到傷害。」[165]這位作者並且強調，有一座火車站的時鐘老是出錯，他擔心人們會將其怪罪於鐘錶師，而不是怠忽職守的火車站長。針對公共時鐘不準的抱怨在一九〇〇年代初期不絕於耳，一些同步時鐘業者開始推動立法，企圖將無法顯示正確時間的公共時鐘列為非法行為。如此一來，公共時鐘的所有人就必須找他們這些業者幫忙來維持時鐘的準確。

雖然同步時鐘業者因為公共時鐘不準而收穫最多，不過其他許多人也對此情況不滿。同步時鐘業者施加壓力，使得此一辯論登上一九〇八年初《泰晤士報》（*The Times*）與其他大報的版面，暴露於公眾眼前。STC祕書在一月投書《泰晤士報》指出：「倫敦公共時鐘的不穩定，不只為眾人帶來不便，同時也是造成大量財務損失的直接原因……在目前情況下，每個人的時間都是自己的，同步化所牽涉到的微小金額，並不具有推動公共時鐘同步化的誘因。」[166]此一投書引發了一場論戰，有人支持，也有人反對以立法來強制所有公共時鐘同步化。

一九〇八年三月四日，STC總經理約翰．維尼爵士（Sir John Winne）在倫敦的聯合俱樂部（United Wards Club）發表演說，將此一論戰掀起高潮。[167]維尼先對投書《泰晤士報》對公共時鐘表達不滿的人表示同情，然後宣示現在已到結束倫敦「所有公共時鐘在說謊」亂象的時候了。維尼提議立法規定所有的公共時鐘必須予以同步。當然，他的公司STC，一定會因此獲利，不過立法也會對公眾大有助益，並且結束計時混亂的情況。

維尼在演講中還特別提到他的一位競爭對手。他先是感嘆一般時鐘的落伍，並且——一如同步時鐘的廣告——頌揚電報與電氣時間訊號已使得時鐘同步化由不可能變為可能。他嚴厲貶損任何不具現代性的事物，舉出一個過去獲得格林威治時間的老方法，強調這正是STC所要取代的：「在現在的技術流行之前，倫敦的鐘錶業界有一種方法來配送格林威治時間，各位可能會感到興趣……一位女士擁有皇家天文學家特許的天文鐘，她可以隨時進入天文台進行校準。她將此作為一生的事業，拜訪她的客戶，告訴他們正確的時間，她退休之後，將這項事業傳給她的繼承人，我想，仍是一位女士，直到今天依然在經營此一事業。」[168]有多位維尼的聽眾，包括幾位鐘錶師，都認識這些女士。丹尼爾・巴克奈（Daniel Buckney），是著名的鐘錶公司丹特公司（Dent and Co.）的職員，他證實了維尼所說的故事。

總體而言，巴克奈與屋內其他大部分的鐘錶師都一樣，對於維尼的演說頗為不滿。維尼指出公共時鐘需要同步化，同時也是在暗示鐘錶師能力不足，製造的鐘錶無法準確計時。這些鐘錶師極力反駁維尼與他的同步化計畫。他們對維尼演說的反應是負面的，不過他們也和維尼一樣，瞧不起這兩位女士，因為她們所從事的事業也是在校準他們的鐘錶。巴克奈站起來告訴聽眾：「這件事是真的，確實有一位女士這麼做（配送格林威治時間），再由另一位女士接手她的工作，不過我認為那位女士來我們這兒是為了確認她的時間是否準確。（屋內一片笑聲）」[169]巴克奈接著侮辱維尼的公司：「這家同步時鐘公司是透過我們的時鐘來接收格林威治的信號。（屋內又響起一片笑聲）」[170]由此顯示，鐘錶公司與推動鐘錶同步的業者之間競爭激烈。但是在我們的故事中，維尼所提到的那兩位無名女士也一樣重要。

維尼以她們為取笑的目標。他稱她們的報時服務是「非正式的」，暗示這是非法的，或者至少是不可靠的。他說她們所從事的是在電力問世之前落伍的生意。他將她們描繪成反現代的落後產物，他的電鐘才是未來所在。根據一家報紙的報導，維尼還暗示這兩位女士是利用她們女性的魅力，才得以每周進入天文台，「也許男性就無法這樣」。[171]

維尼極力詆毀的女士到底誰？在一九〇八年報導他的演說的報紙都搶著要找到她們來進行採訪。他們找到了露絲．貝爾維爾，她仍是從事報時服務的生意，她此一生意是從她的母親，一八九九年去世的瑪麗亞．貝爾維爾手中接下來的。[172]這是一個說來話長的故事。瑪麗亞的丈夫約翰．亨利（John Henry），一八三〇年代是格林威治天文台的職員。他的工作是為天文台內的天文鐘校準，然後將其帶至鎮內的鐘錶師與商人，提供正確的時間。他在一八五六年去世，瑪麗亞．貝爾維爾接手他的工作。[173]身為一位年幼女兒的單親母親，瑪麗亞在提供報時服務時，有時都會帶上露絲。其實她的丈夫一位富有的朋友曾表示願意提供露絲教育經費，但是瑪麗亞拒絕了，表示她還有收入，而且她也不願女兒離開身邊。於是，她們這對母女就靠著露絲父親遺留下來的報時服務相依為命。[174]

就一八三〇到一九三〇年代這百年間的時代而言，貝爾維爾家族報時服務事業的客戶數量相當可觀。露絲估計她父親擁有兩百多位客戶，她自己在事業尾聲也還有五十幾位。[175]這些客戶大部分都是鐘錶商，不過也有工廠、倫敦鬧區的店家與百萬富豪的住宅。[176]這些數字還有把次級顧客計算在內。露絲後來在生命晚期寫道，她記得她曾與母親拜訪克勒肯維爾一家大型鐘錶商。當她們結束報時服務準備離開時，有三到四人走進店裡，手中都拿著錶。瑪麗亞解釋，這些人負擔不起貝爾維爾的費用，於是他們支付給這些店家較少的費用來購買二手時間。[177]因此，貝爾維爾家族的格林威治報時服務網路，遠大於他們名目上的客戶層。

貝爾維爾家族的報時服務每年收費四英鎊左右，略高於STC，但是遠較郵政總局便宜。[178]瑪麗亞在一八九二年退休，露絲接手，繼續提供報時服務直到一九三〇年代晚期。她們每周一次（周一）提供客戶報時服務的路線，幾十年來經常變換。她們有部分都是靠徒步，但是她們也會依賴其他交通工具。在早年的時候，瑪麗亞是搭乘泰晤士河的水上計程車提供服務。後來隨著倫敦的鐵路建設起來，她也開始搭乘火車、電車與巴士。[179]即使如此，她們的工作都很辛苦，尤其是露絲，她後來搬離倫敦至溫莎（Windsor）附近一個小鎮梅登黑德（Maidenhead），必須靠通勤來提供服務——距離格林威治約三十八英里，距離倫敦市區大約二十七英里。不過總括而言，她們的收入即使不是全部，大部分也都來自報時服務。

瑪麗亞與露絲的人口普查資料都沒有提到報時服務。[180]瑪麗亞的職業登記是女教師，露絲則是家庭導師。這並不表示報時服務是她們在主要工作之外的次要工作，而是在於人口普查資料的職業欄登記女教師與家庭導師，要比「時間供應商」顯得地位尊重。她們也許是擔心如果如實登記，反而可能會失去獲得格林威治時間的特權。約翰·亨利於一八五六年去世後，他們都不是格林威治天文台的員工。皇家天文學家知道她們每周會來天文台一次，也知道他們的報時服務生意，但是他的上級，也就是海軍部，可能並不知道。露絲最接近揭露她的生意的一次是一九〇一年的普查資料，她在職業欄上登記的是「量入為出」，但是並沒有任何細節。[181]

她們保持沉默其實並不意外。她們的生意其實都是仰賴皇家天文學家的善意才得以維持。當瑪麗亞的丈夫於一八五六年去世時，她以職員遺孀的身分向喬治·艾里申請海軍部的撫卹金。[182]海軍部否決此一申請，因為公務員的配偶並不符合撫卹資格。[183]瑪麗亞於是又詢問格林威治天文台，能

瑪麗亞・貝爾維爾（Maria Belville），取材自一八九二年十月三十一日《每日寫真報》（*Daily Graphic*）。

否收購她丈夫的科學論文與他所收集的氣候期刊。[184]她的請求再度遭到回絕，儘管她後來為氣候期刊找到買主。由艾里的信件可知，他真的想幫瑪麗亞，但是這些要求的決定權並不在他手上。[185]她將最後的希望寄託在能否允許她接手丈夫的報時生意。她在信中寫道：「在您的善意鼓勵下，我斗膽提出另一項請求。由於我曾為倫敦六十七位主要的天文鐘製造業者提供格林威治時間，我請求允許我每周一次來天文台為我自己的天文鐘校準——如果您能伸以援手，將大為鼓舞你們可敬朋友遺孀的自信。」[186]這是艾里可以自行決定，無須經過海軍部的事情。於是瑪麗亞獲准進入天文台。

可是她的地位並不穩固。幾個星期之後，她被指控擅自進入天文台，而且還忘了鎖門。艾里以為她是利用丈夫死後沒有交還的鑰匙。他要求她交還鑰匙，並且必須經過門房才能從大門進入。[187]瑪麗亞立刻回信表示道歉，並且解釋她並沒有鑰匙，她是看見門沒有關才進去的，顯然是有人忘了鎖門了。[188]後來艾里由下屬口中證實約翰·亨利的鑰匙已經歸還了，這件事也不了了之。[189]

一八九二年，也就是三十六年之後，瑪麗亞退休，露絲致函新任的皇家天文學家威廉·克里斯帝，請求准許她接手母親的事業。[190]他同意了，於是她繼續在倫敦從事販售時間的生意。[191]不過，她也遇到麻煩。瑪麗亞的退休引起報紙的注意。《每日寫真報》（*Daily Graphic*）一篇文章質疑貝爾維爾母女的報時服務是否有存在的價值，因為這位記者指出：「透過電報線傳遞的郵局時間訊號並不可靠，已是眾所皆知的事實。」[192]格林威治天文台的資深幹部，對於此一暗指他們傳遞到郵政總局的時間訊號並不準確的影射頗不以為然。

天文台首席助理投書抗議，表示郵政總局的時間訊號準確無誤。他並且指出，貝爾維爾家族的報時服務只是在電報問世前的舊時代遺物。「她目前的角色，我相信只是對認為郵局收費太高的人提供大概的時間。」他暗示她的時鐘只是「大概」準確。[193]瑪麗亞並沒有抱怨，反而是鄭重地致函天文台表示道歉，並且強調報紙中有關郵政總局時間訊號的報導，消息來源並非來自她與她的女兒。

由於前車之鑑，露絲對於一九〇八年再度成為媒體焦點一定是緊張萬分。在STC總經理約翰・維尼爵士於聯合俱樂部發表演說之後，有多家報紙都想採訪她。《每日快報》有關她的第一篇報導和維尼一樣，視露絲的報時服務為以前的產物，標題是「曾經出售時間的婦女」。[194]不過後來記者找到露絲，做了採訪，並且還有照片。第二篇報導的標題也改為現在式，「出售時間的婦女：貝爾維爾一家的怪異行業」。[195]標題雖然改為現在式，但是卻把貝爾維爾家族的工作形容為「怪異」，感覺上是在現代世界中時代錯置的東西。其他報紙紛紛跟進。《梅登黑德廣告商報》（*Maidenhead Advertiser*）稱她的工作「具有獨特的地位」，《肯特水星報》（*Kentish Mercury*）則是寫道：「格林威治時鐘夫人：天文台一位定期訪客的浪漫情懷」。[196]在這裡，再一次地將浪漫情懷視為代表懷舊，意味貝爾維爾家族的工作已經過時了。

讓我們來看看他們使用的文字。這些報紙為什麼會認為販售時間是「奇特」的生意或是「怪異」的行業？他們在報導維尼的演說、STC的同步化時鐘，以及郵政總局的時間訊號都沒有使用「怪異」之類的文字。也沒有人指責維尼守舊落伍。然而這些報紙卻是認為瑪麗亞與露絲・貝爾維爾販售時間，卻是怪異的行業。

關於這樣的情況，有兩個解釋。第一個是與性別有關。貝爾維爾母女的職業完是在她們性別認可的範圍之外。外界這種「認為她們行業怪異」的看法，引發對她們道德上的攻擊，例如暗示她引

站在格林威治皇家天文台前的露絲．貝爾維爾（Ruth Belville），取材自一九〇八年三月十日《每日快報》（*Daily Express*）。

誘皇家天文學家以進入天文台。和同時代女權主義人士的道德受到質疑一樣，貝爾維爾母女的名譽也因此備受打擊。在格林威治標準時間的時代，計時被視作一門科學，這是屬於男人的世界。STC的電鐘專家絕對不會歡迎貝爾維爾母女從事此一新「行業」。

第二個解釋在於貝爾維爾母女報時服務的「怪異性」，與愛德華時代的現代性之間的關係。以電流來銷售時間並不奇特，但是用手就不行了。在愛德華時代，所謂進步不是以新科技來彌補舊方法的不足，而是完全取代。因此在STC旁邊，貝爾維爾母女並無立足之地。同樣是時間銷售商，然而待遇卻是天高地遠，其中所反映的是進步的信念有如父權一般不可挑戰、分離領域，以及視新科技能夠解決每日所有問題的現代性優越感。維尼的演說、報紙相呼應的報導，捕捉了公眾對進步與現代性的價值觀，從而也對貝爾維爾母女的報時服務帶來傷害，使得她們變成現代社會的奇觀，不是同步化時鐘的競爭對手。針對貝爾維爾母女的生意，維尼與各家報紙聚焦於她們的性別與假想的時間空間，剝奪了她們的正當性，將她們推入一個假想的過去時間空間。在這樣的操作下，販售時間的婦女是舊時代才有的怪事，報時不準而且也不科學。反觀維尼與STC的電線顯然是陽剛、現代、科學與可臻完美的科技。

這樣的觀念難以動搖。一九一三年又出現多則報導詆毀貝爾維爾母女與她們的報時服務。《每日新聞與領袖報》（*Daily News and Leader*）的標題是「繼承怪異生意的女士」。[197] 同樣也是在一九一三年，《觀察家報》（*Observer*）再度指稱貝爾維爾的報時服務過時落伍，刊登一篇有關「貝爾維爾傳統」的文章。[198]

但是露絲也展開反擊。在少數幾個STC與報紙現代主義濾鏡之外的地方，我們發現露絲曾為自己發聲，而且與外界的看法完全相反。露絲反對維尼與報紙將其報時服務視為過時產物與品質低劣的說法。她告訴在地的報紙《梅登黑德廣告商報》，儘管維尼否定貝爾維爾的報時服務，但是主要的鐘錶公司除了她之外，「與同步化時間或是其他獲得時間的方式都沒有關係。」199 對於這些公司而言，她的方式可靠實在。她已贏得他們的忠誠。露絲並且公開反駁報紙有關她的行業是一個「傳統」的說法：「先生，我注意到《觀察家報》本月二十四日標題為『正確的時間』的報導中提到『貝爾維爾傳統』。我反對使用『傳統』一詞。傳統指的是世世代代口耳相傳的舊事物。我所配售的格林威治標準時間則是現代的東西。我的天文鐘的偏差……是有書面證書的，並非由我，而是由一個正直無私的權威單位所簽署的。我的天文鐘每周的誤差很少超過十分之幾秒。至於同步化時鐘，毫無疑問它們能夠對公眾，或者一些販售廉價鐘錶的人提供服務，但是對於高級與強調科學的鐘錶製造商來說，他們對格林威治標準時間的要求是數十分之一秒的精準度。這樣的精準度只有第一流的英國天文鐘，在格林威治皇家天文台進行校準到數十分之一秒才能提供。」200

露絲知道維尼與這些報紙所玩的把戲，她堅決抵抗。她後來私下寫道：「我認為標準時間公司以後不會再在公共場合攻擊我了，那場演說只引來激辯，而且約翰・維尼先生最不願意做的就是由他的公司為（我的）天文鐘打廣告。」201

露絲認為自己的服務品質可以媲美維尼的公司，甚至超越。她的看法也許是對的。她的客戶可以依賴她的報時服務，而不必擔心困擾STC與郵政總局多時的電報線故障、延誤與干擾。202 有關貝爾維爾報時服務在電氣時代依然可以存活的概念，是歷史學家大衛・魯尼（David Rooney）與詹姆斯・奈伊（James Nye）首先主張的。他們指出，貝爾維爾的服務非但沒有落伍過時，反而還比被視為現代化代表的ＳＴＣ還要可靠與值得信賴。[203]「新科技，」魯尼寫道：「並不是在一夜之間取代舊系統。它們共存的時間遠超過大家的預想……從用戶的觀點，（ＳＴＣ與郵政總局的報時服務）是很好但是也並非一直如此，是有用但是也並不總是這樣，對於大部分人來說，報時服務大部分時間都算準確，但是也沒有比露絲的好。」[204]由郵政總局與格林威治天文台的紀錄可以證實這一點。連接迪爾（Deal，肯特海岸旁的小鎮，泰晤士河與英吉利海峽匯流處）報時球的電報線不時故障，連接西敏寺與大笨鐘的電報線也是如此。[205]就和郵政總局局長一樣，皇家天文學家也經常需要處理有關時間訊號不穩的抱怨，這些問題大都是來自電報線的故障。[206]這些問題並不僅限於倫敦。查理斯・皮亞茲・史密斯也經常收到他在愛丁堡的報時的抱怨。[207]英國在開普敦（Cape Town）、德本（Durban）、納達爾（Natal）的天文台也有同樣的技術問題。[208]倫敦的一位工程師曾在一八八七年檢查格林威治時間訊號電路，他指出，以公共時間訊號設備破敗的情況來看，「沒有出現更多的故障實在令人意外」。[209]

時鐘同步化的新科技昂貴，而且還常常出問題。確實如此，在此一科技終臻完美之時也已過氣，讓位給更容易取得與便宜的無線電訊號。郵政總局在一九一五年的一份備忘錄就指出：「相較之下，在計時上對高度準確性的需求其實有限，甚至幾乎沒有，並不足以促使本局對於此一事務慎重看待，或是基於確保獨佔地位的目的投下鉅資。同時，由於艾菲爾鐵塔無線電傳輸的標準時間訊號，對這種特別的時間訊號系統的需求已日益減退。」[210]

儘管一心追求進步，但是科技的進步從來不是一直線的。瑪麗亞與露絲・貝爾維爾手握懷錶的報時服務並沒有被ＳＴＣ的電線，甚至是初期的無線電所取代，反而是平行共存。露絲・貝爾維爾的報時服務一直維持到一九三〇年代。當然，它也只能存在於倫敦這樣顧客高度密集，而且可與天文台直接連接的地方。反觀郵政總局的電報線，在英國所有城市之間建立了一個廣泛的計時網路。鄉間的計時也便利許多，電報與鐵路網路已漸漸重塑這個國家的時間風貌。

結論：時鐘在說謊

試圖推動全球時間標準化的努力，並未使得計時作業有所簡化。反之，他們製造了更多的混亂，使得公眾益發困惑誰的時間才是正確的。要獲得準確的世界時是階級化與不平等的。準確的時間成本昂貴，而且只有在都市才有取得的管道，因此也將可以獲得的人限制在專業人士與負擔得起奢侈品的有錢人身上。這些問題使得STC與貝爾維爾母女之間報時服務的爭論更加激烈，引發誰的時間才具有權威性的疑問。如果我們檢視投書《泰晤士報》所使用的文字，可以發現大家對於不是根據格林威治而來的報時，不只是抱怨時間不同，他們甚至指責是在「說謊」。然而只有富人才能負擔所謂「真實的」時間。同樣地，為了貶低貝爾維爾母女報時服務的價值，使用的文字都與現代化和陽剛氣概的權威性相互連接，從而將她們的報時服務貶抑至一個假想的舊時空，成為懷舊情懷下的產物。為了主張他們在計時上的新權威，像STC這樣的同步時間公司必須打壓他們的競爭對手。相同地，如果格林威治時間要登上至高無上的地位，就必須消滅在地時間。格林威治時間崛起，成為「真實的」時間，一路上破壞了地方計時的權威性，同時也消除了外圍的計時業者。

如果我們引用某些報紙的標題，相對於格林威治時間所建構的權威性，貝爾維爾母女是居於一個「獨特的」地位。從一方面而言，她們是屬於將格林威治時間權威性合法化的機制之一。她們所提供的，的確是「真實的」時間，只不過是一般民眾負擔得起的版本。但是從另一方面來說，就像無政府主義份子馬夏爾．波爾丹攻擊格林威治天文台一樣，對格林威治時間的權威性表達抗議，露絲．貝爾維爾帶著天文鐘，每周徒步提供報時服務，無異於是在抗拒充滿父權意識形態的現代化與不容批評的科技進步。

本章探討了科學時間的難以獲得，意味大部分的英國民眾在其問世幾十年後都無法使用，甚至反而成為嘲笑的對象。然而與此同時，科學時間也成為一項頗具魅力的新產品，更別提還具有獲利性。它讓使用人搖身一變，成為具有現代感、合理性與前瞻性的化身。在這段期間，爭議的中心是在於如何提供科學時間與提供給誰的問題。IMC所倡議的「世界日」由於實施不均，非但沒有團結世人，反而造成分裂。新的計時系統加深了社會的不平等。不過，就如同本章的貝爾維爾母女，我們在下一章將再次看到在科學界之外的人，如何發起抵抗與奪回計時的權威性。

第五章

教導時間，利用時間

北美與英國一樣，針對世界時的公共關係複雜難解。根據一八八四年的ＩＭＣ決議，世界日的使用不得影響民用時間，但是加拿大與美國的鐵路交通都已是依循標準時間來運作，標準時間使用的是格林威治子午線，因此等於是由世界時衍生而出。然而英國所遭遇科技瓶頸難以突破與時間配送成本高昂等問題同樣也在北美出現，造成標準時間在鐵路範圍之外難以取得，並且形成時間配送不均的情況。「時間銷售商」與他們富有的客戶把準確的計時視為邁向現代化的象徵，但是他們僅是極少數。大部分的人都付不起昂貴的科學時間，只有嘲笑時間的準確性根本沒有必要。

儘管大西洋兩岸所面對的問題類似，但是這兩個世界在時間配送發展過程中的經歷卻是迥異。英國方面是在格林威治建立一個單一的計時權威單位，反觀美國則是在北美大陸中部私立大學與天文台的支持下，走上了去中心化的時間現代化路程。加拿大的計時也是由各個不同的地方單位管理，儘管這些單位都是政府機構，不屬於私人所有，這些單位直到世紀交替之際才逐步統一事權，形成類似英國的模式。不過英國與北美之間在計時作業上最大的差異是在於規模。北美大陸幅員遼闊，在計時上必須使用多個時區。因此，將計時作業予以統一與標準化，不只需要能夠容易取得標準時間的管道，同時還需要大規模的教育計畫來調整公眾的計時行為。如果說不能以法令來強制公眾接受標準時間，只有採取再教育的途徑了。這也正是桑福德・佛萊明等時間改革人士積極推動的。

在十九世紀晚期，北美的時間改革與配送與教育間的關係密不可分。本章即是以教育的角度來看權力與權威的問題——誰才有決定時間的「權力」。我們將由幾個案例來探討此一問題。第一個是美國私立大學與政府機構之間關於誰才有權配送正確時間的爭論。第二個是加拿大以法令強制計時作業的努力為何失敗，導致改革人士轉向教育來建立計時規範。本章最後一個案例是加拿大安大略省的一些原住民，例如摩拉維亞鎮的德拉瓦族議會（Delaware Nation at Moraviantown）面對國家機器的文化同化政策，如何利用標準時間來主張自己的政治權力。這些案例都明白顯示掌控權威性的計時規範是一項有力的政治工具，可以用來強大自己的支配地位，也可以削弱他人的支配地位。

在此一時期，教育本身也經歷了一場重大改革。隨著教育觸及的人越來越多，也引發了關於教育規模與目的的激辯——應該教導哪一些科目？又該用什麼方式來教導？在加拿大，教育改革的辯論中心主要是在授課語言（法語／英語）和公立學校的宗教教育（天主教／新教）。埃格頓・瑞爾森（Egerton Ryerson，曾長期擔任上加拿大與安大略省的教育局長）大力支持世俗教育，以避免公立學校課程中出現某一教派傾軋另一教派的情況。[1] 另外，相關辯論也集中在學校應教導學術性科目，或者是較為實用的產業與農業技能。例如在世紀交替出現的麥可唐納羅伯森運動

（Macdonald Robertson Movement），該運動是由慈善改革家威廉．麥可唐納爵士（Sir William Macdonald）與詹姆斯．羅伯森（James Robertson）所發起，旨在推動將小型鄉村學校納入大型教育機制，鄉村學校的課程多是強調農業技能，不是「深奧的」學科。在此一時期也看到教育趨於普及，到了一九一〇年，加拿大大部分省份的教育都是免費與義務性，最早有免費義務教育的是一八七一年的安大略省，最晚的是一九四三年的魁北克。[2]

在此一時期的教育改革，往往是植基於中產階級對社會問題與濟弱扶傾的看法。學校改革人士把教育視為改善與「教化」人類社會；將「街頭頑童」拉回教室；預防犯罪與為貧困的年輕人提供一個光明未來的途徑。[3]然而改革人士往往不了解他們的課程並非一視同仁與有教無類。階級、種族與性別決定了學童的教育品質。在加拿大，學校同時也是殖民地的機制。正如歷史學家大衛．維林斯基（David Willinsky）指出，帝國教育「形成了奇特與強大的種族、文化與國家的觀念，實際上就是西方用來劃分與教育世界的概念工具。」[4]課程反而強化種族的階級意識。這個世界，無論是地理、歷史、土地、資源與人類本身，都在帝國的世界觀下加以分類、組織與歸檔。學校也因此成為向學童灌輸帝國意識形態的工具。

學校教導的時間意識也絕非一個小問題。一個屬於西方，以格林威治為中心的時間意識，透過學校的教導逐漸烙入學童的腦海之中。學校成為這種公共計時規範的教導、形成與挑戰的工具。在較高層級的教育體系之中，尤其是美國，教育機構透過私立大學天文台將時間出售給鐵路，實際上已成為正確時間的提供者。與此同時，在中、小學，學生透過正規的課程學習新的計時系統，並且寄望他們成為新一代的「現代計時者」，將其所學傳授給他們的父母。學校同時也藉由課程與上下課鐘來灌輸時間的概念。改革人士希望這些安排能夠在學童之間建立一套新的現代化時間意識，但是他們的企圖只實現一部分。在都市的學童很快就學會與適應標準時間，但是鄉村的人依然故我。原住民的孩子與他們的父母儘管在其居住與接受教育的殖民地大環境下經歷時間改革，但是他們也找到了將時間改革為其所用的新方法。

不論北美大陸的學童接受的教育改革為何，事實上教育已成為民間社會接觸計時作業最為廣泛的途徑。身為發現科學、鞏固國家意識形態、建立公共意識的地方，學校已成為檢驗知識的產生與民間如何實踐（或拒絕）所學知識之間關係的場所。計時也不例外，藉由相關的教育，計時本身已成為掌握權勢的間接方式。

為美國計時的大學

美國一八八〇年代的時間測量漫無頭緒，比英國還要混亂。英國至少還擁有本初子午線，她的世界時是格林威治時間，既是鐵路時間也是法定時間。但是這些規範都無法應用在美國身上。反之，我們看到的是鐵路在一八八三年採行一系列的一小時時區來覆蓋遼闊的北美大陸。但是最初這只是提供給旅客的特殊時間。我們無法確定一般民眾是否會在日常生活中使用鐵路時間，而且許多人也確實沒有採用。美國所有的城市是和大部分的鄉村地區一樣，都是使用當地時間。[5] 與此同時，對於此一議題，美國聯邦政府也是採取自由放任的政策。IMC也沒有帶來多少幫助，儘管它讓格林威治成為本初子午線，但是並沒有把標準時間升級為國際法。難以獲得正確的標準時間加劇了混亂的情況。時間的配送受限於代價昂貴，從而為時間帶來階級概念，使得標準時間成為富人的奢侈品、專業人士的特殊工具，以及鐵路旅客必要的累贅，除此之外並沒有多大用處。大部分的人，如果真的需要，可能會依賴擁有公共時間訊號的設施、火車站，或是為強調準時觀念的雇主工作。

要在美國這樣一個幅員遼闊，有各種不同時間的土地上，建立單一、不容挑戰的權威性時間，困難重重。英國以格林威治為中心的高度中央集權式報時體制，並不適用於美國。位於華府的美國海軍天文台台長雖然在計時上擁有若干權力，但是其地位遠不及格林威治皇家天文台的艾里或是克里斯帝。芬蘭天文學家安娜・莫蘭達（Anna Molander）一九〇九年曾致函格林威治天文台的一位職員，解釋美國的天文學與英國大不相同，因為「在這個國家（美國）有太多的私人天文台」。[6] 數十座私人天文台在全國各地各自為政，互不相干。這些天文台幾乎都是由大學來運作，他們在教育與計時之間建立了直接的關係。

大學的天文台早在一八六〇年代就開始出售時間給付費客戶。有些大學——哈佛與耶魯——在一八六六年第二套跨大西洋電報線鋪設完成後（第一套在鋪設完成幾個月後以失敗告終），可以直接獲得格林威治時間。不過大部分大學都是依靠子午儀自行測量標準時間。這些來源因時間與地點的不同，產生一定程度的誤差，因此美國的計時其實是拼湊而成。[7] 美國海軍天文台在華府操作時間球，然後透過電線向紐約報時。但是在其他地方，是由學術機構掌握計時作業。[8] 有些大學尤其積極，除了哈佛與耶魯之外，就數辛辛納提大學（University of Cincinnati）與匹茲堡大學（University of Pittsburgh）的阿利根尼天文台（Alleghany Observatory）。[9] 他們都建立自己的報時網路，與計時業者並肩而行——這些業者類似英國的標準時間公司（STC）、格林威治時間公司雪克隆——在城市間逐漸興起，例如紐約的自動發條時鐘公司（Self-Winding Clock Co.），以一年十二美元的費用向客戶提供海軍天文台的時間。10

與英國有所不同，在美國，計時對於時間公司與天文台都是一門賺錢的生意。身為知識的生產者——生產準確與權威性的時間——是一個有利可圖的機會。在英國，格林威治在計時上居於接近壟斷的地位，但是銷售時間的獲利卻幾乎為郵政總局獨佔。反觀美國，各大學的天文台卻是必須相互競爭。他們出售時間以補貼研究，將報時的利潤用來支持研究人員的科學研究。在此情況下，天文學家在培養與維護客戶層方面扮演的角色也更為吃重。因此，在英國皇家天文學家克里斯帝心安理得地威脅要中止格林威治報時服務，指它是「無關緊要的工作」之際，提供類似服務的美國大學卻是視此一業務與天文台的福祉息息相關。

依賴大學天文台報時服務來挹注研究工作，在一八八三年於海軍天文台與密蘇里州聖路易的華盛頓大學（Washington University）天文台之間，引發一場曠日持久的衝突。這場衝突的導火線是美國與加拿大的鐵路業者在一八八三年決定採行時區系統的做法。為了確保此一新系統能夠順利運作，威廉．艾倫在一八八三年十月六日致函海軍天文台台長羅伯特．舒菲爾德（Robert Shufeldt），尋求他的合作。11 他擔心舒菲爾德會拒絕他的請求，因為該天文台之前是支持使用華盛頓子午線，不是格林威治子午線。

不過艾倫其實無需擔心，此一計畫有助於簡化海軍天文台的計時與報時作業。雖然舒菲爾德比較傾向單一的世界時，不是二十四個不同的時區，不過他也認為此一系統「是朝正確的方向前進」。[12]他視此套新的鐵路時區系統是一暫時性的解決方案，最終會無可避免地「受到批評，並由此進化成一個較佳的系統。」[13]不過與此同時，他也會予以支持。舒菲爾德不僅是同意為鐵路提供各時區的報時服務，同時也承諾「除非遭遇無法預期的阻礙，我將確保鐵路經過的所有區域，即刻以鐵路使用的時間作為當地時間。」[14]該天文台此舉可以解除它目前必須為各地計時的重擔。舒菲爾德解釋：「這項計畫是讓標準時間有一個小時的時差，可以透過單一的時間訊號來提供每個標準子午線的平均時間，例如標誌七十五度子午線正午的訊號，也代表九十度子午線的十一時，以此類推。」[15]使用單一的時間訊號，可以大幅減輕天文學家的工作。

事實上，海軍天文台的職員對於此一計畫還頗為興奮，他們甚至宣布會「對其他任何一家願意在天文台之間架設電報線的電報公司（除了西聯之外，該公司當時已在提供報時服務）免費提供報時服務。」[16]十月下旬，海軍天文台的一位代表在芝加哥鐵路經理會議上提出此一建議。然而學術天文學家在得知免費提供報時服務的消息後，立刻群起反對。

反對最激烈的是來自聖路易華盛頓大學的天文學家亨利．普利切特（Henry Pritchitt）。普利切特一八八二年參與一項記錄金星凌日的國際計畫，必須到紐約觀察此一天象。這趟行程的費用昂貴，普利切特是依賴他的天文台的報時服務來資助他的研究。然而在他回到聖路易時，卻發現這筆收入受到嚴重威脅。有一批鐵路經理之前曾經購買他在聖路易的天文台的報時服務，但是如今卻威脅要改用海軍天文台的服務，除非普利切特也能提供免費的服務。[17]

普利切特是輾轉得知芝加哥鐵路經理會議的內容。據他了解，海軍天文台在會議中宣布：「海軍天文台將免費對全美各地提供時間訊號。天文台此一行動乃是時間標準化計畫重要的一環，基於某些因素，海軍天文台責無旁貸。」[18]根據普利切特的說法，海軍天文台的這位代表給鐵路經理人留下了「這個國家的私立天文台不公平的印象」。[19]「這樣的聲明，」普利切特表示：「不應出自國家天文台之口，而且對於花費大筆經費與精力在全國各地建立報時服務的私立天文台也不公平。」[20]普利切特質疑，為什麼由政府出資的海軍天文台要與依賴科學工作收入的私立天文台競爭？阿利根尼天文台（匹茲堡大學）、哈佛大學天文台、莫里森天文台（Morrison Observatory）、普利切特學院（Pritchett College）格拉斯哥（Glasgow）與沃許本天文台〔Washburn Observatory，威斯康辛大學麥迪遜分校（University of Wisconsin-Madison）〕，以及其他的私立天文台，都可能會喪失這筆收益。

然而海軍天文台台長的回覆卻頗具防衛性。他並沒否認此一聲明，不過卻嘗試淡化其重要性：「除了符合新標準時間所需的更動之外，海軍天文台不會提出任何更動的建議……海軍天文台每天透過電報來配送時間已有二十年歷史……從來沒有針對此項工作收取任何費用。」[21]台長並且表示，該天文台一直是免費對西聯公司提供報時服務。其他任何鐵路若是要取得報時服務，都是經過西聯公司，而不是直接與海軍天文台打交道。舒菲爾德表示，其實普利切特早已和海軍天文台競爭多年，而唯一的改變是採用標準時間對海軍天文台而言是一項很好的宣傳，導致普利切特失去客戶。

海軍天文台的本意可能沒有惡意，但是其行動卻帶來後果。普利切特幾個星期後再度寫道：「我擔心我們會永遠失去收入的一大部分，我們現在顯然已失去這一部分的收入。」[22]普利切特不能否定海軍天文台繼續免費對西聯提供報時服務的權利，但是他和其他的私立天文台嚴詞抨擊海軍天文台代表在芝加哥會議上所做的影射：第一，海軍天文台可能較私立大學的天文台「更適合」提供報時務；第二，海軍天文台的報時服務遍及全美，而且準確穩定；第三，在新的標準時間計畫下，只有一家天文台可以配送時間。普利切特詢問他輾轉得知的這些聲明，是否代表海軍天文台的官方立場。如果不是，普利切特可以和他最近失去的客戶進行說明，予以更正。[23]

海軍天文台的反應毫無悔意。「我認為我給予您第一封信的回覆，已完全回答了您的問題，」舒菲爾德寫道。[24]海軍天文台被要求與標準時間計畫合作，提供時間訊號，而該天文台會對與電報公司簽約的任何人提供此一服務。他在信中結語寫道：「我很遺憾海軍天文台的配送時間導致在這一方面的收入受損，不過我不能因此停止天文台在此一重大事務上的合作。」[25]普利切特與其他教育機構顯然運氣不夠好。

當然，海軍天文台並非在一夕之間就如同格林威治之於英國，成為美國的計時中心。即使已轉換為標準時間，美國各大學仍在繼續販售時間，美國的計時是各自為政。不過在接下來的幾十年，私立天文台逐漸發現出售他們的時間訊號無利可圖。在一八八八年時，美國至少有十二家私立天文台販售時間訊號，但是四年後，也就是一八九二年，數目剩下八家。[26]普利切特仍是奮戰不懈，在一八九〇年代初期，再度槓上西聯公司與海軍天文台，但是大勢已去。[27]到了一九〇〇年，大部分的私立天文台已都結束報時服務，只有少數幾家還堅持到一次大戰結束。不過到了這時候，海軍天文台的主導地位已經確立。[28]

正確的標準時間在美國先是一項科學工具，接著成為學術界資金的來源，最終形成公共財。但是此一轉變來得太晚，而且困難重重。有趣的是，與英國正好相反，美國的政府機構是確立免費計時的最大功臣（雖然與普及之間有一大段距離），然而英國郵政總局卻是付費牆的執行者。反之，美國的學術機構卻是奮力爭取要對教育公眾計時概念收取費用的權利。美國的私立大學將知識出售給富有階級與商業利益，曾經企圖擔任時間知識的守門員，但是此一努力最終被時間自由化與普及化的大趨勢所擊敗。

加拿大的時間配送

加拿大的計時發展與英國、美國類似。一八八三與一八八四年的改革，使得加拿大與英國、美國一樣，在該用什麼時間、由誰使用，以及該如何實施等問題陷入混亂，至少在初期是如此。雖然英國的格林威治皇家天文台與其皇家天文學家是獨一無二的權威性時間生產者，但是受到地理上現實因素的影響，美國與加拿大的計時都是去中心化。直到世紀交替之際，加拿大的計時才在一九〇五年於渥太華（Ottawa）設立的自治領天文台（Dominion Observatory）的引導下逐漸統一。在此之前，有些時間生產者還宣稱他們的時間要比別人準確，尤其是一八八三年鐵路將時間標準化後，對地方時間的權威性構成嚴重威脅。

加拿大教育機構在時間配送上所扮演的角色遠小於美國。政府經營的天文台，而非大學，才是加拿大各主要城市的時間來源，他們的任務艱鉅。要在全國配送準確的時間需要縝密的地區性協調。加拿大新近才成為許多小型殖民地的集合體，因此也具有多個獨立的時間訊號。在一八五〇年後，哈利法克斯（Halifax）、聖約翰（Saint John）、弗雷德瑞克登（Fredericton）、魁北克、蒙特婁、京士頓（Kingston）、多倫多、溫哥華與維多利亞都爭相宣稱他們的天文台計時最準確，儘管他們有時也會相互協調。[29]例如哈利法克斯城堡山（Halifax Citadel）的正午炮與報時球是透過與聖約翰天文台相連的電報線來操作。[30]在蒙特婁，天文台長查爾斯・斯摩伍德（Charles Smallwood）每天在該市碼頭操作一座報時球。蒙特婁天文台「也藉由火警電報線為全市提供報時」，並且將當地時間傳送至渥太華的郵局。[31]多倫多天文台也是為多倫多市配送時間訊號，並且還需要監督蒙特婁、魁北克與聖約翰天文台的報時服務。[32]

一九〇五年，在渥太華新設立的自治領天文台終於開始為加拿大提供主要的時間訊號，將其他的天文台納入其指導之下。除了以電報線連接加拿大全境的報時服務之外，該天文台也在渥太華設立了一套精密的時間配送系統，尤其是針對政府建築物。該系統在國會大廈設有同步時鐘，到了一九〇七年，該系統總共有二百二十七座掛鐘，並且計畫將服務擴張至郵局與鑄幣廠。[33]自治領天文台同時還在渥太華經營一座報時炮與報時球。

就和其他地方一樣，這些時間訊號的經費與由誰來承擔的問題引發激辯。不過不像美國私營的天文台，加拿大的天文台都是免費提供報時服務。一九〇九年，這種免費提供報時服務的情況惹惱了多倫多天文台一批天文學家，他們提供報時服務的工作太過繁忙。他們致函格林威治天文台的皇家天文學家，詢問「您為倫敦市或其他任何私營企業所提供的報時服務的收費是多少。我們在多倫多的報時服務十分繁重，然而迄今為止並沒有收費，導致此一服務遭到濫用。」[34]如果多倫多的天文學家想為報時服務找到一個收費的先例，他們顯然會為皇家天文學家的回覆感到失望，因為他指出，英國任何有關報時服務的所得都歸郵政總局所有。[35]

魁北克市的天文台也面臨相同的挑戰。魁北克是主要港口，因此針對碼頭的報時對於該市經濟十分重要。該天文台早在一八五六年就以一間子午儀室觀測恆星凌日來取得時間訊號，同時在城堡山還設有一座報時球塔。不過天文台長愛德華．大衛．艾希（Edward David Ashe）一心想強化天文台的功能，將其範圍擴大至緯度測量、氣象、天象的發現等領域，即是在本質上把魁北克天文台由一個單純的報時天文台提升為世界級多功能的天文學天文台。[36] 當時成立不久的加拿大研究所（Canadian Institute）支持他的想法。[37]

在艾希的領導下，魁北克天文台得以擴張，不過計時仍是其最主要的功能，尤其是對海員而言。和其他的大型港口一樣，魁北克的航運利益直接繫於時間訊號的利用。艾希在一八六九年致函喬治．艾里，請教將報時球電氣化的相關問題，獲得許多寶貴的知識，尤其是在寒冷天候下的操作方法。〔冬天時，魁北克天文台並不會操作報時球，而是發射報時炮。每到春天，在冰雪融化、聖羅倫斯河（St Lawrence River）能夠再度航行時，才會恢復報時球的運作。〕[38]

一八八〇年代中期，愛德華．大衛．艾希的兒子威廉（William）接掌魁北克天文台，繼續他父親聚焦於氣象與探索性天文學的事業。但是威廉有時會忽略了計時的基本職責，他在一八八八年曾受到上級指責經常以太陽來進行子午儀的觀測（相對不準確），對於校正誤差漫不經心，而且也沒有經常性的觀察恆星凌日。[39] 如同英國，不足以令人信賴的時間訊號往往會引來許多抱怨，魁北克天文台的時間訊號也是如此。[40]

威廉．艾希的報時服務也引發加拿大多項有關時間訊號的重大問題。它們應是每一個人都能輕易獲得的公共財嗎？或是只是針對專業人士與某些願意付費的客戶的商品？此一辯論後來因為一場有關政府是否應以付費打廣告的方式來推廣報時服務的爭議而結束。在一八八九到一八九〇年間，加拿大海洋漁業部開始調查有多少國家會為此一服務花錢打廣告或是公告。該部門致函英國與美國的同僚，詢問他們的政府是否以付費廣告的方式來向社會大眾公告其時間訊號。[41]美國海軍天文台回覆報紙都是免費刊登他們的時間訊號，因為此一訊息關係到許多讀者的利益。[42]英國海軍部的回答則是暗示他們並不會花太多錢在時間訊號的廣告，儘管他們會花錢在全球主要港口製作相關的宣傳小冊子。[43]加拿大海洋漁業部從以上的回覆了解「花錢為報時球的訊息刊登廣告並非慣例」。[44]

加拿大海洋漁業部同時也得知，在美國，西聯是免費自海軍天文台配送時間訊號。該部根據這些資訊，要求加拿大太平洋鐵路電報公司（Canadian Pacific Railway Telegraph）以國內的時間訊號在加拿大比照辦理。[45]但是不過幾個星期，該公司就退出協議，因為了解到時間訊號是在中午發送，然而也正是他們電報最繁忙的時候。[46]大西北電報公司（Great North Western Telegraph Company）也拒絕免費提供此一服務，理由是加拿大幅員廣大，其中牽涉到的距離，使其「難以讓這項服務令各方滿意……我們認為最終只會導致相關各方的失望與不滿。」[47]就像英國的ＳＴＣ電鐘，以最新科技來傳送時間訊號其實並不是那麼可靠。

然而無論如何，時間訊號的生產者仍是必須建立公眾對他們有能力配送的信心。一八九一年，一位船長投書魁北克的《晨報》（*Morning Chronicle*）抱怨當地缺乏提供給海員的計時資訊，威廉．艾希於是致函身兼海洋漁業部計量組主任的多倫多磁學天文台（Toronto Magnetic Observatory）台長查理斯．卡普梅爾（Charles Carpmale），請求准許在《晨報》刊登時間訊號。[48]威廉．艾希在信中指出：「目前的報時系統看來難以令人滿意，由於缺乏公告，到港的船長無法得知報時球與落下的時間。這類公告在輪船經常往返的港口僅是次要的資訊，因為他們本身就已掌握所有與往返港口有關的資訊。但是就本港而言，由於前來的船船大都帆船，這類船隻的船長可能都非頂級水準，缺乏相關資訊可能會導致報時服的作用大為削弱。」[49]

史密斯先生，海洋漁業部一位多疑的官員，認為《晨報》刊登這類廣告會向該部門要求一年二十五美元的費用。在他的觀念中，船長都會透過一位中間人直接獲得報時球的時間訊號，要比報紙方便得多。[50]該部派遣一位專員進行調查，這位專員在報告中指出，雖然廣告有其作用，但是他認為有許多資訊都對船長十分重要，時間訊號僅是其中一項，不應厚此薄彼。[51]此一爭議到此暫時結束，直到一八九四年，多倫多的氣象局長指示威廉·艾希的繼任人亞瑟·史密斯（Arthur Smith），在報時球出錯時於報紙上刊登其中錯誤，以便相關各方進行修正。[52]

在諸多挑戰之中，一八八三年通用時間會議要求美國與加拿大鐵路使用時區制的決議，為加拿大的計時帶來全面改制的威脅。在此一決議下，鐵路業者（原本是依賴天文台的報時）幾乎在一夕之間全體改用標準時間。不過仍無法確定標準時間是否也同時走入一般民眾的日常生活。鐵路業者的決定造成的反應不一。像佛萊明這樣的支持者是欣喜若狂，但是對於其他人而言，尤其是在鄉間，大家根本不曾注意這樣的改變。有許多人甚至不覺得有任何改變，因為除了主要城市與火車站之外，大家仍在使用當地時間。製造農業機械的梅西製造公司（Massey Manufacturing Company）在標準時間實施幾個月後，在其宣傳手冊《梅西畫報》（*Massey Illustrated*）上發表一篇文章，向其鄉間客戶解釋何謂標準時間：「當代的一件大事就是『標準時間』，這是一項值得大家感到驕傲的成就。我們料想我們在鄉間的朋友，由於並不需要準確的計時，可能還沒有像城鎮的居民注意到這樣的改變，他們的日常生活並非由日出而作，日落而息所主導，而是在於分秒之間。」[53]正如同梅西所指出的，標準時間主要都是應用於城鎮之間。

儘管鄉間生活影響不大，城市卻面臨諸多不確定性。當加拿大鐵路業者一八八三年十月中旬首次表態要採用標準時間時，多倫多的《環球報》（*Globe Newspaper*）派遣一位記者去採訪當地與漢米爾頓（Hamilton）數十位企業主與商人的看法。他們的回應不一。多倫多的一位商人約翰・麥唐納（John Macdonald）認為標準時間是「對生意人與旅人最不方便與最惱人的設施。同時，這樣的改變似乎也沒有立即的必要性，鐵路業者還不如繼續使用現行的時間系統，至少大家都能了解這套系統。」[54]多倫多商會主席也是擔心這樣的改變會影響生意，不過也表示只要是常態性與全面性，他會支持此一變革，因為如果只是半調子，只會使得問題更為惡化：「這項變革毫無疑問會為商業人士帶來許多不便與困擾，至少有一段時間一定會如此。我們首先必須確定的是此套擬議中的系統是否有成為常態性的可能。如果是的話，所有的鐵路業者就應該採行。如果有一家沒有實施，就會對旅遊大眾造成困擾，因為在擬議的標準鐵路時間與當地時間之間有十七分鐘的誤差。有鑑於此，不只是鐵路業者，輪船業者也應跟進。事實上，城市與鐵路業者應有一個統一的時間……如果某些鐵路業者的提議必須生效，那麼大家都應加入，以免搭乘任何火車與輪船時出現混亂。希望港（Port Hope）的經驗就證明有此必要。」[55]

他所說的希望港可能指的是一八八二年鐵路業大合併，將許多小型業者一統於米德蘭鐵路（Midland Railroad）旗下。這些所有的小型業者的時刻表都必須重新調整與統一——這是一個混亂不堪的過程，然而要在格蘭德河（Rio Grande）以北的北美全境實施標準時間，可能會重演這樣的亂象。因此，實施標準時間必須謹慎，以避免造成混亂。

在漢米爾頓，大部分的受訪者都有一個想法——只要其他地區也採行標準時間，他們就會同意此一變革。例如漢米爾頓橋樑與工具公司（Hamilton Bridge and Tool Works）的老闆就表示，如果倫敦與多倫多也採行標準時間，他就會同意。鐵籠與燈籠製造商史東（J.H. Stone）則是表示，不管是採用何種時間，他只希望漢米爾頓採行的是與全省同樣的制度。

漢米爾頓其他的商業人士比較不在意與鄰近城市間的一致性，而是關切漢米爾頓鐵路時間與民用時間之間的統一。例如摩爾先生（Mr D. Moor）就支持將漢米爾頓的民用時間撥快十九分鐘以配合新的鐵路時間，因為「他不希望看到同一座城市使用兩套時間」。[56] 鑄鐵廠伯羅史都華暨米爾恩（Burrow, Stewart, &Milne）公司的伯羅先生也不希望「他們辨公室的時鐘與鐵路時間不同調。他們有許多客戶都是搭乘火車來到漢米爾頓，離開時可能也是依靠鐵路時刻表，然而若是根據辨公室的時鐘，他們抵達火車站時就會晚了十九分鐘，造成極大的不便。」[57]

還有一些受訪者表示，擔心火車時間會為他們的員工帶來不便。畢竟，採用火車時間代表上班時間要比平常提早十九分鐘。安大略棉紡廠（Ontario Cotton Mills）的財務經理貝爾先生（Mr Bell）不希望將漢米爾頓的民用時間更改為鐵路時間。他的員工都是在早上六時三十分來上班，損失十九分鐘的睡眠時間對他們來說太辛苦了。不過該公司的經理史諾先生（Mr Snow）則是比較看得開：「如果他們發現上班的時間比平常早一些，他們可以設法適應，或者自訂上班時間，例如康沃爾（Cornwall）的加拿大棉紡廠（Canada Cotton Mills），上班時間與鎮上使用的時間完全不同。」[58]

並不是每一個工作場所都是這麼具有彈性。不過一位製鞋商也不怎麼在意這樣的改變，他認為提早工作對他的員工可能還比較有利，因為他們可以提早回家。他也認為「一天工作十小時的提議要比以前從白天工作到晚上的方式要好得多，而且還能節省煤氣，尤其是在秋天與春天的時候，因為大家晚上都會較平常提前下班。」[59] 縫紉機製造公司汪澤公司（R.M. Wanzer & Co.）也認為「剛開始的時候，大家可能因為提早十九分鐘來上班感到不便，但是過了一段時間他們也就習慣了，」而且這樣的改變「對他們比較有利，因為他們也可以較過去提早下班。」[60] 還有一些企業，員工有自己的工作時間，例如伯羅先生的鑄鐵工匠，他告訴記者：「他們都是照自己的時間行事。」[61] 對他們來說，這項時間變革也不過如此。

最終漢米爾頓的市議會決議仿效多倫多，由鐵路時間取代民用時間。[62] 沿著鐵路向西南延伸到溫莎與薩尼亞（Sarnia）間的小鎮也都群起效尤。根據緯度，薩尼亞實際上已經偏西方，不應與多倫多以及安大略省其他主要城市同屬一個時區，但是政治與商業上的關係大於算術上的精準要求，因此薩尼亞採用的是多倫多時間。海洋與漁業部的安德魯．戈登（Andrew Gordon）指出，對薩尼亞居民造成唯一小小的不便就是「在標準子午線以西所有地方的銀行在標準時間施行之前，由於結帳的關係都必須營業至下午三時之後……因為當地時間與標準時間之間有幾分鐘的差距。」[63] 不過他認為施行標準時間最終利多於弊。

儘管反應不大，鐵路業者仍是於一八八三年十一月十八日周日的中午在美國與加拿大全境施行標準時間。考量到其施行規模，此一轉變可謂極為順利，不過其間也並非沒有問題。例如《環球報》在十一月二十一日報導，波士頓「今天發生第一起因時間改變引起的法律糾紛。上周破產專員辦公室對一位債務人發出審查通知，要他於今日上午十時返回。債務人在標準時間九時四十八分出現，但是破產專員裁定他是在十時以後才抵達辦公室，因此以沒有到案為由宣布他破產。此一法律糾紛勢必會鬧上最高法院。」[64]

在標準時間廣泛使用的多倫多，沒有出現這類複雜問題的報導，儘管有一些例外的情況。高等法院已下令它的時鐘不得變更，然而在奧斯古德廳（Osgoode Hall，高等法院所在地）的其他所有時鐘都已改採標準時間。[65]根據《真相報》（*Truth newspaper*）的報導，多倫多的人民只花了一個星期時間就已完成時間的改變：「上周日有一些混亂，不過現在都很平順，大部分的人都沒有感覺到有什麼不同，只是清晨在六時之後比以前要暗一些，晚上則恰恰相反。」[66]多倫多大學的校刊則是針對此一改變向學生提出輕鬆的建議，開玩笑地指出大家最好善加利用因為此一改變而多出的時間來陪陪心上人：「提醒在下周日晚上有約會年輕女士到教堂的同學，由於標準時間在當天中午開始實施，所以要比以前的時間快了三十四分鐘。不過同樣重要的是，若是依照過去的時間出門，客廳的時鐘可能是晚了三十四分鐘，因為思慮周到的小兄弟毫無疑問會將時鐘調整到新時間。」[67]

一八八三年十一月那個周日調整時鐘的動作，儘管瑣碎，不過也是簡單易懂。複雜的是其他的計時方法並未立即消失。標準時間現在並非取代其他所有的計時方式，而是與他們共存，影響所及，造成幾十年來都缺乏可以依循的明確性，從而在城鄉之間，甚至在城市的新舊社區之間，形成新的鴻溝。旅人仍然需要向他們的目的地查詢當地使用的時間。例如在一八九六年，還有人詢問魁北克天文台，該天文台的報時炮是依據當地時間還是標準時間。[68]由此顯示，在實施十年之後，標準時間在加拿大仍未具有一統天下，至高無上的地位。

在不常使用標準時間的鄉村人民與樂於此一改變的城市人之間是一批反對者，他們了解時間變革，然而卻是抱怨連連，指責它是既混亂又擾人的措施。佛萊明就接獲多封來自下議院法律專員威克斯第德（G.W. Wicksteed）的抱怨信。威克斯第德並不反對鐵路使用標準時間，不過他以便於治理為由支持日常生活繼續使用地方時。在鐵路業改用標準時間幾周後，他寫了多封信給佛萊明，向其說明新系統造成的混亂：「我不認為你會讓這個時間（鐵路時間）成為規範日常生活的法定時間，因為我認為此舉並不合適……（但是）魁北克的人民，或者其中大多數，都認為鐵路時間可以應用於日常生活與犯罪上，因為我發現城堡山的報時炮與教堂禮拜都是根據標準時間來操作……而且我們國會的時鐘也有所調整。我不禁思考，這樣的情況雖然有趣，但是也會造成許多始料不及的結果。」[69]

威克斯第德建議佛萊明向公眾糾正「誤解」。但是佛萊明想當然耳，對於鐵路時間能夠廣泛使用大為高興，怎麼可能就範。在隨後的信件中，威克斯第德繼續嘗試說服佛萊明，其實還有更好的方法。威克斯第德稱為在每個時區邊緣的時間「跳躍」，對於住在附近的人會造成嚴重的困擾。[70]他承認標準時間對旅人與科學界或許有用，但是不應把地方時也牽扯進去。或者，最好是全球的鐵路與科學界都使用單一的世界時，其他所有事務都使用地方時。[71]他表示，任何事都要比時間跳躍好。

威克斯第德多年來一直與佛萊明維持這種彬彬有禮但是熱烈的辯論。一八八五年，他寫了一封長信抱怨每條經線的時間跳躍，他擔心這樣的情況會破壞選舉。[72]「我們沒有自然的時區，而是由無形的線劃分的五個區域，」威克斯第德寫道，將其與英國以愛爾蘭海（Irish Sea）劃分都柏林時間與格林威治時間的情況比較。[73]他繼續寫道，這些隨意設定的經線，「即使是科學家也很難發現……然而在這些經線的一邊是深夜，在另一邊卻是法定的晚上……在我們埃塞克斯郡所在經線的這一邊，選舉主任關閉辦公室的時間必須比另一邊的要早一個小時——然而根據法律，他們必須同時關閉，有人可能會因為他所獲得的選票有部分是來自法定時間之前或之後而輸掉選舉。」[74]

威克斯第德認為時間的變革會威脅到民主政治的確是有些誇大了，不過他提出時間與法律間的問題有其道理。什麼時間才是法定時間？就某些情況而言，這是一個相當重要的議題。例如一八九三年在安大略省倫敦市的一宗官司，是關於提供酒類的合法時間的問題。[75]有兩家酒吧營業到太陽時間的晚間十時，相較於標準時間，他們等於是多出了半小時的營業時間。[76]根據《渥太華自由新聞報》（*Ottawa Free Press*）的報導，裁判官判決「有鑑於主管當局支持太陽時間，標準時間也並非法定時間，他因此撤消此案。此一判決的效應代表酒吧在周六晚間與每隔一周的晚上可以多營業半個小時左右。」[77]

威克斯第德也投書《渥太華公民報》（*Ottawa Citizen*），重申他對時間變革可能造成選舉舞弊與法律問題的憂慮。他寫道：「我們的刑法對『夜晚』的定義是晚上九時到翌日清晨九時。」[78]然而由於時區造一條經線有一小時的時間跳躍，法庭審理案件也因此變得更加複雜。「法律對夜晚與白天的犯罪有非常重要的劃分」。[79]威克斯第德在一八八五年的《法律新聞》（*Legal News*）解釋：「『竊盜』是特別定義為只有在夜間發生的罪行。同樣地，保險索賠與抵押貸款也可能會因為在子午線的不同側而發生問題。」[80]威克斯第德並非唯一有這樣憂慮的人。一位讀者投書《魁北克水星日報》（*Quebec Daily Mercury*），以近乎謾罵的口吻來表達對鐵路時區新制的不滿：「這的確是一有趣的景象，大家竟然悄然無聲地接受一個這麼荒謬的創新，不只是我們鄰近的表親（美國），也包括整個區域。它沒有任何公告，也沒有任何具有強制效力的命令，然而它至少在一段時間之內已成既定事實，而這完全是取決於少數幾位夢想家的意志與興趣。據我的理解，鐵路時間系統應是供鐵路使用，而且是專為此一目的而設。地方時間不必參與其中。這兩套系統迄今為止都是同時並存。在海洋彼端，這些事務是以另外一種態度對待。即使是簡單如設定第一條子午線這樣的事情，他們也是經過多方審議與謹慎的討論，同時還有科學界大老的從旁協助，才做下決定。在大西洋這一端的我們或許沒有相同水準的權威，不過幸好這個問題是受過一般教育的普通人都能判斷，即是教育程度最低的人也能輕易理解。其實，只要簡單體驗一下新系統的異常與不便就足夠了。解決之道完全就在人們的常識之中，一個長期以來未失敗的標準。」81

此一投書有幾個重點。和威克斯第德一樣，作者強調時間變革的隨興性質，不具備政府命令與法律效力。同時，也缺乏國際法的約束。此一變革比IMC早了一年，因此國際間沒有任何以格林威治作為計時基礎的先例。作者顯然十分了解歐洲對本初子午線的審議，儘管他將其形容為「謹慎的討論」有過度簡化之虞。但是他們訴諸科學的權威性，與佛萊明和其鐵路業同事等「夢想家」形成強烈對比，同時也為標準時間的本質扣上不科學的帽子。此一論點與羅馬會議與IMC有驚人的相似之處。在這些會議上，科學家都不想與標準時間扯上關係——他們要的是供專業人士使用的世界時——無意改變公眾日常生活的計時習慣。作者顯然也有同感。針對鐵路專業人士與科學家進行時間改革，沒有問題，但是要公眾也進行相同的改革，無法通過「常識」測試。此外，改革本身也缺少法律的權威性。

佛萊明認識到他的時間改革欠缺法律基礎，因此以一八八〇年英國將格林威治時間定為法定時間為例，多方努力，尋求糾正此一問題。但是他一直無法促成加拿大立法來確認標準時間的法律地位。他在一八九一到九二年的一次嘗試遭到卡麥隆（D.R. Cameron）少將的挫敗。後者是他的好友查爾斯．塔珀的女婿，同時也是皇家軍事院（Royal Military College）的院長。[82]由於該項法案胎死腹中，致使加拿大的法定時間從此之後是由各省決定，而不是渥太華。

卡麥隆反對該法案的論點值得審視。卡麥隆、佛萊明，以及海洋漁業部之間對於此一議題有過密切的討論，不過卡麥隆在一八九一年十一月曾將他的論點摘要寄給海洋漁業部：一，民眾日常生活中最關心的是太陽時；二，彼此相隔遙遠的人對於與太陽時分離的相對時間同感關切；三，時區時間無法滿足這兩項需求——在無須改變計算的情況下；四，地方時與世界時可以立即直接滿足所有可能的情況。[83]

換句話說，卡麥隆是贊同ＩＭＣ的科學家。世界時應是用於特殊的目的，地方時則是用於日常生活。若想用標準時間將這兩者整合，只會使得計時更為複雜，而且所有人也都不會滿意。

佛萊明予以反擊：「時區時間無須自己辯護。它並非一項未經驗證的理論或實驗。加拿大與整個大陸已使用它近九年了。」[84]雖然卡麥隆認為加拿大有許多人仍在使用老方法計時的觀點是對的，但是在鐵路與電報的影響下，時區時間很快就會在民間普及。「我相信所有人不會再想用其他任何計時方式的日子很快就會到來，除非是那些住在偏遠地方的人，例如哈德遜灣公司（Hudson Bay Company）設在遠方的港口。」[85]

卡麥隆誇張地把他反對時區時間比擬為防範一場「國家災難」。[86]但是他這種戲劇化的說法並沒有說服計量局長查理斯・卡普梅爾（Charles Carpmael）。卡普梅爾是加拿大報時與天文學界的關鍵人物之一（他也參與了一八八二年金星凌日的國際觀測行動）。[87]儘管卡麥隆反對，卡普梅爾卻是支持佛萊明推動標準時間成為法定時間。[88]

有關此一法案的辯論重點現在看來應相當熟悉。不論是世界時還是地方時，都應是最重要的，標準時間作為折衷的概念，已經一而再，再而三地遭到駁斥。沒有人反對這三者並存，辯論的重點是在於何者具有權威性，對誰具有權威性。根據卡麥隆等人的論點，鐵路業者、電報與天文台要用什麼時間就用什麼時間，但是應讓公眾使用地方太陽時。在短期內，卡麥隆的觀點勝出。但是在鐵路業的主導下，標準時間的非官方影響力不容忽視，尤其是佛萊明，努力向公眾推銷標準時間的優點。即使是在ＩＭＣ之後，根據格林威治的標準時間也需要遊說、廣告與推銷。佛萊明盡心盡力教導大眾，他的目標除了遊說國會立法使標準時間成為這片土地的法定時間之外，還有兒童與學校。

學校與計時

佛萊明要為標準時間建立一套法律架構的努力連連遭到挫敗，他於是轉而積極向公眾灌輸標準時間的概念，尋求成為一種社會規範。易言之，既然無法強迫公眾使用標準時間，就只有靠教育了。這需要一個龐大的公共教育計畫。

公立學校是最佳的傳播工具。一八八八年，佛萊明為加拿大研究所編寫一本手冊，旨在向兒童解釋時區的概念，他的本意是以此作為學校的教學工具，手冊題為《時間與標記》。[89]佛萊明也希望美國能夠使用這本手冊。事實上，他最先是在一八八七年為美國氣象協會編寫這本手冊，但是遭到該協會的拒絕。美國氣象協會的會員對這本手冊有諸多批評。他們有些人指出，最大的問題是其中文筆並不適合小學生閱讀，而且也缺乏作為教學工具的明確性。巴納德建議手冊內容應有所簡化，讓老師與學生能夠容易吸收。他也指出，佛萊明的手冊沒有包括一些實例作為教學輔助。[90]威廉・艾倫也有同感：「我擔心一般的教師難以使用，學生也難以理解。如果內容能夠有所精簡，減少三分之一的話……我相信可以確保老師與學生的注意。」[91]佛萊明顯然並不善於寫作適合年輕讀者的文章。

不過佛萊明並沒有重寫，而是交給不同的單位發表。加拿大研究所接受了這本手冊，並且呈交給總督，其本意不只是要分發給加拿大的老師，而且還要「傳送給所有外國政府以供參考，並且提供他們的教育當局……英國所有殖民地與屬地的教育部長或督學使用。」[92]總督蘭斯敦侯爵（Marquess of Lansdowne）的任期當時已近尾聲，正打算返回倫敦。他承諾會親手將手冊交給倫敦當局。[93]這本手冊後來送至荷蘭與所有與英國有邦交的國家，除了沒有英國大使館的玻利維亞與委內瑞拉（委內瑞拉因為英屬蓋亞那的彊界糾紛於一八八七年與英國切斷外交關係，玻利維亞的英國大使館則是為祕魯的聯合使館所取代）。此外，送至奧蘭治自由邦（Orange Free State）的手冊必須經由開普敦殖民政府（Cape Colony Government）轉交。[94]在接獲手冊後，該政府代理總統表示：「我們被其他的殖民地與國家所包圍，我們的鄰居使用的時間就是我們使用的時間。」[95]義大利與印度也收到手冊，香港則是要求再增加二十五本。[96]

加拿大研究所也在國內分發這本手冊。最熱烈的反應之一是來自安大略省的教育部長，他要求五百本「分發給全省公立學校的督學與高中校長」。[97]新布朗斯威克（New Brunswick）的教育委員會訂了三百本，西北領地（North West Territories）的教育委員會則是訂了兩百本。[98]曼尼托巴（Manitoba）的天主教教育委員會的反應相對冷淡，不過也同意在下次會議時提出討論。[99]該省新教教育委員會的主席則是在回覆中寫道：「有鑑於此一新的時間制度幾乎已在全省通行，因此要了解其實並不困難……相信不久之後此一新制將會全面普及。」[100]其他各省並沒有立即追加手冊，不過也有把加拿大研究所寄來的手冊提供給教育委員會與老師參考。[101]

相較於佛萊明，一些支持標準時間的教育界人士更擅於製作有關新時區的教學工具。費城一位出版商向學校出售「時間圖」，並且還寄了一份給佛萊明，希望能將他的市場擴大到加拿大的學校。[102]這份時間圖遠比佛萊明寫的手冊簡單易懂。它的設計考慮到老師的教學與學生的學習過程。它的廣告有若干老師的評語，儘管由於策略上的考量都是屬於正面的評價，不過也能顯示時間圖是如何利用視覺輔助教學。視覺輔助簡化了新時區的相關解釋，這是佛萊明的手冊難以企及的。一位老師就寫道：「經線與時區在算術上都是很難解釋的部分，」但是時間圖使其變得簡單多了。[103]另一位老師則是寫道：「透過它（時間圖），枯燥的學生一眼就懂了，以前解釋半天也聽不懂。」[104]還有一位老師在抱怨時區教學有多困難之後表示，時間圖「是一項了不起的發明，在黑暗中亮起一盞明燈。」[105]

地圖在學校教學上已是相當普遍，早在一八八五年一月，老師就已有標記標準時間時區的地圖。[106]一八八〇年代中期，由西摩・伊頓（Seymour Eaton）擔任主編的月刊畫報《家庭與學校副刊》（*Home and School Supplement*）有多期內容都談到標準時間的教學。一八八五年九月期有一頁測試，要求學生找出各主要城市間的時間差距，或是標準時間與地方時的差異。[107] 一八八六年三月期則有一份標準時間地圖的廣告。[108] 事實上，到了一八八〇年代末，教育界並不缺少標準時間相關的教學工具。

雖然標準時間已進入加拿大的課程，但是佛萊明仍不滿意。他開始向他在美國土木工程師協會（American Society of Civil Engineers, ASCE）的同僚尋求支持，在該協會一八八八年的年會上呈交一份有關學校教導時間的報告。佛萊明在報告中引述曼尼托巴教育官員的談話指出，時間新制的使用很快就會普及。他並且強調，教育是確保下一代繼續使用的最佳方法。佛萊明老是把標準時間與二十四小時的制度併為一談，他此一報告就是把兩者合併。來自曼尼托巴的信件表示，幾乎所有人都在使用標準時間，然而佛萊卻認為二十四小時制也是如此。但是事實並非如此。根據曼尼托巴一位鐵路職員表示，佛萊明與時區密切相連的二十四小時制難以深入鄉間，農民仍是普遍使用以十二小時增量測量的太陽時。[109] 很顯然地，在使用二十四小時制的時候，「那些搞不清楚的人……最常提出的問題就是『這在我們的舊時間是什時候？』」[110]

不過佛萊明深信教導學童二十四小時制可以帶動時間改革深入鄉間，因為「孩童會將他們所學的帶回家，教導他們的父母……以學校作為媒介，相信大家不出幾年就會了解所有的問題。」[111] 佛萊明建議ASCE將他編寫的手冊交給美國教育局，要求它「責成老師就此一議題對學生發表演說或是上課」。[112] 該協會的一位成員弗德．布克斯（Fred Brooks）認為佛萊明的提議已「超過協會的範疇」，但是其他人則是站在佛萊明這一邊。[113] 無論如何，儘管佛萊明的教學文章寫得很糟，到了一八八〇年代晚期，標準時間已融入美國與加拿大的學校課程之中。

原住民與標準時間

要了解學生對於佛萊明的手冊，或是在關於時間的課堂上到底吸收了多少，有一定的難度，足以參考的資料也僅是顯示成果平平而已，尤其是鄉村地區。這並不代表學生無法掌握標準時間，只是他們很少使用。然而鄉村的學校也和都市的一樣教導標準時間的概念，即使是針對原住民孩童的學校也無例外。本節所要談的就是安大略南部兩個原住民社區的學校，有關標準時間的教學情況。這些學校老師與學生的經驗，與他們對社區的影響，為公眾對標準時間的接受提供了一個重要的對比視角。他們也證明了標準時間支持者所擁抱的現代性其實具有可塑性，而且容許不同定義與使用。原住民擁抱或拒絕標準時間，端視其是否對他們有用，能夠幫助他們面對挑戰與偏見。

加拿大原住民孩童的教育是屬於其殖民壓迫史的一部分。歷史學家喬—安．阿奇博（Jo-Ann Archibald）寫道：「教育開始制度化也意味許多第一民族（First Nation）的部落開始走向滅絕之路。儘管為他們孩童提供的教育表面上是要幫助他們『融入』主流社會，但是實際上卻不然。」[114] 原住民的年輕一代因為教育而被同化，然而社會的偏見卻使他們難以融入，與大家平起平坐。學校本身迫害的工具。根據米勒（J.R. Miller）寫道，住宿學校尤其是「用來進行文化滅絕的工具」。[115] 許多地方的學校系統「切斷了原住民孩童與他們家庭、社區的聯繫，剩下的只有半同化的年輕人與殘破不堪的社區。」[116] 這些學校在算術與語文等課程之後還有「隱藏的課程」，就是同化。[117] 在此一情況下，標準時間與時鐘時間也成為殖民工具。教育督學會以學生對時鐘的使用，與是否準時作為同化程度的評定標準。[118]

有些原住民，例如信譽第一民族（Credit First Nation）的密西沙加印地安人（Mississaugas），就設法避開這種嚴重的文化攻擊，維持他們的身分，同時與當地的移民社區保持一種若即若離的關係，並且盡可能善加利用教育系統。十九世紀中期，一位密西沙加印地安人的主要首領，同時也是一位衛理公會牧師與教育推廣人士的彼得．瓊斯（Peter Jones，印地安名字為Kahkewaquonaby，意指神聖的羽毛）——他是埃格頓．瑞爾森的好友——要求「學校最終由印地安人所主持，以培養像他這樣的人：能夠與白人競爭，能夠以英語與英語的法律來捍衛權利的男男女女。」[119]他的子孫繼續善加利用教育系統，儘管其中存有偏見。因此，信譽第一民族的密西沙加印地安人得以在教育中發展出自己的利益。

到了一八八四年，該社區已發展出一套嚴格的教學規範。老師是以蘿蔔與棍棒的方式來進行強制就學，對於逃學的學生施以停學的處罰，同時也對表現良好的學生與定期參加家長會的學生父母給予獎勵。[120]上課時間是由上午九時到下午四時，有一小時的午餐時間與兩次十五分鐘的休息時間。遲到早退與課鐘的時間都有嚴格的規定。老師「必須至少在上午九時之前十五分鐘將教室準備齊全以迎接學生」。[121]不過就我們的議題而言，是一八八四年的規範明白指出，「學校使用的時間將是七十五度經線的『新時間』」。[122]由此顯示，標準時間進入北美鐵路不過一年的時間，密西沙加印地安人就已在其教育中捨棄其他的時間系統。

安大略南部摩拉維亞鎮保留區（Moraviantown）的學校也很快就採行標準時間，然而此舉也在一八八六年於德拉瓦族（Delaware Nation）的盧納皮人（Lunaapeew）之間引發一場有關他們的學校應如何計時的辯論。摩拉維亞鎮保留區有兩所學校，一所是教會學校，一所是保留區學校。前者位於泰晤士河畔，是由摩拉維亞兄弟會（Moravian Mission）出資建立，不過後來賣給衛理公會。[123]在一八八五到一八九八年，該校老師一直是朵拉・米勒（Dora Miller），她是一位英國女士，她的薪資是由摩拉維亞兄弟會提供。反觀保留區學校，在一八八五到一八九八年至少換了六位老師。

一八八〇年代摩拉維亞鎮保留區的時間測量，和其他地方一樣，不停地在改變之中。地方太陽時是最簡單的計時方式，不過摩拉維亞鎮保留區的盧納皮人顯然也知道鐵路已在一八八三年採用標準時間。這所保留區學校有自己的校鐘，位於校舍屋頂上的鐘樓，在上課期間定時敲鐘。[124]事實上，由於敲鐘太過頻繁，導致校舍結構受損。一八九三年，一位督學建議最好將鐘樓移至獨立的建築內。[125]

但是這座校鐘並不僅是為了學生，同時也是「為鄰里報時」。[126]摩拉維亞鎮保留區有關地方時的辯論重心是老師如何決定敲鐘的時間。該校一八八六年的老師是丹尼爾・愛德華（Daniel Edwards），他自一八七七年就開始任職，但是摩拉維亞鎮保留區的議會想找人取代他。根據學校督學寫道：「印地安議會希望以詹姆斯・史東費雪（James Stonefish）先生取代愛德華先生。史東費雪先生是一位才從賓州拿撒勒（Nazareth）返回的年輕印地安人。我並不是建議開除愛德華先生，不過鑑於他有意在今年學期結束後離職，我已建議史東費雪先生嘗試通過教育入學考試與進入模範學校就讀。我應很高興看到史東費雪先生在愛德華先生離開後接掌學校，不過由於他還未經過培訓，我也不會考慮他現在就來擔任老師一職。我相信史東費雪先生有接受良好的英語教育。」[127]

撤換愛德華的事情引發爭議，甚至鬧上報紙。《印地安報》（*Indian*）的編輯收到多封相關的來信，該報位於黑格斯維爾（Hagersville），發行人是彼得・艾德蒙・瓊斯（Peter Edmund Jones）博士（前面提到的彼得・瓊斯的兒子）。[128]《印地安報》在一八八五到一八八六年共發行二十四期雙周刊，根據其標語，是「一份致力於北美原住民，尤其是加拿大印地安人的報紙」。[129]該報有一通信欄，專門刊登當地新聞與安大略附近原住民社區的讀者投書。

摩拉維亞鎮保留區議會在決定撤換愛德華的同時，也要求印地安事務部（Department of Indian Affairs）允許他們自己聘雇學校董事與老師，並且宣稱現任的督學與老師過於懶散。[130]該議會並且抱怨愛德華總是遲到，尤其是在冬季的時候。但是並非每一個人都對議會所選的繼任人選感到滿意。根據我們在前面所看到的督學報告，史東費雪並不具有與愛德華相同的資格。一位署名「W」的匿名通信者投書《印地安報》，解釋他們並不在意由誰來擔任老師，只要他符合資格就行，然而史東費雪並不具備資格。W並且指出，對於愛德華遲到的指控其實毫無根據。W寫道，議會代表「抱怨老師在冬天早上來得太晚，但是學校並沒有時鐘，保留區也沒有任何顯示標準時間的裝置。」[131] W顯然是想利用保留區有關計時的模糊特性來幫助愛德華開脫議會的指控。W甚至還寫信給印地安事務部長勞倫斯・范考夫艾特（Lawrence Vankoughnet），抱怨議會的行動。

《印地安報》在五月初的期刊中刊登來自約翰・諾亞（John Noah）對W的回應。諾亞是議會代表之一，他支持撤換愛德華。他寫道：「這篇文章的作者雖 然聰明，卻是信口開河，絲毫不顧事實與真相。難以想像一位具備常識的人竟會說摩拉維亞鎮保留區沒有標準時間。我們事實上能夠自博斯維爾（Bothwell）定期接收漢米爾頓的鐵路時間；我們每天都能聽到該鎮議會的報時鐘聲，我們的鐘錶都是根據這些訊號來校正時間，然而這位自作聰明的人竟說我們沒有標準時間。」[132]他指出，議會通過此一動議，「是為了盡可能鼓勵我們受過教育的青年才俊為印地安同胞奉獻時間與精力」。[133]諾亞也為史東費雪辯護，表示他在賓州已獲得教學證書，已完全符合老師資格。

在這場爭議中，標準時間反而成為誰有權來任命老師的關鍵。W的觀點是保留區由學校鐘聲決定的時間並不可靠，因此也沒有理由指責愛德華遲到，因為他本人就是負責敲鐘的人，是該社區時間的仲裁者。不過議會代表諾亞則是主張，保留區確實能夠接收標準時間，該社區並非依賴學校老師的報時，而是聽到鄰鎮博斯維爾的時間訊號。諾亞試圖為他的社區爭取一些自治權，企圖藉由採用現代最新且最準確的標準時間來博得名聲與合法性。

但是W不是唯一反對任命史東費雪的人。《印地安報》在七月刊出第三封有關此一爭議的來信，反駁諾亞聲稱該保留區很容易取得標準時間的說法。這位作者是詹姆斯．多爾森（James Dolson），一位三十歲的盧納皮人，兩年前，也就是一八八四年，在摩拉維亞兄弟會哈特曼（A. Hartman）牧師的見證下與喬安娜．希爾（Johannah Hill）結婚。[134]多爾森寫道：「諾亞先生說『難以想像一位具備常識的人竟會說摩拉維亞鎮保留區沒有標準時間。』然而我要問，難道摩拉維亞鎮保留區有標準時間嗎？可以肯定地說，這真的難以想像。博斯維爾的鐘聲最多只能傳到兩英里遠，但是保留區與其最接近的地方也有三英里的距離，保留區的正中心（保留區學校所在位置）與其距離則有四．五英里，因此我們根本一個月都聽不到它的鐘聲，只有在天候與風向適合的情況下才偶爾聽到一、兩次。有鑑於此，指稱我們現任老師愛德華先生並非每次都在上午九時準時到校，其實只是來自他的敵人的猜測與抹黑。」[135]

多爾森對博斯維爾的測量相當合理，但是鐘聲送遠的距離，因此也無法判斷諾亞與多爾森是誰對誰錯。不過就算確認誰是對的也不必然能為整個爭議做下蓋棺論定的結論。此一爭議最重要的是透露該保留區的民眾知道標準時間，同時也了解其權威性，因此諾亞才會表示他能夠取得標準時間，並且強調其權威性。諾亞顯然是想為議會與社區爭取自治權，因此強調以格林威治為本的標準時間，企圖將其權威性納為己有。

愛德華最終還是離開了保留區學校，不過史東費雪並沒有接任他的職位。史東費雪通過高中入學考試，進入里治鎮高中（Ridgetown Collegiate Institute）就讀。[136]在愛德華離開後，該校老師更換有如跑馬燈。不過就像加拿大其他鄉鎮與世界各地一樣，標準時間與地方時在摩拉維亞鎮保留區怪異地並存。接替愛德華的老師們繼續扮演著摩拉維亞鎮保留區的非正式計時員，與來自博斯維爾的標準時間鐘聲競爭權威性的歸屬。

結論

由於各省教育委員會接受程度不同、教育的普及，以及計時在原住民學校的爭議，佛萊明推動計時教育的成果好壞不一。它儘管普及了公眾對標準時間的認知，但是也無法強制大家使用標準時間。社會大眾，不論國籍、階級、種族或是性別，都是以其方便來使用時間。許多人並不在意標準時間，將其視為笑話。但是也有人為了自己的目的使用標準時間。它可以是地位的象徵，為它的使用人披上「現代性」的外衣。摩拉維亞鎮保留區的德拉瓦族印地安議會則是藉由使用標準時間來主張其政治合法性，以此來對抗殖民學校的督學，後者也是同樣地利用時鐘與計時來作為評量學校「西化」程度的標準。這樣的策略與英國的約翰·維尼所採用的並無不同，他大力宣揚他的電氣報時服務是現代化的產物，同時指責露絲與瑪麗亞·貝爾維爾的報時服務守舊落伍，相對於他的陽剛、專業與現代感，她們卻是怪異、陰柔與落伍。掌握計時的話語權是一個具有多重用途的工具。在美國，由哪個政府單位來監督計時系統的爭議，大學從事報時服務以獲取收益的權利，都反映了大家爭取計時的同意權與控制其傳播的企圖心。

將這些與標準時間相關的線索串連，講述的是一個有關權力關係與建構權威的故事。IMC的代表們，不論國籍為何，而是在一個與一般大眾大都並不相連的領域做下決議。的確如此，他們大部分所關心的都是科學界的計時。他們無意改變公眾對時間的用法。然而他們所做決議引發的反應卻是超乎他們的想像。雖然格林威治時間的本意並非讓所有人使用，但是格林威治時間自帶權威性與「真實性」的光環使其成為人們希望擁有的東西，因為它代表身分地位與專業。在佛萊明與艾倫等推動人士的幫助下，原本僅是格林威治時間附屬品的標準時間，反而成為商務與旅行時用來進行時間測量最理想的形態與定言令式（categorical imperative）。但是受限於其配送管道，在鄉村幾乎毫無實際用途，它的普及化腳步緩慢。與此同時，其他的計時方式也沒有就此消失或是退位讓賢。標準時間並非一統天下，而是與其他現行的計時方式共存。

教育機構幫助灌輸標準時間的概念，其中有一些是直接參與，例如美國的大學就為全國配送標準時間，不過也有一些是間接的，例如美加兩國都有透過學校的課堂來教導學生認識標準時間。時間改革派既然無法以法律強制實施標準時間，於是轉而求助於教育。學校透過課堂來灌輸「現代」的時間意識，從而重塑階級與種族的認知，非白人與貧困兒童由於缺乏遵守現代時間的意識而被貼上道德沉淪的標籤。不過，被邊緣化的人們也可以藉由現代計時方式來主張自己的現代性，例如摩拉維亞鎮保留區議會就是如此。教育機構的計時教學是一種殖民工具，但是可以顛覆、重新定位與挑戰。這些矛盾代表了十九世紀末有關計時更為廣泛的辯論。格林威治時間並非在一夜之間成為佛萊明所想像毫無爭議的世界計時系統，也不是如ＩＭＣ所設想的一直是科學家所使用的特殊工具。反之，現代計時是兩者之間的折衷，不斷受到社會與文化背景的影響——一個不斷改變的標準，就和使用它的人與社區一樣混亂、多樣、具有爭議與複雜。

結語

本書始於追蹤一個概念的發展史——一套全球性，標準化的計時系統。這個概念沒有單一的起源點，它是由十九世紀多位思想家獨力構思而成。其中一位（並非第一位）是桑福德·佛萊明，他是一位鐵路工程師，為了推廣此一概念投注了大量的時間與精力。佛萊明並未尋求以此概念改變世界，至少最初是如此。他是一位專業的工程師，他最初為的是解決鐵路業界普遍面臨的問題與不便。他想簡化鐵路時刻表，由於現行的時刻表涵蓋了十幾種地方計時系統，以致效率大減。佛萊明的想法是將地方時的數量減少到可以管理的程度——減至全球只有二十四個。

北美鐵路業看中這個概念。在威廉·艾倫的指揮下，一八八三年開始實施此套時區新制。這項變革在大部分的主要城市快速而順利，有不少城市甚至決定據此來改變他們的地方時，雖然還是有一些地方寧願繼續使用地方時，只有在旅行時才改用鐵路時間。

曾參與多項跨國計畫的佛萊明，並不滿足以僅僅一個大陸與一個產業的計時標準化。他是一位世界公民，就像十九世紀應有的樣子，與一位帝國主義者（在他腦中，這兩種身分並不相互排斥）。他要擴大他的概念的廣度（遍及全世界）與深度（拓展到其他產業與民間生活的其他層面）。雖然他解決的是鐵路業的問題，但是他相信這項解決方案可以應用於其他的產業。

要推行標準時間，需要旅行大眾的參與，他們至少需要在旅行時知道如何將地方時轉換為鐵路時間。但是佛萊明認為，如果大家都把鐵路時間當作日常生活時間使用，不是更簡單一些？這個想法就是佛萊明原本僅是為解決業內問題的方法，進化成一個潛在典範轉移的起始點。

然而在另一塊大陸，另一個專業，出現了另一個概念。歐洲的地理學家與天文學家計畫為全球開發一套單一的世界時。這個想法聽來宏大，實際並非如此。此一概念並非要讓所有人都使用，只是供天文學家、地理學家與導航員使用。地方時仍是日常生活的規範。世界時單純只是讓在世界不同地方的天文學家能夠運用同一種計時系統來觀測如金星凌日的天象。他們也是與專業的解決方案有關。

這兩個概念的規模都不大。其實鐵路標準時間與天文學的世界時大可共存，甚至不需要相互知道。但是並非如此。這兩個獨立的概念，分別由不同領域的專家所構思而成，發生了碰撞。此一碰撞形成了本書故事的核心。這是一個關於時間如何從兩個相互衝突的概念建構而出的案例研究。與大部分的科學發現一樣，現代計時並非客觀地「被發現」，或是「被觀察到」、「被發明出來」。借用卡琳・克諾爾—塞蒂納（Karin Knorr-Cetina）[1]的話，這是在「充滿決策」的歷史演進中產生的。這一批人，在他們各自特定的文化背景下工作——至少是在他們的專業領域之內——塑造了現代計時的操作。這些背景限制了他們的行動，但是同時也允許他們操弄文化規範來鞏固他們的概念。

有了這樣的了解，就能輕易看出一八八四年的IMC的衝突點是在專業之間，不是在國家之間。這項有關計時的提案互不相干，而且也互不關切。誠然天文學家並無意發動時間改革，他們關心的設立一條本初子午線來決定經線，以供導航使用，不是民間的計時。

天文學家在ＩＭＣ所關切的主題是出自他們本身的政治背景。英國科學與藝術部所挑選的代表乃是根據他們對於公制的看法，而非計時，這是因為一八八四年英國學界最關心的是公制爭議。此外，還有安妮・羅素、威廉・帕克・斯諾、查理斯・皮亞茲・史密斯等人的故事都顯示他們是身處一個宗教信仰的文化環境之中，試圖藉由考古學、天文學與算術與其他自然科學來證明《聖經》的真實性。這些又與帝國競爭、種族階級意識，與民族主義等更為廣泛的背景有關係。這些因素，加上業餘人士與專業人士間的界線日趨模糊，各種排除異己、異中求同以及合法化的手段，幾乎導致佛萊明無法參加ＩＭＣ。這些因素同時也意味英國代表團由於佛萊明來自不同的背景，有不同的目的，而對其嚴加打壓。與會的天文學家都十分謹慎，避免涉足民間計時的任何改變。他們認為涉及民間計時的議題，已超出本次會議的目的與他們的權限。對他們而言，佛萊明是一名激進份子，然而在佛萊明眼中，他們卻是眼光短淺。

ＩＭＣ最終成功地擱置了標準時間。但是在經過佛萊明不斷地遊說與推廣之後，社會大眾反而以為他的概念就是會議的結果。兩個專業所產生的兩個完全不同的計時概念，於是在無意間產生交集。報紙更是推波助瀾，將天文學界的世界時與佛萊明重塑民用時的改革混為一談。最終，沒有人能夠確定ＩＭＣ的決議是要為特定專業人士提供世界時，還是提供給所有人使用。鐘錶業者開始根據佛萊明另一項提議，也就是使用二十四小時的鐘面，來申請專利，因為這項提議也已被植入ＩＭＣ的世界時決議之中。

兩個完全不同的計時概念併為一體，意味兩者的核心思想其實是互通有無，然而也使得複雜度提高。最好的例子就是精準度的概念。不像佛萊明的鐵路標準時間，天文學家的世界時需要極高的精準度，甚至到幾分之幾秒。因此，當公眾認為世界時是供所有人使用時，隨之而來的就是對精準度的重視。於是，新興企業大加利用此一概念，對於原本並不需要的企業與人士大力推銷精準的世界時。這些企業出售的是未來——一個特別、科技的烏托邦未來。時間的精準度代表進步，時間配送業者的訴求即是對富人與企業提供一個位居時代前端的地位與機會。與此同時，如貝爾維爾母女等業者則是提供現代性的替代品，一種社會層面較廣的時間產品，不過依然能與專業的時間精準度與國際外交共識有所聯結。

這兩個概念的合體也意味雙方都不滿意這樣的結果。沮喪又工作過量的格林威治皇家天文學家，工作之一是將測量的精準時間出售給一般大眾，然而現在卻是威脅要取消這項公眾報時服務，並且宣稱這項工作與天文台的職責無關緊要。他們堅守世界時的初衷——是專為天文學家與皇家海軍使用的專業性工具，不是供公眾使用的商品。

在另一方面，佛萊明也因為他的時間改革計畫受阻而為之氣結。ＩＭＣ並沒有任何與民間計時相關的協議，更遑論標準時間，而且佛萊明還發現即使是在對標準時間接受度最高的北美，也無法讓標準時間成為法定時間。加拿大與美國都沒有讓標準時間成為法律，反觀英國卻是立法讓格林威治時間成為法定的國家時間，標準時間顯然沒有這樣的待遇。儘管ＩＭＣ喧嘩吵鬧，地方時依然是世界上許多地方的計時方式。

在爭取立法上碰壁後，改革人士嘗試改以教育而非立法的方式來說服公眾使用標準時間，為公立學校提供課程輔助。然而以教育來改變公眾行為的成果不一，人們繼續以自己的方便來使用時間。有一些情況，例如英國標準時間公司的客戶，或是摩拉維亞鎮保留區德拉瓦議會，根據自己的目的主張標準時間的所有權，從而建立自己的權威性與現代性。不過其他人依然滿意於繼續使用地方時，這樣的情況甚至持續了好幾十年。標準時間與天文時間精準度無意間的串連，也代表直到一九二〇年代無線電科技問世，使得準確時間的傳播成本大為降低，標準時間才得以廣泛使用。當時，由於ＩＭＣ沒有促成標準時間作為國際規範的制式化，民族國家反而成為決定計時系統的主導者，但是他們也僅是鬆散地依循經線時區的原則。在整個二十世紀，民族國家都證明自己在面對跨國力量的壓迫時都能頑強地復原。[2]但是若認為全球計時系統的建立完全是靠他們完成的，那就錯了。國家並非建立現行計時系統合法性的來源。根據本書，是不同文化背景下的專家與個人（文化背景也包括民族，但並非唯一），將時間塑造成既有的形式。

至於ＩＭＣ的長期遺產，雖然該會議對於民間計時沒有直接或間接的影響，不過遺留給外交世界的卻是意義重大，因為它建立了在計時方面的國際協調先例。自此之後，直到今日，來自各國的專家仍是持續進行協調，為計時建立國際標準，就和當年的ＩＭＣ一樣，這些專家既是物理科學家與工程師，同時也扮演外交官的角色。在二十一世紀，這些專家聚會所討論的主題已有所改變，地面的原子鐘取代了天文觀測成為計時的基礎。舉例來說，今天科學家與工程師齊聚一堂，討論的可能是規範導航衛星系統，這需要協調散布在全球各地實驗室的原子鐘。再舉一個例子，秒的長度乃是透過在巴黎城郊的國際度量衡局（International Bureau of Weights and Measures）所匯總的各國原子鐘資料來決定。總而言之，ＩＭＣ是為之後的全球協調與標準化行動化開路，然而就此方面來說，也帶來陰影。

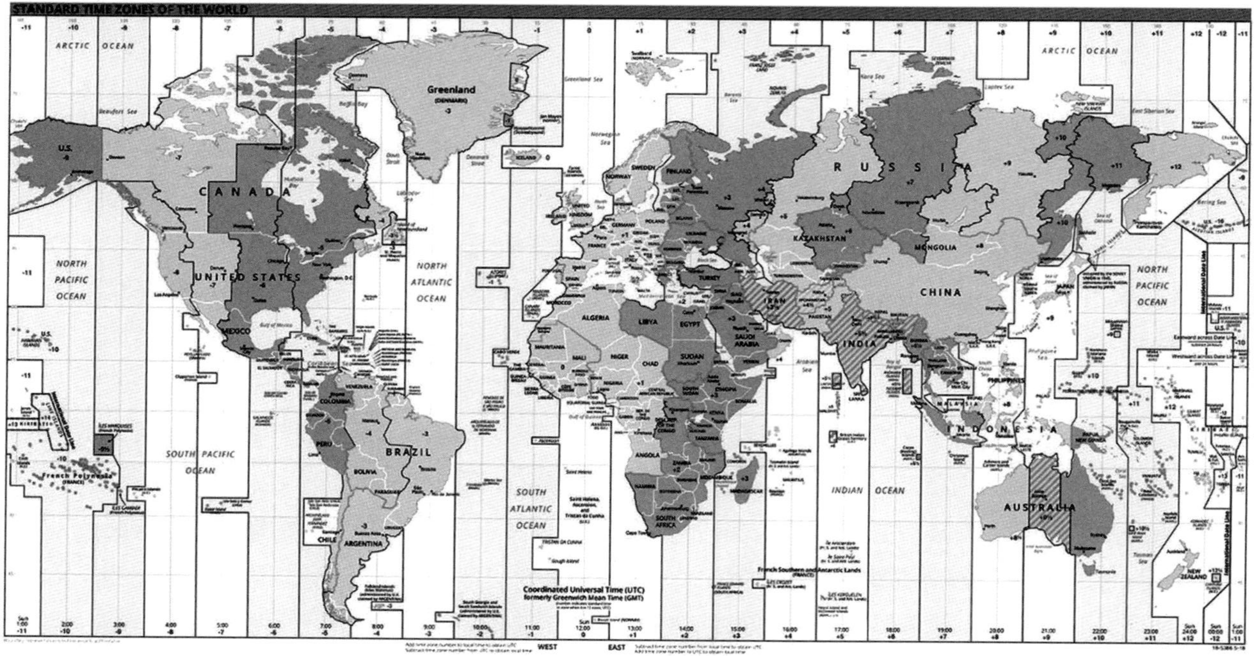

二〇二〇年標準時間地圖。時區儘管是由經線劃分，不過往往會依循政治的彊界，例如中國雖然橫跨多個時區，卻是使用單一的時間。

當然，外交會議僅是故事的一半。公眾對ＩＭＣ決議各種不同的重新解釋，同樣也塑造了圍繞計時的討論。這個具有合法性的雙重來源——一邊是專業與外交，一邊則是公眾的使用——代表了一套能在任何領域建立全球普遍性規範的公式。官方的外交途徑與專家專業固然重要，不過公眾的接受度、解釋與使用也同等重要。一套全球性的規範或許擁有如ＩＭＣ這類國際會議的官方定義加持，不過地方上的使用往往是一首交響樂的變奏曲，因為地方上的情況與限制而有所改變。沒有一套全球規範在與現實世界接觸後依然完好如初，計時當然也不例外。

如果歷史上有單獨一部影響力足以大到能夠啟發計時學術性討論的作品，一定就是社會主義歷史學家湯普森（E.P. Thompson）在一九六七年的文章〈時間、工作紀律以及工業資本主義〉（Time, Work-Discipline and Industrial Capitalism）[3]本書並未討論湯普森的貢獻，因為他是聚焦於十八世紀，不是十九世紀。不過他所提出的問題正是許多討論的重心所在，儘管有些是間接的，因此他的文章確實值得深入探討，以此作為本書的結尾也再適合不過了。

湯普森的文章主題是工業革命初期時間觀念的改變。湯普森主張，「時間感」的改變乃是時間測量技術進步與新興工業化經濟發展下的直接結果。他將工業革命前後描繪成截然不同的景象：在人類歷史中的大部分時期，時間都是靠大自然來測量的。漁民與水手都靠潮汐過活，農民則一定是依循四季來耕種與收成。在自然時間下，工作是任務導向，一天的打算都圍繞著需要的事情。[4]工作與休閒是無法分開的。湯普森指出，在自然時間下，「社交活動與勞動糾纏不清——工作日的延長或縮短端視任務是否達成。」[5]在十八世紀工業革命初期，自然時間為嚴格管控的時鐘時間所取代。湯普森指出，這是在於時鐘時間所有的優越感。「對於已習慣以時鐘來管控時間的人來說，」湯普森寫道：「這種（自然、任務導向的）勞動態度浪費又缺乏緊迫性。」[6]隨著精確的計時工具問世，雇主能夠根據員工的工作時數來支付工資。他們不再以完成任務來支付酬勞，而是根據一定的工作時數——也就是他們不希望浪費的時間。從此，時間變成金錢。[7]在時鐘時間確立下，不只是雇主，社會機構也開始採用，包括學校在內，灌輸守時與勤奮的觀念，也就是湯普森所謂的「節約時間」。[8]他深刻地指出，時間測量本身已成為勞動剝削的工具。[9]

湯普森證明了時間測量對人類行為的影響強大。他的論點大部分都令人信服。英國的工業社會改變了勞工的時間感，從而也強制他們在固定的工作時間內工作。時鐘強迫他們進入「非自然的」勞動模式，使他們更容易受到剝削，因為需要技能的工作都被廉價的非技能工作所取代。湯普森的論述極具影響力，不是沒有道理，不過他的論點也有一些問題。第一，他對自然時間與時鐘時間的劃分太過僵硬。他把自然時間時代描繪成黃金烏托邦，在時間不需要，也不必被理解的時代，喚起人們對簡單生活的懷念。但是時間的自然測量也是時間測量的一種。根據時鐘時間生活所帶來的時間感變化，也許並不如他所認為的那麼深刻。保羅．格倫尼（Paul Glennie）與奈傑爾．史里夫特（Nigel Thrift）就指出：「沒有擁有一支計時器既不代表『缺乏資訊』，也不意味『缺少認識時間的能力』。」[10]事實上，早在工業革命之前，人們就已了解時鐘時間。第二，湯普森的論點完全是科技與經濟的決定論。就某種程度而言，也不無道理。要強制工作時間，就必須要有時鐘時間，然而若非工業經濟也無此必要。但是科技進步並沒有創造出對時間測量的需求，正好相反，是對時間準確測量的需求帶動科技的發展。[11]就此而言，湯普森是倒因為果。

無論如何，湯普森對十八世紀工業化促進了勞工階級對時鐘使用的觀察，的確是不爭的事實。

如今問題已轉變為這些勞工是如何掌握這種有別於「自然」時間的抽象時間？歷史學家凡妮莎・奧格勒最近指出，他們其實並不真的了解抽象的時間概念。她將時間感發生變化的時間由十八世紀移至二十世紀。她表示，在二十世紀初期，仍有許多人離不開自然時間，「想到要用抽象的時間就緊張」。[12]在針對英國試圖引入夏令時間（日光節約時間）的研究中，奧格勒發現有許多人都對時間不是由太陽，而是由法律來決定的情形感到莫名其妙。他們無法也不願使用抽象的時間，看來他們現代時間感的發展顯然不如湯普森所料。

我認為有一種說法可以填補湯普森與奧格勒間的鴻溝。十八世紀的工業化可能確實如湯普森所說的造成時間感的改變，帶動勞工自任務導向的工作轉向由時鐘時間管制的工作。我的看法是，根據本書所討論的內容，十九世紀晚期的勞工同樣也經歷了一段迷失方向的改變期。當時，勞工已習慣使用時鐘，但是他們突然被告知他們長期使用的時鐘其實是在說謊，令他們猝不及防。如今有一個真正的時間——一個完美、全球化、精準的標準時間——所有的時鐘都應依循此一時間。不過要獲得此一時間並不容易。格林威治時間成本昂貴，一般大眾難以接觸。如果說湯普森十八世紀的時間感是一種剝削工具，全球化的標準時間可能就是十九世紀末造成社會不公的新來源。試想連你最基本的時間認知能力都遭到剝奪，會是什麼情況。公眾要不是必須仰賴專家才能做他們之前靠自己就能完成的事情，或者乾脆拒絕現代計時，很多人就是如此。這也難怪奧格勒會遇到二十世紀的人還感大惑不解，大聲抱怨政府官員——時間專家——一再攪和時間。日出日落至少是可以信賴的計時方式，而且還是免費的。難怪自然的地方時看來是一個更好的選擇。

但是火車不能光靠著太陽行駛，專業是必要的。本書並不是要和現代世界的專家與專業知識唱反調。今天，反智主義已是猖獗的嚇人。它是證明專業知識往往是與社會、經濟特權相連，同時也在突顯資訊平等取得的價值。

我在引言中提出兩項主張：時間知識首先是由個別的機構與專業人士提出，其次再經由知識本質的辯論形塑而成。我們現在已可看見整個進程是如何運作的。天文學家宣稱精確的測時知識是提供給專業人士使用的工具，並非提供一般大眾使用。但是他們的想法與佛萊明針對所有人的單一民用計時系統牽扯不清，而且後者的概念已廣為散布，儘管還未全面普及。相互糾纏的結果是一個混合的概念，結合天文學家要求的精準度與標準時間所強調的普遍性。天文學的專業權威與外交地位為此一混合的概念帶來合法性，同時也使得其他的時間來源顯得過時。這樣的情況創造出人們對精準的標準時間的需求，如約翰．維尼與瑪麗亞．貝爾維爾這樣的創業家也趁勢崛起，以收取費用的方式來滿足人們此一需求，從而也造成時間新知獲得不均的情況。許多人漠不關心，而是繼續使用他們認為最方便的時間。不過，相關資訊取得不公也促成針對格林威治時間本質的辯論——它應是商品、專供專家使用的工具，還是公共財？佛萊明支持最後一項，然而他並非完全出於善意——和維尼一樣，他也是一位考量自己利益的資本家。免費的時間知識對他的產業（鐵路業）有利，因此他支持在社會上全面實施，並且透過公立學校教導學童如何使用。時間最終成為公共財，不過這也是在無線電技術問世之後，該科技允許標準時間低價傳播，重創維尼等出售時間的人的獲利。廉價的時間配送最終也幫助其他產業的發展——無線電、航空業與電視。

標準時間的故事擁有可以廣泛運用的經驗與教訓，對現代、全球化的世界（我在使用這兩個形容詞有些猶豫）具有深刻的影響。雖然本書談的是時間知識的建構，不過它可以是任何一種知識的建構與其合法性的確立。個別構機與專業的概念促成知識的產生，從而帶動知識本質的辯論：它是公共財、商品，還是特殊工具？此一問題的答案影響深遠。有一個案例可以說明此一模式與進程能夠運用到其他領域，例如網際網路的進化就與標準時間類似。在一開始的時候，它也是專供專家使用，而且昂貴無比，只賣給富有的機構。不過隨著價格越來越低廉——全球已有百分之六十以上的人口都在使用網際網路——它也成為新產業與新科技的發展平台。它也不是來自單一一位發明家的成果，而是匯集了多個來自不同背景的概念。它也許並非是完美的例子，不過有許多相同之處。標準時間的故事不僅提供了知識如何建構的經驗與教訓，同時也揭示了知識的分享與取得之道，以及取得不均可能造成的後果。資訊共享是一個促成改變的強大力量，這是一個合乎時宜的提醒。

致謝

我用了七年的時間完成這本著作，它的故事與訊息現在感覺就和我當初動筆時一樣重要。比如說，一八八〇年代由於難以準確計時，導致許多飽學之士遠離現代計時方法，令我震驚。沒有接觸這些知識，從中就會產生不平等與怨恨。這樣的情況在今天依然如此，然而並非只是在計時方面，而是在整個科學界本身。科學界與學術界很容易就顯得冷漠疏離，對於專業知識自鳴得意，反而歡迎偽科學。查理斯・皮亞茲・史密斯時代的金字塔學家如今已變成地球暖化否定論者（即使經過這麼多年，今日仍有人主張地球是平的）。如果我們要克服這些對文化的威脅——可以確定的是，忽略氣候學的結果將為我們的未來帶來嚴重威脅——就必須遏阻錯誤訊息的擴散，去除教育的系統性阻礙，包括不平等在內。正如本書結語所言，我們不能忽視平等接觸真實訊息的價值。今天的學術界與相關公民必須以此為他們努力的課題。有些人已經在這麼做了。但這是一個艱難的挑戰，我們必須努力不懈。我為已接受此一挑戰的人喝采，我希望他們的努力有一天能夠幫助這個世界更加美好與和藹可親。

說到和藹可親，我這本著作得到許多人的幫助，我都銘感五內。首先，我要感謝史蒂芬・希索恩（Stephen Heathorn），他的指導與支持對本書的著作無比珍貴。約翰・威佛（John Weaver）、麥可・伊根（Michael Egan）與大衛・里森（David Leeson）也為本書早先的版本提供專業的建議。我也要感謝丹・戈曼（Dan Gorman）的鼓勵與內勒斯（H.V. Nelles）教導我以敘事價值來作為分析的工具。這六位歷史學家直間或間接幫助我了解這本書是有關人的故事，不是科技。在此理解下，本書故事也因此更加精彩。

我有幸獲得多家機構的財務支援，包括安大略省畢業生獎學金（Ontario Graduate Scholarship, OGS）、麥克馬斯特大學（McMaster University）以及威爾森加拿大歷史研究所（Wilson Institute for Canadian History）。沒有這些資助，我無法完成本書相關的研究工作。

我要感謝多家檔案室的職員，包括劍橋天文圖書館（Cambridge Astronomy Library）的馬克・霍恩（Mark Hurn）、愛丁堡皇家天文台（Royal Observatory of Edinburgh）的凱倫・莫蘭（Karen Moran）、劍橋聖約翰學院圖書館（St. John's College Library）的凱薩琳・麥基（Kathryn McKee）、皇家天文學會檔案室（Royal Astronomical Society Archives）的希安・普羅瑟（Sian Prosser）、工程與技術研究所檔案室（Institute of Science and Technology）的約翰・蓋博（John Cable）、皇家地理學會檔案室（Royal Geographical Society Archives）的朱莉・卡林頓（Julie Carrington）、梅登黑德圖書館（Maidenhead Library）的克里斯・亞特金斯（Chris Atkins）、興沃克住宿學校中心（Shingwauk Residential Schools Center）的克里斯塔・麥奎肯（Krista McCracken）。我也要感謝安大略省檔案館（Archives of Ontario）、皇家學會檔案館（Archives of Royal Society）、多明尼加共和國的國家報檔案館（Archivo General de la Nacion）、法國學院圖書館（Bibliothèque de l'Institut de France）、大英圖書館（British Library）、英國電信檔案館

（BT Archives）、劍橋大學圖書館、加拿大圖書館暨檔案館（Library and Archives Canada）、國會圖書館（Library of Congress）、倫敦大都會檔案館（London Metropolitan Archives）、英國國家檔案館（National Archives of the United Kingdom）、美國國家檔案館（National Archives of the United States of America）。

麥基爾—皇后大學出版社（McGill-Queen's University Press）的理查・拉茲拉夫（Richard Ratzlaff）、凱瑟琳・費瑟（Kathleen Fraser），以及其團隊讓我享受到我從未奢望的順利出版經驗。同樣地，匿名同行審議的推薦對本書的幫助也是無庸置疑的。

本書源自於麥克馬斯特大學（McMaster University）歷史系的一份博士論文。此外，本書第一章的一些概念，我是參考《無外交歷史：加拿大與世界的新研究》（*Undiplomatic History: The New Study of Canada and World*）一書中五十六頁至七十五頁的「創造時間：跨國網路與加拿大和其他地區標準時間的建立，一八六七到一九〇五年」。該本著作編輯是阿薩・麥克契爾（Asa McKercher）與菲利浦・范・赫伊真（Phillip Van Huizen）。（蒙特婁與金士頓：麥基爾—皇后大學出版社，二〇一九年）

我還要感謝我的一批同事與好友對本書文稿提出的建議，不過更重要的是他們的友誼與支持——雀兒喜・巴朗格（Chelsea Barranger）、薩曼莎・克拉克（Samantha Clarke）、阿列克薩・柴契威奇（Oleksa Drachewych）、庫藍・伊根（Curran Egan）、凱爾西・海因（Kelsey Hine）、米卡・喬根森（Mica Jorgenson）、賈桂琳・柯克漢姆（Jacqueline Kirkham）、安德魯・克羅伯爾（Andrew Kloiber）、沙耶・史威尼（Shay Sweeney）與艾歷克斯・薩瓦里瑟（Alex Zavarise）

——我愛你們大家。

最後，我要感謝我的家人。謝謝你，我的伴侶，梅根・強斯頓（Megan Johnston），你的愛與支持，安慰與打氣（更別提幫我翻譯法文文件）使我在整個寫作過程中保持清醒。謝謝我的兄弟姐妹，梅麗莎・希萊特（Melissa Sillett）與史蒂芬・強斯頓（Steven Johnston）——願我們在未來的冒險中繼續做伴。我還要感謝我的父母，蓋瑞（Gary）與麗塔・強斯頓（Rita Johnston），他們一直在鼓勵與支持我。他們的愛啟發了我的靈感。我將本書獻給他們。

附錄

國際子午線會議決議案

一、本會議的意見是希望所有國家使用單一的本初子午線，以取代現行多個初始子午線。（一致通過）

二、本會議向與會各國政府提議以通過格林威治天文台子午儀中心的子午線作為經線的初始子午線。（同意二十二票、反對一票、棄權二票）

三、該子午線的經度應向東西兩邊延伸各一百八十度，東經為正，西經為負。（同意十四票，反對五票，棄權六票）

四、本會議提議為了便於達成目的，應採行一個普遍性的世界日，但不應干擾地方時或標準時間的使用。（同意二十三票，棄權二票）

五、世界日是指太陽日；始於初始子午線的午夜；與民用日的起始、該子午線的日期同步，該日自零時起算至二十四小時。（同意十五票，反對二票，棄權七票）

六、本會議希望世界各地的天文日與航海日能夠儘快安排自午夜開始。（一致通過）

七、本會議希望恢復旨在規範與擴展十進位制應用於各範圍與時間部門的技術研究，以利於將該應用擴展至具有實質優勢的地方。（同意二十一票，棄權三票）

注釋

引言

1 愛因斯坦的狹義相對論（一九〇五年）與廣義相對論（一九一六年）完全顛覆我們從科學與哲學上對時間的了解。霍金（Hawking）所著的《時間簡史》（*A Brief History of Time*）對相對論與時間膨脹的解釋最為平易近人。

2 此一諺語的出處往往是歸之於拿破崙・波拿巴（Napoleon Bonaparte）。他的原話是：「歷史乃是眾口一詞的謊言」（History is a series of lies agreed upon.）。

3 See Nanni, *The Colonisation of Time*. This trend is sometimes called the "Science of Inventory"; Zeller, *Inventing Canada*, 269. Donald Mackenzie suggests that Victorian science sought to bring a sense of order to complex systems; Donald Mackenzie, *Statistics in Britain*.

4 See Mitchell, *Rule of Experts*, 84–93. Mitchell argues that land surveys and maps of Egypt made by Europeans did not produce a more accurate view of the world, but rather redistributed forms of knowledge that helped colonial administrators exploit the natural resources of the area.

5 Glennie and Thrift, *Shaping the Day*, 40.

6 查理斯・威瑟斯（Charles Withers）指出IMC的決議並不具約束性，「以致在地理上形成不平均的情況」。伊恩・巴特基（Ian Bartky）則是寫道，IMC各國代表並非一致同意以格林威治作為本初子午線，也沒有同意設立時區。凡妮莎・奧格勒在其所著有關時間改革的著作中幾乎沒有提到

IMC。她認為時間改革是一大挫敗，尤其是IMC「幾乎沒有任何意義，因為時間的統一直到一九三〇與四〇年代才完成。」亞當・巴羅斯則是認為IMC並沒有「達成其所要達成的目標」。

7 See Ogle, *The Global Transformation of Time.*

8 天文學家利用其工具與專業測量恆星時，並將其轉換為太陽時。恆星日的時間長度是一顆恆星根據地球自轉經過地球的某一點，並於次日晚上返回此一點的時間。太陽日的測量方式也是一樣，不過是以太陽取代恆星。由於地球圍繞太陽的公轉運動，恆星日要比太陽日短少約四分鐘。一旦確立時間，就需要某種方式的時間配送，例如電報、無線電或是天文鐘。這些方式昂貴又複雜，使得標準時間的全球系統對天文專業知識的依賴遠大於地方時。

第一章

1 See Blaise, *Time Lord*, 75–7. Burpee, *Sandford Fleming*, 211–12; and Lorne Green, *Chief Engineer*, 56–7. These biographies all refer to the missed train. Ian Bartky has levelled some criticism at them for this. See Bartky, *One Time Fits All*, 51, and "Sandford Fleming's First Essays on Time," 5.

2 Fleming, *Uniform Non-Local Time*, 5.

3 巴特基指出，佛萊明第一份有關時間改革的論文直到一八七八年才發表，是發生火車事件的兩年後，不是佛萊明所宣稱的「幾周後」。我的看法是，佛萊明確實在火車事後沒多久就寫了這一論文，只是多年沒有發表，直到後來警覺需要趕在克里夫蘭・阿貝與美國氣象協會之前發表，才採取行動。他曾試圖在一八七六年將一份有關時間改革的論文送交不列顛科學協進會，他在自傳中就提到「在一八七六年發表了一份統一的非地方時備忘錄」。（他的聲明並不正確，不過他可能只是指他要提交給不列顛科學協進會的論文是在一八七六年完成的）佛萊明在一八八三年也曾告訴查理斯・多德，他是在一八七六年於火車事件後完成這份論文，不過這可能是因為他想平息外界質疑之聲故意將完成時間提前。

4 Allen, *Short History of Standard Time*.

5 Bartky, "Sandford Fleming's First Essays on Time."

6 For Struve's contribution, see Otto Struve, "First Meridian," vol. 30, Fleming Papers. Airy's time service, begun in 1849, is mentioned in H. Spencer Jones, "Untitled History of Time Service," RGOA, RGO9.625, CUL.

7 Bartky, "Sandford Fleming's First Essays on Time," 6–8.

8 Ibid., 8. Speakers included William Thomson (later Lord Kelvin), David Gill, George Darwin, the hydrographer of the Royal Navy, Robert Ball, and the /Earl of Rosse.

9 Ibid., 8.

10 阿貝將時區的概念歸功於數學家班傑明・皮爾斯（Benjamin Pierce）。

11 Ibid., 35–7. Incidentally, Bartky's article is one of the earliest publications to recognize an astronomical impetus for standard time (via Abbe's aurora measurements) alongside the needs of the railways. It does not, however, elucidate the crucial difference in scope: a specialized time for science v. a universal civil time for all people/all railway users.

12 Cleveland Abbe to Sandford Fleming, 10 March 1880 (two letters sent that date, both relevant), vol. 1, Fleming Papers; F.A.P. Barnard to Sandford Fleming, 18 March 1880, vol. 3, Fleming Papers; F.A.P. Barnard to Sandford Fleming, 23 June 1880, ibid.; F.A.P. Barnard to Sandford Fleming, 6 July 1880, ibid. See also Bartky, "Sandford Fleming's First Essays on Time."

13 Memorial of the Canadian Institute on Time Reckoning and a Prime Meridian, 1878–79. In Fleming, *Universal or Cosmic Time*, YA.2003.A.17994, BL.

14 M.E. Hicks-Beach to the Marquis of Lorne, 15 Oct. 1879, in Fleming, *Universal or Cosmic Time*. Colonial Secretary Hicks-Beach was likely paraphrasing George Airy.

15 幾十年後此一觀念出現改變，日光節約時間就被視為一項強制改變社會行為的實驗。

16 Council Minutes, 14 Nov. 1879, No. 2, vol. 8, Royal Astronomical Society Papers, Part 1, RAS.

17 Sir John Henry Lefroy's Report on Mr Sandford Fleming's Proposals Respecting a Prime Meridian and Time Reckoning, 19 Nov. 1879, RGS/CB6/1377, RGS.

18 The Secretary of the Royal Society to the Colonial Office, 6 Nov. 1879, in Fleming, *Universal or Cosmic Time*.

19 The Admiralty also rejected the proposal on the basis that the public was not yet ready for such a change. The Lords Commissioners of the Admiralty Board to the Secretary of State for the Colonies, 4 Oct. 1879, in ibid.

20 Charles Piazzi Smyth to Colonial Office, 5 Sept. 1879, in ibid.

21 Ibid.

22 Ibid.

23 Ibid.

24 George Airy to the Secretary of State for the Colonies, 18 June 1879, and Charles Piazzi Smyth to Colonial Office, 5 Sept. 1879, in ibid. In 1880, Cleveland Abbe pointed out to Fleming that the Latin alphabet is not universal, and other alphabets and writing systems were not represented in his proposal. F.A.P. Barnard to Sandford Fleming, 16 July 1880, vol. 2, Fleming Papers.

25 Withers, *Zero Degrees*, 3.

26 Smyth had seen it too. Charles Piazzi Smyth to Sandford Fleming, 12 Nov. 1878, vol. 2, Fleming Papers.

27 George Airy to Sandford Fleming, 11 Feb. 1878, vol. 1, Fleming Papers.

28 Howse, *Greenwich Time*, 114.

29 Chapman, "Sir George Airy (1801–1892)," 325.

30 Bartky, *One Time Fits All*, 70.

31 Ibid., 59.

32 大約百分之九十的受訪者都是「實實在在的鐵路人」，其他則是「理論型人士」，易言之，就是天文學家與學者。

33 Vol. 2, Fleming Papers, is full of survey responses calling for some kind of reform.

34 Cleveland Abbe to Sandford Fleming, 10 March 1880, vol. 1, Fleming Papers.

35 Thomas Egleston to Sandford Fleming, 20 Feb. 1883, vol. 14, Fleming Papers.

36 Bartky, *One Time Fits All*, 59–85.

37 Mario Creet and Ian Bartky's otherwise-excellent reviews of Fleming's activism both omit his relationship with the IPAWM. Creet, "Sandford Fleming," 66–89; Barkty, *One Time Fits All*.

38 See, for example, Perry, *The Story of Standards*; Theodore Porter, *Trust in Numbers*; Wise, ed., *The Values of Precision*; Hacking, *The Taming of Chance*; Headrick, *When Information Came of Age*.

39 For more on the notion of scientific advancement facilitating colonialism, see Adas, *Machines as the Measure of Men*; Drayton, *Nature's Government*; Weaver, *The Great Land Rush*; Mitchell, *Rule of Experts*.

40 In 1884 it had about six hundred members. Reisenauer, "'The Battle of the Standards,'" 969.

41 Thomas Egleston to Sandford Fleming, 9 June 1881, vol. 14, Fleming Papers; Thomas Egleston to Sandford Fleming, 19 June 1881, ibid.; Thomas Egleston to Sandford Fleming, 24 June 1881, ibid., F.A.P. Barnard to Sandford Fleming, 11 June 1881, vol. 3, Fleming Papers.

42 F.A.P. Barnard to Sandford Fleming, 11 June 1881, vol. 3, Fleming Papers.

43 Thomas Egleston to Sandford Fleming, 1 June 1883, vol. 14, Fleming Papers.

44 Thomas Egleston to Sandford Fleming, 1 June 1883, ibid..

45 Charles Latimer to Charles Piazzi Smyth, 1 Jan 1882, A14/66, Charles Piazzi Smyth Papers, Royal Observatory of Edinburgh (hereinafter Smyth Papers). Latimer then told Fleming that although he thought the pyramid would be the best prime meridian, Greenwich might be acceptable. Charles Latimer to Sandford Fleming, 27 Feb. 1882, vol 27, Fleming Papers.

46 Charles Latimer to Sandford Fleming, 22 Dec. 1882, ibid.

47 Sandford Fleming to A.G. Wood, 14 Feb. 1883, vol. 54, Fleming Papers; Sandford Fleming, "Standard

Time," *International Standard* 1, undated, vol. 65, Fleming Papers; *International Standard*, March 1883, vol. 105, Fleming Papers.

48 Charles Latimer to Sandford Fleming, 30 Oct. 1883, vol. 27, Fleming Papers; Charles Latimer to Sandford Fleming, 22 Nov. 1883, ibid.; Charles Latimer to Sandford Fleming, 5 Dec. 1883, ibid.

49 F.A.P. Barnard to Sandford Fleming, 4 June 1881, vol. 3, Fleming Papers, See also Bartky, *Selling the True Time*, 149.

50 Bartky, *One Time Fits All*, 35–47.

51 Charles Piazzi Smyth to F.A.P. Barnard, 24 Aug. 1881, vol. 3, Fleming Papers.

52 George Airy to F.A.P. Barnard, 12 July 1881, ibid.

53 F.A.P. Barnard to Sandford Fleming, 30 July 1881, ibid. See also F.A.P. Barnard to Sandford Fleming, 3 Sept. 1881, ibid.

54 F.A.P. Barnard to Sandford Fleming, 19 Dec. 1881, ibid.

55 His remarks to the Congress at Venice can be found in Fleming, *The Adoption of a Prime Meridian*.

56 George Wheeler to Sandford Fleming, 2 March 1882, vol. 53, Fleming Papers.

57 Ibid. .

58 Sandford Fleming to John Bogart, 26 Oct. 1881, vol. 63, Fleming Papers. See also Bartky, *One Time Fits All*, 66–7.

59 Sandford Fleming to Charles Tupper, 20 Oct. 1883, vol. 65, Fleming Papers.

60 "The Geodetic Conference at Rome," *Journal of the Society of Arts* 32, no. 1625 (Friday 11 Jan. 1884): 132–3.

61 Report by the Committee, undated, vol. 188, Papers of Lt-Gen Sir Richard Strachey, Mss. Eur F127, British Library (hereinafter Strachey Papers).

62 The Treasury and the warden of the standards, H.J. Chaney, were particularly opposed.

63 Bartky, "Inventing," 111.

64 如果歐洲與北美對計時的看法不同，可能應歸咎於地理。北美幅員廣闊，相較之下，對於時間標準化的需求急迫。佛萊明在其早期就寫道，有鑑於經度的差異，歐洲人士無法理解北美與俄羅斯所面臨的問題。

65 Born in Nova Scotia, Newcomb moved about 1854 to the United States, where he became a professor of mathematics and astronomy at Johns Hokpins University, served in the U.S. Naval Observatory, and oversaw the Nautical Almanac Office.

66 See Pietsch, *Empire of Scholars*; Edney, *Mapping an Empire*.

67 See Time Service, vol. 14523, RG 30, LAC. The whole file is all about the "day of two noons."

68 See O'Malley, *Keeping Watch*, 118–19, 126, 130–44; Howse, *Greenwich Time,* 126.

69 *Indianapolis Sentinel*, 21 Nov. 1883.

70 A Toronto Woman to Sandford Fleming, 19 Nov. 1883, vol. 54, Fleming Papers.

71 Howse, *Greenwich Time,* 114.

72 See G.W. Wicksteed to Sandford Fleming, 9 July 1891, vol. 53, Fleming Papers; G.W. Wicksteed to Sandford Fleming, 12 Jan. 1892, ibid. The U.S. government didn't standardize time all over the nation until 1918; Howse, *Greenwich Time,* 126. In Canada, it remained up to the provinces; Thomson, *The Beginning of the Long Dash*, 34.

73 G. Powell to Sandford Fleming, 8 May 1883, Canadian Institute Papers, file 4-0-2, F1052, AO.

74 Sandford Fleming to Charles Tupper, 9 May 1883, vol. 65, Fleming Papers.

75 Sandford Fleming to G. Powell, 23 June 1884, ibid.

76 Foreign Office Letterbooks, Entry for 28 Nov. 1882, Foreign Office Papers, FO566.19, NA-UK.

77 Foreign Office to Colonial Office, 5 June 1883, Colonial Office Papers, CO42.776, NA-UK.

78 Lionel West to Frederick Frelinghuysen, 14 June 1883, vol. 27, Fleming Papers; Lionel West to Frederick Frelinghuysen, 8 June 1883, ibid.; Frederick Frelinghuysen to Lionel West, 13 June 1883, ibid.

79 Adoption of a Common Prime Meridian, 6 June 1883, Colonial Office Papers, CO42.776, NA-UK;

Colonial Office to Foreign Office Draft, 7 June 1883, ibid.

80 Sandford Fleming to Charles Tupper, 14 July 1883, Colonial Office Papers, CO42.775, NA-UK.

81 The Earl Granville to Mr Lowell, 21 July 1883, vol. 11, Fleming Papers.

82 這項軍事干預算是加拿大出兵平定路易・里爾（Louis Riel）所率領的梅蒂人叛亂（Metis Rebellion）。這場行動為西北領地的梅蒂人帶來苦難，並且也打擊了加拿大法語區的民心。不過加拿大英語區對這場軍事行動卻是反應熱烈，政府利用鐵路快速運送軍隊至前線作戰，使得加拿大太平洋鐵路大受歡迎。佛萊明與塔珀都贊成使用武力平亂。塔珀在寄給佛萊明的信中寫道：「必須捍衛你我辛苦建立的國家。」

83 Adoption of the Multiple of Greenwich Time in Canada and the United States, 15 Nov.1883, Colonial Office Papers, CO42.775, NA-UK.

84 Sandford Fleming to Charles Tupper, 20 Oct. 1883, ibid.

85 Science and Art Department to Colonial Office, 16 Jan. 1884, vol. 11, Fleming Papers.

86 Treasury to Foreign Office, 14 Jan. 1884, Foreign Office Papers, FO5.1886, NA-UK.

87 Foreign Office to Treasury, 21 Jan. 1884, ibid.

88 Colonial Office to Treasury, 7 Feb. 1884, ibid.

89 John Donnelly to William Christie, 16 Feb. 1884, RGOA, RGO7.142, CUL. Donnelly was a military officer, but spent most of his later career reforming the sad and helped create scientific-education programs. See Vetch, "Donnelly."

90 Royal Society to Foreign Office, 7 Feb. 1884, Foreign Office Papers, FO5.1886, NA-UK.

91 Council Minutes, 7 Feb. 1884, Royal Society Council Minutes, CMO17, ARS.

92 Treasury to Foreign Office, 13 Feb. 1884, Foreign Office Papers, FO5.1886, NA-UK.

93 Science and Art Department to Foreign Office, 26 Feb. 1884, ibid.

94 Memo Science and Art Department, 26 Feb. 1884, ibid.; Cecil Spring-Rice to Sanderson, 4 March 1884, ibid.

95 英國科學與藝術部位於阿爾伯特城（Albertopolis）的南肯辛頓（South Kensington）。阿爾伯特城是一片廣大的文化與教育複合園區，其經費來源是一八五一年的萬國工業博覽會的獲利。萬國工業博覽會是由阿爾伯特親王所主持，地點是在北邊海德公園的水晶宮內。
96 Initialled Memo, 28 Feb. 1884, ibid.
97 Treasury to Foreign Office, 7 March 1884, ibid. The amount decided on was ￡100 per delegate.
98 Science and Art Department to Foreign Office, 3 May 1884, ibid.
99 Colonial Office to Foreign Office, 2 May 1884, ibid.
100 Science and Art Department to Foreign Office, 10 May 1884, ibid.
101 Lowell to Earl Granville, 21 May 1884, Foreign Office Papers, FO5.1884, NA-UK.
102 Prime Meridian Conference, Foreign Office Minutes, 26 May 1884, Colonial Office Papers, CO42.779, NA-UK.
103 Prime Meridian Conference at Washington, Foreign Office Minutes, 18 April 1884, ibid.
104 一八八三年，澳洲報紙聽到德國計畫併吞新幾內亞的風聲。在昆士蘭傳出要求英國取而代之的呼聲。殖民部部長德比伯爵拒絕此一要求，令澳洲大感不悅。
105 Science and Art Department to Foreign Office, 30 May 1884, Foreign Office Papers, FO5.1886, NA-UK.
106 Science and Art Department to Foreign Office, 21 June 1884, Foreign Office Papers, FO5.1887, NA-UK.
107 Colonial Office to Foreign Office, 24 June 1884, ibid.
108 Foreign Office to Colonial Office Draft, 28 June 1884, ibid.
109 Prime Meridian Conference, Colonial Office Minutes, 28 June 1884, Colonial Office Papers, CO42.779, NA-UK.
110 Ibid.
111 Ibid.
112 Ibid.
113 Ibid. The Treasury of course knew about the proposed conference, directly from the U.S. government,

but had decided not to send delegates. Fleming's request may have been the first time the CO had heard of it.

114 Ibid.

115 Sandford Fleming to G. Powell, 23 June 1884, vol. 65, Fleming Papers; Sandford Fleming to Charles Tupper, 23 June 1884, ibid.

116 G. Powell to Sandford Fleming, 18 July 1884, vol. 39, Fleming Papers.

117 Charles Tupper to Sandford Fleming, 17 July 1884, vol. 50, Fleming Papers. The word "projector" is nearly illegible, and may also be "proprietor," "progenitor," and so on. The word is "originator" in Colonial Office Letterbooks, Miscellaneous Correspondence, 15 July 1884, Prime Meridian Conference, Colonial Office Papers, CO340.2, NA-UK .

118 Governor of South Australia to Colonial Office, 9 July 1884, Colonial Office Papers, CO201.601, NA-UK ; Colonial Office Letterbooks, Miscellaneous Correspondence, 28 Sept. 1884, Prime Meridian Conference, Colonial Office Papers, CO340.2, NA-UK.

119 Prime Meridian Conference, Colonial Office Minutes, 6 Oct. 1884, Colonial Office Papers, CO201.601, NA-UK. The CO had asked about the conference through South Australia's government, instead of directly asking each colony separately.

120 Science and Art Department to Colonial Office, 22 July 1884, Foreign Office Papers, FO5.1887, NA-UK.

121 Ibid.

122 Ibid.

123 Lowell to Frederick Frelinghuysen, 29 Aug. 1884, Despatches from U.S. Ministers to Great Britain 1791-1906, Microfilm M30 146, NA-USA.

124 Ibid.; U.S. Department of State to F.A.P. Barnard, 18 Sept. 1884, Domestic Letters of the Department of State 1784–1906, Microfilm M40 101, NA-USA.

125 Lowell to Colonial Office, 5 Sept. 1884, Colonial Office Papers, CO42.779, NA-UK.

126 Prime Meridian Conference, Colonial Office Minutes, 16 Sept. 1884, ibid.
127 Colonial Office to Science and Art Department Draft, 16 Sept., ibid.
128 Prime Meridian Conference, Colonial Office Minutes, 29 Aug. 1884, ibid.
129 Prime Meridian Conference, Colonial Office Minutes, 20 Aug. 1884, ibid. In this case the sad had thought that the CO was asking it to take away the vote from Adams, Evans, or Strachey and give it to Fleming. The CO was simply trying to make sure that one of the two new delegate positions now allowed would be saved for Fleming.
130 Hirsch was slated to represent Switzerland at the imc, but it is unclear whether he was able to attend. If he did attend, he did not speak at the conference.
131 Ad.[olphe] Hirsch to C.W. Siemens, 13 Jan. 1883, vol. 188, Strachey Papers.
132 Wilhelm Foerster to William Christie, 4 May 1884, RGOA, RGO7.147, CUL.
133 David Gill to William Christie, 25 April 1884, RGOA, RGO7.148, CUL.
134 William Christie to Peter MacLiver, 1 May 1884, ibid.
135 William Christie to John Donnelly, 19 Feb. 1884, RGOA, RGO7.142, CUL; see also William Christie to Peter MacLiver, 1 May 1884, RGOA, RGO7.148, CUL.
136 William Christie to Peter MacLiver, 10 May 1884, RGOA, RGO7.148, CUL;William Christie to William Foerster, 20 May 1884, ibid.
137 Treasury to the President of the Royal Society, 23 May 1884, ibid.
138 Ibid.
139 William Christie to John Donnelly, 22 Feb. 1884, RGOA, RGO7.142, CUL.
140 William Christie to John Donnelly, 28 March 1884, ibid.
141 在一八七〇年代晚期，英法之間針對埃及的關係還算和諧。埃及位居這兩大強權的利益之間（法國在北非的利益與英國通過蘇伊士至印度的利益），而一個中立的埃及得以維持這兩大強權間的和平。一八八一到八二年，埃及發生叛亂，法國與英國派遣戰艦試圖平亂。在行動失敗後，英國單方面派遣軍隊進駐埃及，法國則是按兵不動。當時一心支持帝國主義的法國總理茹費理（Jules Ferry）最近才遭到罷黜，法國政局陷入混亂。茹費理在一八八三年初再度上台，但是此時要干預埃及政治已經太遲。茹費理的擴張主義路線與英國的單邊主義針鋒相對。雙方相互為敵的結果是英國併吞埃及，法國與其維持友誼的希望破滅。英國在接下來的幾年一直掌控埃及。一八八三到八四年的蘇丹危機使其越來越難以統治埃及，並且也引發國際間對其干預他國內政的譴責。這些都是發生在一個爭奪非洲的大背景之下，也使得英法間的關係在一八八四年動盪不安。

142 David Gill to William Christie, 25 April 1884, RGOA, RGO7.148, CUL.

143 William Christie to Ad.[olphe] Hirsch, 12 April 1884, ibid.

144 William Christie to Richard Strachey, 18 July 1884, vol. 187, Strachey Papers.

145 William Christie to Ad.[olphe] Hirsch, 16 Sept. 1884, RGOA, RGO7.148, CUL.

146 John Donnelly to Richard Strachey, 24 June 1884, vol. 188, Strachey Papers.

147 H.F. Anson to Sandford Fleming, 25 Sept. 1884, vol. 27, Fleming Papers. Fleming was concerned about his letter of appointment arriving late. A friend wrote to him on 26 September: "I hope therefore that your papers will be in time." A. McLellan to Sandford Fleming, 26 Sept. 1884, vol. 33, Fleming Papers.

148 Prime Meridian Conference, Colonial Office Minutes, 1 Sept. 1884, RGOA, CO42.779, CUL.

149 Prime Meridian Conference, Colonial Office Minutes, 3 Oct. 1884, RGOA, CO201.601, ibid.

150 Prime Meridian Conference, Colonial Office Minutes, 28 Sept. 1884, RGOA, CO309.127, ibid. Cockle would not have been able to arrive in Washington until 30 October, at the earliest.

151 Earl Granville to J.R. Lowell, 2 Oct. 1884, Despatches from U.S. Ministers to Great Britain 17911906, Microfilm M30 146, NA-USA.

152 Bartky, *One Time Fits All*, 83.

153 An Open Letter to the President of the United States from the ipawm, 30 July 1884, Letters to the International Meridian Conference of 1884, box 1, Records of International Conferences, Commissions, and Expositions, RG 43, NA-USA.

154 Charles Latimer to Sandford Fleming, 21 Aug. 1884, vol. 27, Fleming Papers.

155 Charles Latimer to Sandford Fleming, 29 Sept. 1884, ibid.

156 John Bogart to Sandford Fleming, 27 Aug. 1884, vol. 2, Fleming Papers.

157 John Bogart to Sandford Fleming, 20 Sept. 1884, ibid.

158 F.A.P. Barnard to Sandford Fleming, 21 Sept. 1884, vol. 3, Fleming Papers.

159 Jules Janssen to Henriette Janssen, 27 Sept. 1884 (my translation), Correspondance de Jules Janssen, Ms. 4133, BIF.

160 Jules Janssen to Henriette Janssen, 27 Sept. 1884, ibid.

161 Rutherfurd was trained as a lawyer but retired early to devote his time to his passion, astronomy. He devoted considerable effort to make a precision screw for a spectroscopic instrument for physical studies of stars. Lewis Rutherfurd to Simon Newcomb, 24 July 1884, box 38, Newcomb Papers, LC.

第二章

1 For more on the transit-of-Venus preparations, see Ratcliff, *The Transit of Venus Enterprise*; Forbes, *The Transit of Venus*, 63–7.

2 Forbes, *The Transit of Venus*.

3 Heathorn, *For Home*, 166.

4 Gillard, "Education in England."

5 Earlier in the nineteenth century, girls were more likely to be taught French than boys. See Tomalin, *The French Language*, 79.

6 Withers, "Scale," 99.

7 Cooper, *Colonialism in Question*, 91. See also Potter, "Webs."

8 Pietsch, *Empire of Scholars*.

9 See Visram, *Asians in Britain*; Burton, *At the Heart of the Empire*.

10 Fisher, *Counterflows to Colonialism*, 299.

11 See Tabili, *We Ask for British Justice*; Tabili, "A Homogeneous Society?"

12 Butler, *Gender Trouble*, 173.

13 Shively, *Tradition and Modernization*; Irokawa, *The Culture of the Meiji Period*.

14 See Davidoff and Hall, *Family Fortunes*.

15 See ibid.; Vickery, "Golden Age"; Anna Clark, *The Struggle*; Levine-Clark, *Beyond the Reproductive Body*. Levine-Clark suggests that working-class women did not share this ideal.

16 Watts, *Women in Science*, 103.

17 See Butler, *Gender Trouble*, 173. "The gendered body is performative."

18 Watts, *Women in Science*, 124.

19 Walter Maunder, *The Astronomy of the Bible*, 271–2.

20 Draper, *History of the Conflict*.

21 Garwood, *Flat Earth*, 11–12.

22 Ibid, 60–1.

23 羅素是受雇取代弗尼斯，後者在一年後離職。瑞克斯後來也因健康因素離職。克萊蒙斯較為年長，是她們的主管。

24 These women were crassly known as "Pickering's Harem" (after the observatory's director). Over eighty had worked with him by 1918. As they were paid less than men, he could hire more of them. See Grier, *When Computers Were Human,* 82–4.

25 Lady Computers, RGOA, RGO7.140, CUL.

26 Ibid. For more on boy computers, see Johnston, "Managing the Observatory," 155–75; Schaffer, "Astronomers Mark Time," 115–45; and Aubin, "On the Epistemic and Social Foundations."

27 H.H. Turner to Fanny Allen, 18 Feb. 1892, RGOA, RGO7.140, CUL.

28 Russell's letter of recommendation upon leaving lists various duties and responsibilities beyond computing, including using the observatory's instruments. William Christie re. Annie Russell, c. 1897, RGOA, RGO7.138, CUL.

29 至少有一位來應徵的女士因薪資太低而拒絕受聘。

30 安妮・羅素的薪資是一年四十八英鎊，反觀學校付她的薪資是年薪八十英鎊，並且提供住宿。

31 Lady Computers.

32 Annie (Russell) Maunder to Dr Dyson, 4 Dec. 1914, RGOA, RGO8.150, CUL.

33 Mary Bruck, "Lady Computers," note 42. "Women in the public service were required to resign upon marriage."

34 Annie Russell to William Christie, Sept. 1895, RGOA, RGO7.138, CUL. Annie Russell changed her name to Annie Maunder after marriage. For ease of understanding, I continue to refer to her as Russell to distinguish from her husband, Walter Maunder.

35 See Jalland, *Women, Marriage, and Politics*, 189, 195–204. Jalland discusses women as political confidantes. For more on couples in science, see Pycior, Slack, and Abir-Am, eds., *Creative Couples in the Sciences*; and Lykknes, Opitz, and Tiggelen, eds., *For Better or Worse*.

36 Lettres ecrites, au cours de ses nombreux voyages, par Jules Janssen a sa femme Henriette, Correspondance de Jules Janssen, Ms. 4133, 273–80, BIF.

37 Ogilvie, "Obligatory Amateurs," 83.

38 Russell was the lead author of *The Heavens and Their Story* and a significant contributor to *The Astronomy of the Bible*. Maunder wrote in the dedication of the latter, "To my wife, my helper in this book and in all things."

39 Maunder and Maunder, *The Heavens and Their Story*, 26, 35.

40 Ibid., 8, 26.

41 Ibid. 228–9.
42 Ibid., 9.
43 Walter Maunder, *Astronomy of the Bible*, 269.
44 Ibid., 271.
45 Ibid., 273–4.
46 Ibid., 400.
47 See Laughton, "Snow."
48 Snow, "Ocean Relief Depots," 753–5.
49 Ibid.
50 Snow, "An International Prime Meridian," Circular Letter, Mic.A.19863, BL.
51 Ibid.
52 The St Peter and St Paul Archipelago.
53 Snow, "An International Prime Meridian."
54 Ibid.
55 Tosh, *Manliness and Masculinities,* 42.
56 Pionke, *The Ritual Culture.*
57 Levine, *The Amateur and the Professional*, 124.
58 Lankford, "Amateurs versus Professionals," 12. See also Meadows, "Lockyer"; Endersby, *Imperial Nature*, 1–2.
59 Lorimer, *Science*, 114.
60 Lankford, "Amateurs versus Professionals," 12.
61 它們的售價在七英鎊到十英鎊，幾乎是安妮・羅素在格林威治天文台兩個月的薪資。此一金額已接近一八八〇年代高技能工作（男性）的月薪，當時高技能工作（男性）的月薪是六到八英鎊，非技能工作是三到五英鎊。

62 Josiah Latimer Clark, *Transit Tables*.

63 Ibid.

64 Lankford, "Amateurs versus Professionals," 28.

65 Pionke, *The Ritual Culture*.

66 Charles Piazzi Smyth, Journal, 24 Nov. 1884, Journal 36, Charles Piazzi Smyth Archives, Royal Observatory of Edinburgh (hereinafter Smyth Archives).

67 There are plenty of requests for advice in Correspondence A12/52, A12/54, A13/58, Smyth Papers; George Airy forwarded questions about timekeeping from the German ambassador to Smyth for answers in 1878, RGOA, RGO6.13, CUL. See also Bruck and Bruck, *The Peripatetic Astronomer*, 256–7.

68 See Reisenauer, "'The Battle of the Standards,'" 943–4.

69 Smyth, *Our Inheritance,* 39.

70 Ibid., 39.

71 Ibid., 339.

72 Ibid., 115.

73 Ibid., 291.

74 Ibid, 338.

75 Ibid., 351.

76 Ibid., 552.

77 Reisenauer, "'The Battle of the Standards,'" 950.

78 Gange, *Dialogues with the Dead*, 1-2.

79 Perhaps the most sought-after prizes were mummies. The voyeuristic spectacle of mummy "unwrappings" became popular entertainment. Public shows, sometimes accompanied by a brass band, drew audiences from the working classes, while private parties with professional surgeons and dissectors entranced the wealthy. Parramore, *Reading the Sphinx*, 27, 30–1; France, *The Rape of Egypt*, 174.

80 Parramore, *Reading the Sphinx*, 34–5.
81 Gange, *Dialogues with the Dead*, 2. The Pithom stele was believed to relate to the biblical Exodus of the Israelites from Egypt.
82 Ibid., 154.
83 See Said, *Orientalism*.
84 Waynman Dixon to Charles Piazzi Smyth, 7 Jan. 1877, A13/58, Smyth Papers.
85 Smyth, *Our Inheritance,* ix.
86 Gange, *Dialogues with the Dead*, 152–3.
87 Anderson, "The Development of British Tourism in Egypt."
88 Charles Piazzi Smyth, Report of the Royal Observatory of Edinburgh, 30 June 1888, A17/95, Smyth Papers.
89 Jon Smythe to Charles Piazzi Smyth, 24 May [1877?], A13/59, ibid.
90 A. Bedford to Charles Piazzi Smyth, 12 Aug. 1882, A14/66, ibid.
91 Nicola Mary Belham to Jessica Smyth, 1 May 1877, A13/59, ibid.
92 Charles Piazzi Smyth copied a poem by John Stuart Blackie about Gordon from *The Leisure Hour* into his journal, July 1885, Journal 37, Smyth Archives.
93 J.C. Adams to Rev. Bashforth, 21 Nov. 1884, 4/26/3–4, John Couch Adams Papers, St John's College Library, Cambridge (hereinafter Adams Papers).
94 Waynman Dixon to Charles Piazzi Smyth, 7 Jan. 1877, A13/58, Smyth Papers.
95 Waynman Dixon to Charles Piazzi Smyth, 7 Jan. 1877, A13/58, ibid.
96 Reisenauer, "'The Battle of the Standards,'" 955.
97 See Correspondence, A12/52, A13/59, Smyth Papers.
98 Reisenauer, "'The Battle of the Standards,'" 956.
99 Charles Latimer to Charles Piazzi Smyth, 20 Feb. 1880, A14/65, Smyth Papers.

100 Reisenauer, "'The Battle of the Standards,'" 37.

101 Charles Latimer to Charles Piazzi Smyth, 8 March 1880, A14/65, Smyth Papers.

102 See Bruck and Bruck, *The Peripatetic Astronomer*, 133; Reisenauer, "'The Battle of the Standards,'" 28–33.

103 Reisenauer, "'The Battle of the Standards,'" 962.

104 The notion that imperial sentiment reached new heights in Britain from the 1880s on is widely accepted, although its exact nature is hotly debated. See John Mackenzie, *Propaganda and Empire*; Bernard Porter, *The Absent-Minded Imperialists*; Andrew Thompson, *The Empire Strikes Back*.

105 Reisenauer, "'The Battle of the Standards,'" 948.

106 See Bruck and Bruck, *The Peripatetic Astronomer*, 119; Reisenauer, "'The Battle of the Standards,'" 953.

107 Reisenauer, "'The Battle of the Standards,'" 972–3.

108 Bruck and Bruck, *The Peripatetic Astronomer*, 229; Petrie, *The Pyramids and Temples of Gizeh*, 189.

109 史密斯本人並不信奉英國伊斯蘭教，不過他與他們交往密切，因為伊斯蘭教支持他的理論。

110 "The Great Pyramid," *Daily Review* (1869), RGOA, RGO6/365, CUL.

111 Quoted in Reisenauer, "'The Battle of the Standards,'" 957. See also Charles Piazzi Smyth's Letter of Resignation, 7 Feb. 1874, A12/55, Smyth Papers.

112 史密斯原本可能只是想以辭職作為要脅。十年前他也曾以同樣的方式要脅愛丁堡皇家學會，因為一位名叫詹姆斯．辛普森（James Simpson）在該學會的論文中嚴厲批評他的金字塔理論，不過學會主席說服他打消辭職的念頭。但是這一回沒有人攔阻他，反之，他是覺得皇家學會虧待他而被迫辭職。

113 Reisenauer, "'The Battle of the Standards,'" 957.

114 Bruck and Bruck, *The Peripatetic Astronomer*, 180.

115 James Napier to John Couch Adams, 23 Jan. 1876, 11/26/1, Adams Papers.

116 Charles Piazzi Smyth, Equatorial Book, vol. 2, 1879–1888, A17/95, Smyth Papers.

第三章

1 Constance Green, *Washington*, 363.

2 Ogle, *The Global Transformation of Time*, 35.

3 See Howse, *Greenwich Time*; Galison, *Einstein's Clocks*; Bartky, *One Time Fits All*.

4 Barrows, *The Cosmic Time of Empire*, 34.

5 E. Strachey to Richard Strachey, 6 Sept. 1884, vol. 114, Strachey Papers. To be fair to Mr West, I had to look up "geodetic" too.

6 Some of the breakdown by occupation is imperfect, as several delegates fit into more than one category: for example, some naval representatives were also astronomers, such as S.R. Franklin.

7 受邀來賓是阿薩夫・霍爾（Asaph Hall）、朱利斯・希爾加德（Julius Hilgard）、西蒙・紐康（Simon Newcomb）、威廉・湯姆森（William Thompson）、卡爾・威廉・瓦倫蒂納（Karl Wilhelm Valentiner）。希爾加德既是工程師也是測量師。

8 Barrows, *The Cosmic Time of Empire*, 23–9; Nanni, *The Colonisation of Time*; Ogle, *The Global Transformation of Time*.

9 Barrows, *The Cosmic Time of Empire*, 23–9.

10 Nanni, *The Colonisation of Time*, 54.

11 Ibid., 2.

12 Ogle, *The Global Transformation of Time*, 204.

13 Director of the Astronomical Observatory of Bogota to the Director of the Naval Observatory of Washington, 16 Feb. 1883, Letters Received, PC42, entry 7, box 49A, Records of the United States Naval Observatory, RG 78, NA-USA.

14 Vice-Admiral, U.S. Navy, to Envoy Ex. and Min. Plen. of Colombia, Draft, 13 Oct.1884, Letters Received, ibid.

15 S.R. Franklin to Ricardo Becerra, 4 Nov. 1884, Miscellaneous Letters Sent, PC42, entry 4, vol. 5, ibid.

16 The BAAS included scientists across technical disciplines, so was a good forum for Fleming's ideas, despite his early failures with the organization.

17 Sandford Fleming, diary entry, 27 Aug. 1884, vol. 81, Fleming Papers; J.C. Adams to Francis Bashforth, 25 April 1884, 4/26/3–4, Adams Papers; Ralph Strachey to Richard Strachey, 20 July 1884, vol. 132, Strachey Papers; Henry Strachey to Richard Strachey, 29 July 1884, vol. 122, Strachey Papers. Although I have been unable to confirm whether Strachey attended the BAAS in Montreal in September 1884, he probably did. Another imc delegate, Sir Frederick Evans, might have as well.

18 J.C. Adams to George ---, 28 Sept. 1884, 16/1/1, Adams Papers.

19 Ibid.

20 J.C. Adams to Francis Bashforth, 25 April 1884, 4/26/3–4, Adams Papers.

21 Sandford Fleming, diary entry, 30 Sept. 1884, vol. 81, Fleming Papers.

22 Sandford Fleming, diary entry, 18 May 1882, ibid.

23 Jules Janssen to Henrietta Janssen, 27 Sept. 1884, Lettres écrites, au cours deses nombreux voyages, par Jules Janssen à sa femme Henriette, Correspondance de Jules Janssen, Ms. 4133, 273–80, BIF.

24 Manuel de Jesús Galvan to Señor Ministro de Relaciones Exteriores, 20 Sept., 13 Oct., 28 Oct., 30 Oct. 1884, vol. LIX, Textos Reunidos 4: Cartas, Ministerios y Misiones Diplomaticas, AGN.

25 Manuel de Jesús Galvan to Señor Ministro de Relaciones Exteriores, 28 Oct. 1884, vol. LIX, ibid.; Sackville West Reporting on the U.S. Presidential Election, October–November 1884, Foreign Office Papers, FO5.1872, NA-UK.

26 Valrose, *Hon. Uncle Sam*, 44.

27 Ibid., 44.

28 Keim, *Society in Washington*, 55.

29 Simon Newcomb to Otto Struve, [Feb.?] 1885, box 6, Newcomb Papers, LC.

30 Valrose, *Hon.Uncle Sam,* 45.

31 Thoron, ed., *First of Hearts*, 20.

32 "Some Foreign Ministers at Washington: Eight Portraits," 61–8.

33 Sandford Fleming, diary entry, 6–8 Oct. 1884, vol. 81, Fleming Papers.

34 Sandford Fleming, diary entry, 15 Oct. 1884, ibid.

35 *New York Times,* 17 Oct. 1884; J.C. Adams, diary entry, 16 Oct. 1884, 39/11/4, Adams Papers.

36 Invitation to Mount Vernon from Secretary of State to imc Delegates, 16 Oct. 1884, vol. 188, Strachey Papers.

37 John Donnelly to Richard Strachey, 24 June 1884, ibid.

38 J.C. Adams to Simon Newcomb, 14 July 1884, 37/21/4, Adams Papers.

39 F.A.P. Barnard to Sandford Fleming, 21 Sept. 1884, vol. 3, Fleming Papers.

40 Ibid.

41 F.A.P. Barnard to Sandford Fleming, 2 Oct. 1884, vol. 3, Fleming Papers.

42 Ibid.

43 *Protocols of the Proceedings*, 18.

44 Ibid., 21, 74. The rest of the committee included the delegates of Germany, Mr Hinckeldeyn; of the United States, Professor Abbe; of Japan, Mr Kikuchi; and of Costa Rica, Mr Echeverria.

45 D.J. Byrne to Admiral Rodgers, undated, Letters to the International Meridian Conference 1884, box 1, Records of International Conferences, Commissions, and Expositions, RG 43, NA-USA.

46 *Protocols of the Proceedings,* 24.

47 Sandford Fleming, diary entry, 3 Oct. 1884, vol. 81, Fleming Papers.

48 Sanford Fleming, *On Uniform Standard Time, For Railways, Telegraphs and Civil Purposes Generally*, vol. 122, Fleming Papers. Fleming summarized his recommendations to the conference delegates in Fleming, *The International Prime Meridian Conference: Recommendations Suggested.*

49 *Protocols of the Proceedings*, 36.
50 Ibid., 36–7.
51 彼得・蓋利森（Peter Galison）在其所著的《愛因斯坦的時鐘》（*Einstein's Clocks*）一書中指出，「圍繞本初子午線四周的是一種火爆的氣氛」，因為法國與英國在相互競爭，希望贏得製圖的主導權。威瑟斯則是將ＩＭＣ形容為英國常識與法國追求科學完善性與中立性之間的競爭。
52 *Protocols of the Proceedings*, 36.
53 *New York Times*, 8 Oct. 1884.
54 Ibid.
55 *Daily News* (London), 7 Oct. 1884.
56 C.H. Mastin to Richard Strachey, 11 Oct. 1884, vol. 151, Strachey Papers.
57 Sandford Fleming, diary entry, 4 Oct. 1884, vol. 81, Fleming Papers.
58 Sandford Fleming, diary entry, 22 Oct. 1884, ibid.
59 Jules Janssen to Henrietta Janssen, 13 Oct. 1884, Lettres écrites, au cours de ses nombreux voyages, par Jules Janssen à sa femme Henriette, Correspondance de Jules Janssen, Ms. 4133, 273–80, BIF; translation by Dunlop in Launay, *The Astronomer Jules Janssen,* 132–3.
60 Sandford Fleming, diary entry, 5 Oct. 1884, vol. 81, Fleming Papers.
61 Sandford Fleming, diary entry, 12 Oct. 1884, ibid.
62 Videira, "Luiz Cruls e o Premio Valz de Astronomia," 85–104.
63 Ogle, *The Global Transformation of Time,* 86–7.
64 *Protocols of the Proceedings*, 81.
65 Galison, *Einstein's Clocks,* 156.
66 *Protocols of the Proceedings,* 87 (emphasis added).
67 Ibid.
68 Ibid., 88.

69 Ibid., 92.

70 "Greenwich Time All Over the World," 66.

71 Manuel de Jesus Galvan to Seño Ministro de Relaciones Exteriores, 27 Oct. 1884, vol. 59, Textos Reunidos 4: Cartas, Ministerios y Misiones Diplomaticas, AGN.

72 *Protocols of the Proceedings*, 101.

73 Ibid., 116.

74 Ibid., 117–18.

75 Ibid., 121.

76 Ibid., 127.

77 Ibid., 128.

78 Ibid., 129.

79 Ibid., 134.

80 Ibid., 135.

81 Ibid., 136.

82 Ibid., 136.

83 Ibid., 146. Italics show the new words that were added.

84 Deringil, *Conversion and Apostasy*, 175.

85 Gawrych, *The Young Ataturk*, 86.

86 Ogle, *The Global Transformation of Time,* 132–3.

87 Ibid., 121, 129, 135–6.

88 For more on the Ottoman organization of time, see Wishnitzer, *Reading Clocks, Alla Turca.*

89 *Protocols of the Proceedings*, 114.

90 Ibid., 178.

91 Ibid., 179–80.

92 Ibid., 179.
93 When a later resolution decreed that the universal day would be counted from 0 to 24 hours, however, Rustem voted against it (he voted for it at first, but later voted it down). Ibid., 205.
94 Ibid., 164–5.
95 Ibid., 165.
96 Ibid., 176.
97 Ibid., 171.
98 Ibid., 182.
99 Sandford Fleming, diary entry, 21 Oct. 1884, vol. 81, Fleming Papers.
100 *Protocols of the Proceedings*, 198.
101 Sandford Fleming, diary entry, 21 Oct. 1884, vol. 81, Fleming Papers.
102 Sandford Fleming, diary entry, 22 Oct. 1884, ibid.
103 Sandford Fleming, diary entry, 23 Oct. 1884, ibid.
104 Admiral Rodgers to Sandford Fleming, 31 Oct. 1884, vol. 41, Fleming Papers.
105 *Protocols of the Proceedings*, 167.
106 J.C. Adams to Francis Bashforth, 25 April 1885, 4/26/3–4, Adams Papers.
107 J.C. Adams, diary entry, 25 Oct. 1884, 39/11/4, ibid.
108 Frederick Frelinghuysen to Manuel de Jesus Galvan, 26 Oct. 1884, vol, 59, Textos Reunidos 4: Cartas, Ministerios y Misiones Diplomaticas, AGN.
109 Admiral Rodgers to Sandford Fleming, 31 Oct. 1884, vol. 41, Fleming Papers. See also *Protocols of the Proceedings*, 207.
110 Bartky, *One Time Fits All*, 96. William Allen to Sandford Fleming, 18 Oct. 1887, vol. 1, Fleming Papers.
111 Bartky, *One Time Fits All*, 96.
112 Ibid., 95.

113 Admiral Rodgers to Sandford Fleming, 15 Dec. 1887, vol. 41, Fleming Papers. See also Message from the President to the House of Representatives Recommending taking action on the Prime Meridian Conference, 1888, vol. 122, Fleming Papers.

114 Sandford Fleming to Tondini de Quarenghi, Various Letters, vol. 13, Fleming Papers.

115 Bartky, *One Time Fits All*, 97.

116 *Daily News* (London), 31 Dec. 1884.

117 S.R. Franklin, General Order, 4 Dec. 1884, box 46, Newcomb Papers, LC.

118 Simon Newcomb to Nautical Almanac Office, 6 Dec. 1884, ibid.

119 S.R. Franklin to United States Naval Observatory, 11 Dec. 1884, RGOA, RGO7.146, CUL.

120 S.R. Franklin to William Christie, 10 and 15 Dec. 1884, Letters Received, PC42, entry 7, box 49A, Records of the United States Naval Observatory, RG 78, NA-USA.

121 S.R. Franklin to Simon Newcomb, 2 Jan. 1885, box 46, Newcomb Papers, LC.

122 S.R. Franklin, 31 Dec. 1884, Letters Received, PC42, entry 7, box 49A, Records of the United States Naval Observatory, RG 78, NA-USA.

123 Kikuchi Dairoku to J.C. Adams, 12 Dec. 1884, 24/16/2, Adams Papers.

124 William Christie to A.[dolphe] Hirsch, 5 Feb. 1885, RGOA, RGO7.148, CUL.

125 Third Report [1st Amendment] of the Joint Committee of the Canadian Institute and the Astronomical and Physical Society of Toronto on the Unification of Astronomical, Nautical, and Civil Time, Canadian Institute Papers, file 4-0-8, F1052, AO.

126 Ibid.

127 Struve, "The Resolutions of the Washington Meridian Conference," in Fleming, *Universal or Cosmic Time,* 1885, YA.2003.A.17994, BL.

第四章

1 See Ogle, *The Global Transformation of Time.*

2 Darnton, *The Great Cat Massacre*, 5.

3 "A Mixed Timekeeper," *Aberdeen Weekly Journal*, 2 April 1887.

4 "Johnathan's Jokes," *Hampshire Telegraph and Sussex Chronicle*, 11 July 1885.

5 "What Time Is It?," *Manchester Courier and Lancashire General Advertiser,* 14 March 1895.

6 *Manchester Times*, 28 Sept. 1889.

7 *Observatory*, Nov. 1908.

8 Ibid.

9 *Punch* (London), 13 Dec. 1884.

10 Quoted in Galison, *Einstein's Clocks*, 122.

11 Ibid., 122.

12 *Observatory*, 1910, 188.

13 Duffy, "The Eight Hours Day Movement in Britain."

14 Barrows, *The Cosmic Time of Empire*, 87.

15 These are numerous accounts of the attack in RGOA, RGO7.58, CUL.

16 Astronomer Royal to the Secretary of the Admiralty, 24 Feb. 1913, ibid., RGO7.52, CUL.

17 這些警官保衛天文台的時間都長到足以天文台職員建立良好關係，其中一位還與僕人開玩笑，在皇家天文學家的幼兒啼哭時最好不要出聲。

18 F.A.P. Barnard to Sandford Fleming, 2 Oct. 1884, vol. 3, Fleming Papers.

19 *Glasgow Herald*, 28 Jan. 1848.

20 Ibid.

21 *Hampshire Telegraph and Sussex Chronicle*, 25 Sept. 1852.

22 Howse, *Greenwich Time*, 109.

23 *Blackburn Standard*, 26 July 1848.

24 *Liverpool Mercury*, 17 Oct. 1848.

25 For more examples, see Howse, *Greenwich Time*, 105–13.

26 *North Wales Chronicle*, 18 Jan. 1848.

27 *Friday London Gazette*, 16 Aug. 1851.

28 Howse, *Greenwich Time*, 105.

29 Ibid., 105.

30 Greenwich's position of authority was a carefully constructed one. Scientific institutions rely on creating a perception of trust, credibility, and authority in order for their work to be transported and used. For more on how and why these qualities are precious in science, see Shapin, "Placing the View from Nowhere," 5–12; Latour and Woolgar, *Laboratory Life*, 187–208; and Johnston, "Managing the Observatory," 155–75.

31 *Birmingham Daily Post*, 27 Dec. 1884; *Daily News* (London), 18 Dec., 31 Dec. 1884.

32 *Daily News*, 31 Dec. 1884.

33 Ibid., 6 Feb. 1885; William Christie to Dr. Schram, 16 April 1891, RGOA, RGO7.146, CUL. W.H. Le Fevre, "A Standard of Time for the World: Address Delivered before the Balloon Society," 11 Sept. 1891, vol. 123, Fleming Papers.

34 "Juvenile Lectures," *Journal of the Society of Arts* 33, no. 1673 (Friday 12 Dec. 1884): 81.

35 "Juvenile Lectures," ibid., no. 1674 (Friday 19 Dec. 1884).

36 Norman Lockyer, "Universal Time: Our Future Clocks and Watches," ibid., no. 1677 (Friday 9 Jan. 1885): 172. Lockyer may have intended this lecture to occur on Christmas Eve. It is also possible that he meant New Year's Eve, as in the late nineteenth century traditions concerning Santa Claus involved variously the nights of 5, 24, and 31 December, hence Lockyer's gift-toting saint on New Year's Eve.

37 Ibid., 174.
38 Ibid., 186.
39 Ibid., 187.
40 Ibid., 187.
41 Ibid., 188.
42 Ibid., 186.
43 "Jottings," *Horological Journal* 27, no. 318 (Feb. 1885): 78; "Twenty-four O'Clock," ibid., no. 319 (March 1885): 90.
44 Sanders, "Beckett, Edmund."
45 "Twenty-four O'Clock," 90.
46 Ibid., 91.
47 "Jottings," *Horological Journal* 27, no. 318 (Feb. 1885): 78.
48 Ibid. .
49 Ibid.
50 Ibid., 79.
51 "New Standards of Time in the United States," *Horological Journal* 26, no. 304 (Dec. 1883): 53–4.
52 "Jottings," *Horological Journal* 27, no. 315 (Nov. 1884): 39.
53 Thomas Wright, "Bracebridge's Local and Mean Time Watch," ibid., no. 316 (Dec. 1884): 45.
54 E. Storer, "Twenty-four-Hour Dials," ibid., no. 317 (Jan. 1885): 69.
55 "Jottings," ibid., 66.
56 "Division of the Day in Southern Italy," *Horological Journal* 37, no. 318 (Feb. 1885): 75.
57 Ibid., .
58 "Jottings," *Horological Journal* 27, no. 319 (March 1885): 78–87.
59 J. Haswell, "Twenty-four-Hour Dials for Watches," ibid., no. 317 (Jan, 1885): 63.

60 "Jottings," ibid., 65.

61 "The New Time-o'-Day," ibid., 70.

62 "Jottings," ibid., no. 319 (March 1885): 88.

63 Ibid., 88.

64 Ibid.

65 Ibid.

66 "Combined Twelve and Twenty-four Hour Watch," *Horological Journal* 27, no. 318 (Feb. 1885): 75–6.

67 "Jottings," ibid., no. 319 (March 1885): 88.

68 Ibid..

69 Landes, *Revolutions in Time*, 287–90. See also *Horological Journal* 27, no. 318 (Feb. 1885): 77.

70 "Depression of the Watch Trade," *Horological Journal* 28, no. 331 (March 1886): 97.

71 Ibid.

72 *Horological Journal* 27, no. 318 (Feb. 1885): 77.

73 Ibid.

74 Ibid.

75 *Horological Journal* 28, no. 331 (March 1886): 103.

76 An 1895 editorial declared watchmaking "A Dead Industry." *Horological Journal* (Nov. 1895): 31.

77 "Automatic 24-Hour Dial," *Horological Journal* 27, no. 323 (July 1885): 149.

78 *Vo Key's Royal Pocket Index Key to Universal Time*, 8560.A.47, BL.

79 *Universal Lamp Time Chart*, 1898, 74.1865.C.18, BL.

80 *Martin's Tables,* 177–86, 223–33.

81 Ellis, "Description of the Greenwich Time Signal," 7.

82 Ibid., 10–11.

83 Advertisements of the rating competitions were published in the *Horological Journal*.

84 Engineer in Chief R.S. Culley to Frank Scudamore, 10 Nov. 1870, Time Signals, Post Office Papers (hereinafter POP), Post 30.2536, BT.

85 Ibid.

86 Ibid.

87 Ibid.

88 Frank Scudamore, Response to Engineer in Chief, 10 Nov. 1870, Time Signals, POP, Post 30.2536, BT.

89 J.B. Pearson to Post Office Secretary, 25 April 1881, Time Signals, ibid.

90 Ibid.

91 Postmaster General to J.H. T[*illegible*] Postmaster Cambridge, 29 April 1881, Time Signals, POP, Post 30.2536, BT.

92 Postmaster General Instructions on J.B. Pearson Request, 7 May 1881, ibid.; Post Office to J.B. Pearson, 12 May 1881, ibid.

93 Post Office to J.B. Pearson, 12 May 1881, ibid.

94 J.B. Pearson to H. Fawcett, Postmaster General, 28 July 1881, ibid.

95 J.B. Pearson to H. Fawcett, Postmaster General, 28 July 1881, ibid.

96 J.B. Pearson to H. Fawcett, Postmaster General, 28 July 1881, ibid.

97 H. Fawcett to J.B. Pearson, 2 Aug. 1881, ibid.

98 Ibid.

99 J.B. Pearson to H. Fawcett, 11 Aug. 1881, Time Signals, POP, Post 30.2535, BT.

100 H. Darwin to H. Fawcett, 31 Dec. 1881, Time Signals, POP, Post 30.2536, BT.

101 Ibid.

102 H. Fawcett, Note Concerning Reply to H. Darwin, 12 Jan. 1882, ibid.

103 Edward Graves, Engineer in Chief, to H. Fawcett, 10 Feb. 1882, ibid.

104 Submits Report of Engineer in Chief on cost of time signals to Postmaster General, 21 Feb. 1882, ibid.

105 See William Christie, *Report of the Astronomer Royal to the Board of Visitors of the Royal Observatory,* 2 June 1888, 20, RGOA, RGO17.1.4, CUL.

106 William Christie to William Preece, 9 July 1888, ibid., RGO7.254, CUL.

107 Christie, *Report,* 2 June 1888, 20.

108 Ibid.

109 William Christie to the Secretary of the Admiralty, 27 June 1887, Greenwich Observatory, POP, Post 30.523C, BT.

110 William Preece to William Christie, 13 June 1888, RGOA, RGO7.254, CUL.

111 William Christie to William Preece, 20 June 1888, Greenwich Observatory, POP, Post 30.523C, BT.

112 William Christie to William Preece, 9 July 1888, RGOA, RGO7.254, CUL.

113 William Preece to William Christie, 10 July 1888, ibid.

114 William Christie to Henry Cecil Raikes, 12 July 1888, ibid. A copy can also be found in Greenwich Observatory, POP, Post 30.523C, BT.

115 Henry Cecil Raikes to the Secretary of the Admiralty, 10 July 1888, Greenwich Observatory, POP, Post 30.523C, BT.

116 Ibid.

117 Henry Cecil Raikes to the Secretary of the Admiralty, 23 July 1888 [see also Post Office Memo, CABP to Raikes, 19 July 1888], Greenwich Observatory, POP, Post 30.523C, BT.

118 Post Office Memo, CABP to Henry Cecil Raikes, 19 July 1888, ibid.

119 Lords Commissioners of the Admiralty to William Christie, 7 Aug. 1888, RGOA, RGO7.254, CUL.

120 William Christie to the Secretary of the Admiralty, 11 Aug. 1888, ibid.

121 Henry Cecil Raikes to the Secretary of the Admiralty, 11 Sept. 1888, Greenwich Observatory, POP, Post 30.523C, BT.

122 Evan Macgregor to Henry Cecil Raikes, 1 Oct. 1888, ibid.

123 Lords Commissioners of the Admiralty to William Christie, 1 Oct. 1888, RGOA, RGO7.254, CUL.
124 Ibid.
125 William Christie to the Secretary of the Admiralty, 12 Oct. 1888, ibid.
126 Ibid.
127 Ibid.
128 Ibid.
129 Ibid.
130 Lords Commissioners of the Admiralty to William Christie, 1 Dec. 1888, RGOA, RGO7.254, CUL.
131 Ibid.
132 Mary Bruck, "Lady Computers," 85.
133 Higgitt, "A British National Observatory," 621, note 51. As Higgitt comments, this solution was a mere "stopgap."
134 William Christie, *Report of the Astronomer Royal to the Board of Visitors of the Royal Observatory,* 1 June 1889, 21–22, RGOA, RGO17.1.4, CUL.
135 William Christie, *Report of the Astronomer Royal to the Board of Visitors of the Royal Observatory,* 6 June 1891, 19, ibid.
136 William Christie, *Report of the Astronomer Royal to the Board of Visitors of the Royal Observatory,* 4 June 1892, 23, ibid.
137 Post Office Telegraphs Articles of Agreement, 31 March 1884, Synchronisation Etc. of Clocks by Electric Current, POP, Post 30.531, BT.
138 Ibid.
139 Rooney, *Ruth Belville*, 62.
140 See Synchronisation Etc.
141 Question of Infringement of Postmaster General's Rights, Counsel's Opinion and Opinion of the Law

Officers of the Crown, 1888, Synchronisation Etc.
142 Ibid.
143 Greenwich Time Company Advertisement, 1911, Synchronisation Etc.
144 See Silvanus Philips Thompson Collection, SPT/65, IET.
145 Magneta Company Advertisement, 1906, ibid.
146 Synchronome Company Advertisement, undated, ibid.
147 Ibid.
148 Greenwich Time Company Advertisement, 1911, Synchronisation Etc.
149 Ibid.
150 *Advertising News*, 2 June 1905, Silvanus Philips Thompson Collection, SPT/65, IET.
151 Magneta Company Advertisement, 1906, ibid.; Some Recent Installations, ibid.
152 Electric Time Service, Synchronome Company Advertisement, undated, ibid.
153 Ibid.; Some Extensive Premises in Which Synchronome Time-Services are Established, undated, Silvanus Philips Thompson Collection, SPT/65, IET.
154 "The House that Jack Built," Synchronome Company Advertisement, undated, ibid.
155 Ibid.
156 Ibid.
157 Ibid.
158 Standard Time Company to the General Post Office, 2 May 1884, Synchronisation Etc.
159 District Manager of Telephones, S.E. Lanc, to Post Office Secretary, 15 July 1914, ibid.
160 Secretary of the Oldham Master Cotton Spinners' Association to the District Manager of Telephones, S.E. Lanc, 4 Dec. 1913, ibid.
161 Post Office Secretary to District Manager of Telephones, S.E. Lanc, 25 July 1914, ibid.
162 Post Office Memo for the Postmaster General, 4 Jan. 1913, Synchronisation of Clocks, POP, Post

30.2042B, BT.

163 *Daily Express* (London), 26 April 1913.

164 British Science Guild, Report of Committee on the Subject of Synchronisation of Clocks in London, and in other parts of Great Britain, 1 Aug. 1908, Synchronisation of Clocks.

165 Viator, "Public Clocks," *Horological Journal* 27, no. 324 (Aug. 1885): 171.

166 "Lying Clocks," *The Times,* Jan. 1908, Time Signals, POP, Post 30.2536, BT.

167 See Minutes of the United Wards Club, 4 March 1908, United Wards Club Papers, vol. 1, Ms. 11723, LMA; Minutes of the Committee of the United Wards Club, 19 Feb. 1908, ibid., vol. 2, Ms. 11724, LMA; "The Time of a Great City," *Transactions of the United Wards Club* no. 81 (13 March 1908): 1–4, ibid., vol. 1, Ms., 21483, LMA; St John Winne, "The Time of a Great City: A Plea for Uniformity" (4 March 1908), Silvanus Philips Thompson Collection, SPT/65, IET; Rooney, *Ruth Belville.*

168 Winne, "The Time of a Great City," 9.

169 Ibid., 23.

170 Ibid 23–4. By this he meant that Dent and Co. had built the main clock in Greenwich Observatory, which the Post Office used to distribute the time to the stc.

171 "Lady Who Conveys the Time," untitled paper clipping, 1908, RGOA, RGO7.96, CUL.

172 為方便讀者理解，我有時會使用她的名字來區分母親與女兒。

173 Mrs E. Henry Belville (Maria) to George Airy, 31 Aug. 1856, RGOA, RGO6.4, CUL.

174 Ruth Belville, "Some Account of John Henry Belville and the Distribution of G.M.T. to Chronometer Makers in London," 1938, RGOA, RGO74.6.2, CUL.

175 Ruth Belville to Mr Lewis, 22 Jan. 1910, RGOA, RGO7.96, CUL; "Selling the Time to London," *Evening News* (London), 3 April 1929.

176 "Selling the Time to London."

177 Ruth Belville, "History of the Belville Time Service," untitled and undated (possibly 1916), RGOA,

RGO7.96, CUL.

178 Rooney, *Ruth Belville*, 62.

179 "Telling the Time as an Occupation," *Daily News and Leader*, 29 April 1913. Rooney, *Ruth Belville*.

180 Entries for Maria Belville in *Census Returns of England and Wales, 1841, 1861, 1871, 1891*, NA-UK; entries for Ruth Belville in *Census Returns of England and Wales, 1861, 1871, 1881, 1891, 1901, 1911*, NA-UK.

181 Entry for Ruth Belville in *Census Returns of England and Wales, 1901*, NA-UK.

182 Mrs E. Henry Belville (Maria) to George Airy, 6 Aug. 1856, RGOA, RGO6.4, CUL.

183 George Airy to Maria Belville, 11 Aug. 1856, ibid.

184 Mrs E. Henry Belville (Maria) to George Airy, 6 Aug. and 21 Aug. 1856, ibid.

185 The Admiralty to George Airy, 3 Sept. 1856, ibid.; George Airy to Maria Belville, 4 Sept. 1856, ibid.

186 Mrs E. Henry Belville (Maria) to George Airy, 31 Aug. 1856, ibid. The Belvilles' "regulator" was a chronometer made by John Arnold in 1794 (no. 485). It currently resides in the Clockmaker's Museum at the Science Museum, South Kensington, London.

187 George Airy to Maria Belville, 3 Nov. 1856, RGOA, RGO6.43, CUL.

188 Mrs E. Henry Belville (Maria) to George Airy, 3 Nov. 1856, RGOA, RGO6.4, CUL.

189 George Airy to Maria Belville, 3 Nov. 1856, RGOA, RGO6.43, CUL.

190 Ruth Belville to William Christie, 10 June 1892, RGOA, RGO7.254, CUL.

191 H. Turner to Ruth Belville, 12 June 1892, ibid.

192 "Greenwich Mean Time," *Daily Graphic* (London), 31 Oct. 1892.

193 H.H. Turner, "Greenwich Mean Time," ibid., 1 Nov. 1892.

194 "Woman Who Sold the Time," *Daily Express* (London), 7 March 1908.

195 "Woman Who Sells the Time: Strange Profession of the Belville Family," ibid., 9 March 1908.

196 "Greenwich Clock Lady: Romance of a Regular Visitor to the Observatory," *Kentish Mercury*, 13 March

1908.

197 "Lady Who Has Inherited a Strange Trade," *Daily News and Leader* (London), 29 April 1913.

198 "The Belville Tradition," *Observer* (London), 24 Aug. 1913.

199 "Maidenhead Lady Who Distributes the Time: A Unique Position," *Maidenhead Advertiser*, 11 March 1908.

200 Ruth Belville, "The Belville Tradition," *Observer,* 31 Aug. 1913.

201 Belville, "History of the Belville Time Service."

202 Rooney, *Ruth Belville*, 61, 146, 173.

203 Rooney and Nye, "'Greenwich Observatory Time,'" 29; Rooney, *Ruth Belville.*

204 Rooney, *Ruth Belville*, 146, 173.

205 William Christie, *Report of the Astronomer Royal to the Board of Visitors of the Royal Observatory,* 5 June 1880, 17–18, RGOA, RGO17.1.4, BL.

206 See RGOA, RGO7.253, CUL.

207 See A12/54 and A14/65, Smyth Papers.

208 See RGOA, RGO15.107 and RGO15.108, CUL.

209 J.B. Chapman to Mr Graves, 5 Aug. 1887, Greenwich Observatory, POP, Post 30.523C, BT.

210 Post Office Memorandum, 28 April 1915, Synchronisation Etc.

第五章

1 瑞爾森一生毀譽參半。他支持包括義務教育、宗教與教育分離等推動進步的政策，然而他也是惡名昭彰的原住民寄宿學校的設計人之一。

2 Oreopoulos, "Canadian Compulsory School Laws," 8–9. And for Quebec, see Fateux, "Quebec," at

http://faculty.marianopolis.edu/c.belanger/quebechistory/encyclopedia/QuebecProvinceof.htm (accessed 24 June 2019).

3 Baldus and Kassam, "'Make Me Truthful, Good, and Mild.'" See also Prentice and Houston, eds., *Family, School, and Society*, 178–82, 281.

4 Willinski, *Learning to Divide the World*, 2–3.

5 日光節約時間推出時，也是鄉村地區的接受度最低。

6 Anna Molander to Greenwich Observatory, 23 June 1909, RGOA, RGO7.140, CUL.

7 威廉・克蘭奇・邦德（William Cranch Bond）是哈佛大學天文台首任台長，他建立了北美與格林威治之間的直接聯繫管道。

8 U.S. Naval Observatory to John White, 4 Feb. 1882, Superintendent's Office Outgoing Correspondence, box 1, Records of the U.S. Naval Observatory, LC.

9 Stephens, "Before Standard Time," 116. The Dudley Observatory, not related to a university at the time, also had a time service.

10 Stephens, "Before Standard Time," 117.

11 William Allen to Superintendent of the Naval Observatory, 6 Oct. 1883, Letters Received, PC42, entry 7, box 49A, Records of the United States Naval Observatory, RG 78, NA-USA.

12 Robert Wilson Shufeldt to Edwin Leigh, 15 Oct. 1883, Miscellaneous Letters Sent, PC42, entry 4, vol. 5, ibid.

13 Ibid.

14 Ibid.

15 Ibid.

16 Ibid.

17 Henry Pritchitt to Robert Shufeldt, 16 Oct. 1883, Letters Received, PC42, entry 7, box 49A, Records of the United States Naval Observatory, RG 78, NA-USA..

18 Ibid.
19 Ibid.
20 Ibid.
21 Robert Shufeldt to Henry Pritchitt, 18 Oct. 1883, Miscellaneous Letters Sent, PC42, entry 4, vol. 5, Records of the United States Naval Observatory, RG 78, NA-USA.
22 Henry Pritchitt to Robert Shufeldt, 26 Oct. 1883, Letters Received, PC42, entry 7, box 49A, ibid.
23 Ibid.
24 Robert Shufeldt to Henry Pritchitt, 26 Oct. 1883, Miscellaneous Letters Sent, PC42, entry 4, vol. 5, Records of the United States Naval Observatory, RG 78, NA-USA.
25 Robert Shufeldt to Henry Pritchitt, 29 Oct. 1883, ibid.
26 Bartky, *Selling the True Time*, 181.
27 Ibid., 187–8, 199–200.
28 Ibid., 211–12.
29 Thomson, *The Beginning of the Long Dash*, xii. For more on the Toronto Meteorological Observatory's time responsibilities, see Thomas, *The Beginnings of Canadian Meteorology*.
30 Brooks, "Time,," 181.
31 Annual Report of Charles Smallwood, Director of the Montreal Observatory, 1870, RG 6, A1, vol. 10, LAC.
32 Memorandum on the transfer of the Toronto Observatory from the Marine to Interior Department, 1892, RG 15, vol. 669, LAC.
33 Stewart, "The Time Service," 97, 99, 102.
34 B.C. Webber to Astronomer Royal, Greenwich, 7 Sept. 1909, RGOA, RGO7.252, CUL.
35 The Astronomer Royal, Cambridge, to the Director of the Meteorological Office, Toronto, 26 Nov. 1909, ibid.

36 Edward David Ashe to the Governor General, 19 Nov. 1856, RG 93, vol. 82, Quebec Observatory, LAC.

37 Petition of the Canadian Institute to Erect and Endow a 'National Canadian Astronomical Observatory,' 18 March 1857, ibid.

38 William Ellis to William Ashe, 16 April 1869, ibid.; R. Stupart to Arthur Smith, 9 Jan. 1895, ibid.

39 Andrew Gordon to William Ashe, 16 Feb. 1888, ibid.

40 See Edward Ashe to Mr Smith, 20 Oct. 1879, ibid. William Ashe to P. Garneau, 16 May 1888, ibid.

41 Deputy Minister of Marine, Memo, 31 Dec, 1889, RG 12, vol. 1231, Meteorological Service, LAC.

42 Chief Signal Officer to William Smith, 17 Jan. 1890, ibid.

43 Evan MacGregor to the Board of Trade, 25 Jan. 1890, ibid.

44 Memo to Minister, 17 Feb. 1890, ibid.

45 Charles Carpmael to William Smith, 12 March 1890, ibid.

46 Charles Hosmer to Charles Carpmael, 27 March 1890, ibid.

47 H.P. Dwight to Charles Carpmael, 28 March 1890, ibid.

48 William Ashe to Charles Carpmael, 18 July 1891, ibid.

49 Ibid.

50 Memorandum on the Time Ball at the Citadel, Quebec, 29 July 1891, ibid.

51 Charles Carpmael to unknown, 17 Aug, 1891, ibid.

52 R. Stupart to Arthur Smith, 7 July 1894, RG 93, vol, 82, Quebec Observatory, LAC.

53 *Massey's Illustrated,* Jan. 1884.

54 *Globe* (Toronto), 22 Oct. 1883.

55 Ibid.

56 Ibid.

57 Ibid.

58 Ibid.

59 Ibid.

60 Ibid.

61 Ibid.

62 *Globe*, 13 Nov. 1883.

63 Ibid., 26 Oct. 1883. According to Gordon, the edge of the time zone was marked by 82.30 degrees west. Sarnia's longitude lay just over the line at 82.40 degrees west.

64 Ibid., 21 Nov. 1883.

65 Ibid., 22 Nov. 1883.

66 *Truth*, 24 Nov. 1883.

67 *Varsity,* 17 Nov. 1883.

68 Bloomfield Douglas to the Director of the Quebec Observatory, 6 May 1895, RG 93, vol. 82, Quebec Observatory, LAC.

69 G.W. Wicksteed to Sandford Fleming, 7 Dec. 1883, vol. 53, Fleming Papers.

70 G.W. Wicksteed to Sandford Fleming, 13 Dec. 1883, ibid.

71 G.W. Wicksteed to Sandford Fleming, 22 Dec. 1883, ibid.

72 Ironically in a letter about keeping time correctly, the letter is dated 31 February (!) 1885. G.W. Wicksteed to Sandford Fleming, 31 Feb. 1885, ibid.

73 Ibid.

74 Ibid.

75 Thomson, *The Beginning of the Long Dash,* 34.

76 *Ottawa Free Press*, 31 May 1893, RG 12, vol. 1220, Meteorological Service, LAC. Fleming used this case to push for a legal time, to avoid more confusion.

77 Ibid.

78 *Ottawa Citizen*, undated, vol. 53, 20651, Fleming Papers.

79 Ibid.

80 *Legal News* 8, no. 15, 11 April 1885.

81 *Quebec Daily Mercury*, 20 Nov. 1883.

82 Thomson, *The Beginning of the Long Dash,* 34. See also RG 12, vol. 1220, Meteorological Service, LAC; vol. 47, 50, Fleming Papers.

83 D.R. Cameron to W. Smith, 30 Nov. 1891, RG 12, vol. 1220, Meteorological Service, LAC.

84 Sandford Fleming to William Smith, 14 May 1892, ibid.

85 Sandford Fleming to William Smith, 21 March 1892, ibid.

86 D.R. Cameron to William Smith, 7 March 1892, ibid.

87 Thomson, *The Beginning of the Long Dash,* 27.

88 Charles Carpmael to William Smith, 20 Feb., 2 March 1892, RG 12, vol. 1220, Meteorological Service, LAC.

89 Canadian Institute Memorial, The Uniform Notation of Time by all Nations, 1888, Canadian Institute Papers, file 4-0-3, F1052, AO.

90 F.A.P. Barnard to J.K. Rees, 4 Feb. 1888, vol. 40, Fleming Papers.

91 William Allen to J.K. Rees, 9 Jan, 1888, ibid.

92 Canadian Institute Memorial, The Uniform Notation.

93 Governor General to Charles Carpmael, undated, Canadian Institute Papers, file 4-0-3, F1052, AO.

94 Lord Knutsford to the Governor General, 23 July 1888, ibid. For the Netherlands, see British Legation, The Hague, to the Canadian Institute, 3 July 1888, ibid.

95 Acting President, Orange Free State, to Sir Hercules Robinson, 17 Sept. 1888, ibid.

96 Mr Kennedy to the Marquis of Salisbury, 8 July 1888, ibid.; India Office to Colonial Office, 4 July 1888, ibid.; Colonial Secretary to the Canadian Institute, 2 Nov. 1888, ibid.

97 Education Department of Ontario to Charles Carpmael, 27 March 1888, ibid; Canadian Institute to the

Chief Superintendent of Education, Ontario, 15 May 1888, ibid.

98 Chief Superintendent of Education, New Brunswick, to Charles Carpmael, 4 June 1888, ibid.; North West Territories Board of Education to the Canadian Institute, 9 Aug. 1888, ibid.

99 Departement de l'Instruction Publique, Section Catholique, to Canadian Institute, 2 June 1888, ibid.

100 Superintendent of Schools, Manitoba, to the Canadian Institute, 4 June 1888, ibid.

101 David Allison to Charles Carpmael, 6 June 1888, ibid.; D. Montgomery to Charles Carpmael, 9 June 1888, ibid.; S.D. Pope to R.W. Young, 13 June 1888, ibid.; Quebec Department of Public Instruction to Charles Carpmael, 26 June 1888, ibid.

102 L. McCaskey to Sandford Fleming, undated, ibid.

103 L. McCaskey, Longitude and Geographical Time Chart, ibid.

104 Ibid.

105 Ibid.

106 *Education Weekly,* 1 Jan. 1885.

107 *Home and School Supplement,* Sept. 1885; see also March 1887 and December 1886.

108 Ibid., March 1886.

109 E. Peel to W. Whyte, 11 Dec. 1886, vol. 51, Fleming Papers; [*illegible*] to W. Whyte, 11 De. 1886, ibid.

110 Mr McAdam to W. Whyte, 11 Dec. 1886, ibid.

111 July Proceedings, Report of the Special Committee on Standard Time, vol. 2, Fleming Papers.

112 Fred Brooks to the American Society of Civil Engineers, 3 Nov. 1888, ibid.

113 Fred Brooks to the American Society of Civil Engineers, 3 Nov. 1888, ibid.

114 Archibald, "Resistance to an Unremitting Process," 107.

115 Miller, *Shingwauk's Vision*, 10.

116 Ibid., 11.

117 Ibid., 193.

118 Similar practices occurred elsewhere in the empire too. Giordanno Nanni, for example, has shown how Greenwich's constructed authority became a tool of colonization through bells and schedules in South African schools, enforcing structure and undermining local timekeeping practices. Nanni, *The Colonisation of Time*, 191–212.

119 Smith, *Sacred Feathers*, 160, 226.

120 "Rules and Regulations of the Mississaugas of the Credit," 16, 19.

121 Ibid., 16.

122 Ibid., 16.

123 Inspector's Report on the Moravian 'Reserve' Indian School, June 1885, RG 10, vol. 5991, LAC.

124 Inspector's Report on the Moravian 'Reserve' Indian School, Feb. 1895, ibid.

125 Inspector's Report on the Moravian 'Reserve' Indian School, Jan. 1893, ibid.

126 Inspector's Report on the Moravian 'Reserve' Indian School, 1891, ibid.

127 Inspector's Report on the Moravian 'Reserve' Indian School, March 1886, ibid.

128 Smith, *Sacred Feathers*, 239, 244.

129 *Indian*, every issue.

130 Ibid., 12 May 1886.

131 Ibid.

132 Ibid., 9 June 1886.

133 Ibid.

134 Johannah Hill in Ontario, Canada, Marriages, 1801–1928, 1933–1934, Registrations of Marriages, 1869–1928, Series Ms. 932, reel 46, AO.

135 *Indian*, 7 July 1886.

136 Inspector's Report on the Moravian 'Reserve' Indian School, 1888, RG 10, vol, 5991, LAC.

結語

1 Knorr-Cetina, *The Manufacture of Knowledge*, 5.
2 Ogle, *The Global Transformation of Time*.
3 E.P. Thompson, "Time."
4 Ibid., 59–60.
5 Ibid. 60.
6 Ibid.
7 Ibid., 61.
8 Ibid., 84.
9 Ibid., 80.
10 Glennie and Thrift, *Shaping the Day*, 132.
11 Landes, *Revolutions in Time*, 58; Glennie and Thrift, *Shaping the Day*, 40.
12 Ogle, *The Global Transformation of Time*, 47–9, 55–6, 62–4, 71–2.
13 Stephen Kern makes a similar case for a backlash to modernizing timekeeping. Kern, *The Culture of Time and Space*.

參考書目

檔案資料

- Archives of Ontario (AO), Toronto Canadian Institute Papers, F1052. Registrations of Marriages, 1869–1928, Series Ms. 932, Reel 46.
- Archives of the Royal Society (ARS), London Royal Society Council Minutes, CM O17.
- Archivo General de la Nacion (AGN), Santo Domingo, Dominican Republic Manuel de Jesus Galvan, vol. LIX, Textos Reunidos 4: Cartas, Ministerios y Misiones Diplomaticas.
- Bibliotheque de l'Institut de France (BIF), Paris Correspondance de Jules Janssen, Ms. 4133.
- British Library (BL), London Fleming, Sandford. *Universal or Cosmic Time*, 1885, YA.2003.A.17994. Papers of Lt-Gen Sir Richard Strachey (Strachey Papers). Mss. Eur F127, vols. 114, 122, 132, 151, 187, 188. Snow, William Parker. "An International Prime Meridian: Greater Safety at Sea by Uniform Routes," Circular Letter, Mic.A.19863. *Universal Lamp Time Chart*, 1898, 74.1865.C.18. *Vo Key's Royal Pocket Index Key to Universal Time upon the Face of Every Watch and Clock* (London: Express Printing Co., 1901?), 8560.A.47.
- BT Archives (BT = British Telecom), London Post Office Papers (POP), Post 30.523C, Post 30.531, Post 30.2042B, Post 30.2536.

- Cambridge Astronomy Library (CAL) Fleming, Sandford. *Time Reckoning*, 1879, Canadian and U.S. Papers on Time Reckoning, E.13.1.
- Cambridge University Library (CUL) Royal Greenwich Observatory Archives (RGOA): RGO6.4, RGO6.13, RGO6.43, RGO6.365, RGO7.52, RGO7.58, RGO7.96, RGO7.138, RGO7.140, RGO7.142, RGO7.146, RGO7.147, RGO7.148, RGO7.252, RGO7.253, RGO7.254, RGO8.150, RGO9.625, RGO15.107, RGO15.108, RGO17.1.4, RGO74.6.2.
- Institute of Engineering and Technology Archives (IET), London Silvanus Philips Thompson Collection, SPT/65.
- Library and Archives Canada (LAC), Ottawa Fleming Papers, mg 29 B1, vols. 1, 2, 3, 7, 11, 13, 14, 27, 30, 33, 39, 40, 41, 47, 50, 51, 53, 54, 63, 65, 81, 105, 122, 123. RG 6, RG 10, RG 12, RG 15, RG 30, RG 93.
- Library of Congress (LC), Washington, DC Newcomb Papers, box 6, box 38, box 46. Superintendent's Office Outgoing Correspondence, box 1, The Records of the U.S. Naval Observatory.
- London Metropolitan Archives (LMA), London, England United Wards Club Papers, Ms. 11723 vol. 1, Ms. 11724 vol. 2, Ms. 21483 vol. 1.
- National Archives of the United Kingdom (NA-UK), London *Census Returns of England and Wales, 1841*, *1861*, *1871*, *1881*, *1891*, *1901*, *1911*. Colonial Office Papers, CO201.601, CO309.127, CO340.2, CO42.775, CO42.776, CO42.779. Foreign Office Papers, FO566.19, FO5.1872, FO5.1884, FO5.1886, FO5.1887. National Archives of the United States of America (NA-USA), Washington, DC Despatches from U.S. Ministers to Great Britain 1791–1906, Microfilm M30 146. Domestic Letters of the Department of State 1784–1906, Microfilm M40 101. Letters Received, PC42, entry 7, box

49A, Records of the United States Naval Observatory, RG 78. Letters to the International Meridian Conference 1884, box 1, Records of International Conferences, Commissions, and Expositions, RG 43. Miscellaneous Letters Sent, PC42, entry 4, vol. 5, Records of the United

- States Naval Observatory, RG 78.
- Royal Astronomical Society Archives (RAS), London Royal Astronomical Society Papers, Part 1.
- Royal Geographical Society Archives (RGS), London RGS/CB6/1377.
- Royal Observatory of Edinburgh (ROE) Charles Piazzi Smyth Archives [on loan from the Royal Society of Edinburgh]. Charles Piazzi Smyth Papers, A12/52, A12/54, A12/55, A13/58, A13/59, A14/65, A14/66, A17/95.
- St John's College Library, Cambridge (SJCL) John Couch Adams Papers.

報紙

- *Aberdeen Weekly Journal*, 1887.
- *Birmingham Daily Post*, 1884.
- *Blackburn Standard*, 1848.
- *Daily Express* (London), 1908–13.
- *Daily Graphic* (London), 1892–94.
- *Daily News* (London), 1884–85.
- *Daily News and Leader* (London), 1913.
- *Education Weekly*, 1885.
- *Evening News* (London), 1929.

- *Friday London Gazette*, 1851.
- *Glasgow Herald*, 1848.
- *Globe* (Toronto), 1883.
- *Hampshire Telegraph and Sussex Chronicle*, 1852–85.
- *Home and School Supplement*, 1885–87.
- *Horological Journal*, 1883–95
- *Indian* (Hagersville), 1886.
- *Indianapolis Sentinel*, 1883.
- *Journal of the Society of Arts*, 1884–85.
- *Kentish Mercury*, 1908.
- *Legal News*, 1885.
- *Liverpool Mercury*, 1848.
- *Maidenhead Advertiser*, 1908.
- *Manchester Courier and Lancashire General Advertiser*, 1895.
- *Manchester Times*, 1889.
- *Massey's Illustrated* (Toronto), 1884.
- *New York Times*, 1884.
- *North Wales Chronicle*, 1848.
- *Observatory* (London), 1908–10.
- *Observer* (London), 1913.
- *Ottawa Citizen*, c. 1885
- *Ottawa Free Press*, 1893.

- *Punch* (London), 1884.
- *Quebec Daily Mercury*, 1883.
- *The Times* (London), 1908.
- *Truth*, 1883.
- *Varsity* (University of Toronto), 1883.

二手資料

- Adas, Michael. *Machines as the Measure of Men: Science, Technology, and Ideologies of Western Dominance.* Ithaca, NY: Cornell University Press, 2015.
- Allen, William. *Short History of Standard Time.* Philadelphia: Stephen Greene Printing Company, 1904.
- Anderson, Martin. "The Development of British Tourism in Egypt, 1815 to 1850." *Journal of Tourism History* 4, no. 3 (2012): 259–79.
- Archibald, Jo-Ann. "Resistance to an Unremitting Process: Racism, Curriculum, and Education in Western Canada." In *The Imperial Curriculum: Racial Images and Education in the British Colonial Experience*, ed. J.A. Mangan. London: Routledge, 1993.
- Aubin, David. "On the Epistemic and Social Foundations of Mathematics as Tool and Instrument in Observatories, 1793–1846." In *Mathematics as a Tool: Tracing New Roles of Mathematics in the Sciences*, ed. Johannes Lenhard and Martin Carrier, 177–96. Cham, Switzerland: Springer
- International, 2017.
- Baldus, Bernd, and Meenaz Kassam. "'Make Me Truthful, Good, and Mild': Values in Nineteenth-

Century Ontario Schoolbooks." *Canadian Journal of Sociology* 21, no. 3 (1996): 327–58.

- Barrows, Adam. *The Cosmic Time of Empire: Modern Britain and World Literature*. Berkeley: University of California Press, 2011.
- Bartky, Ian. "The Adoption of Standard Time." *Technology and Culture* 30 (1989): 25–56.

  – "Inventing, Introducing, and Objecting to Standard Time." *Vistas in Astronomy* 28 (1985): 105–11.

  – *One Time Fits All: The Campaign for Global Uniformity*. Stanford, CA: Stanford University Press, 2007.

  – "Sandford Fleming's First Essays on Time." nawcc *Bulletin* 50, no. 1 (2008): 3–11.

  – *Selling the True Time: Nineteenth Century Timekeeping in America*. Stanford, CA: Stanford University Press, 2000.
- Blaise, Clark. *Time Lord: Sir Sandford Fleming and the Creation of Standard Time*. New York: Pantheon Books, 2000.
- Brooks, Randall. "Time, Longitude Determination and Public Reliance upon Early Observatories." In *Profiles of Science and Society in the Maritimes prior to 1914*, ed. Paul Bogaard. Sackville, ns: Acadiensis Press, 1990.
- Bruck, Hermann, and Mary Bruck. *The Peripatetic Astronomer: The Life of Charles Piazzi Smyth*. Bristol: A. Hilger, 1988.
- Bruck, Mary. "Lady Computers at Greenwich in the Early 1890s." *Quarterly Journal of the Royal Astronomical Society* 36 (1995): 83–95.
- Burpee, Lawrence. *Sandford Fleming: Empire Builder*. London: Oxford University Press, 1915.
- Burton, Antoinette. *At the Heart of the Empire: Indians and the Colonial Encounter in Late-Victorian Britain*. Berkeley: University of California Press, 1998.

- Butler, Judith. *Gender Trouble: Feminism and the Subversion of Identity.* New York: Routledge, 1990.
- Chapman, Allan. "Sir George Airy (1801–1892) and the Concept of International Standards in Science, Timekeeping, and Navigation." *Vistas in Astronomy* 28 (1985): 321–8.
- Clark, Anna. *The Struggle for the Breeches: Gender and the Making of the British Working Class.* Berkeley: University of California Press, 1997.
- Clark, Josiah Latimer. *Transit Tables for 1884: Giving the Greenwich Mean Time of the Transit of the Sun, and of Certain Stars, for Every Day in the Year, etc.* London: E. & F.N. Spon, 1884.
- Cooper, Frederick. *Colonialism in Question: Theory, Knowledge, History.* Berkeley: University of California Press, 2005.
- Creet, Mario. "Sandford Fleming and Universal Time." *Scientia Canadensis* 14, nos. 1–2 (1990): 66–89.
- Darnton, Robert. *The Great Cat Massacre and Other Episodes in French Cultural History.* New York: Basic Books, 1984.
- Davidoff, Leonore, and Catherine Hall. *Family Fortunes: Men and Women of the English Middle Class 1780–1850.* Chicago: University of Chicago Press, 1991.
- Deringil, Selim. *Conversion and Apostasy in the Late Ottoman Empire.* Cambridge: Cambridge University Press, 2012.
- Dolan, Graham. "Christie's Lady Computers – The Astrographic Pioneers of Greenwich." In *The Royal Observatory Greenwich*, at http://www.royalobservatorygreenwich.org/articles.php?article=1280 (accessed 1 July 2020).
- Draper, John. *History of the Conflict between Religion and Science.* New York: D. Appleton, 1874.

- Drayton, Richard. *Nature's Government: Science, Imperial Britain, and the 'Improvement' of the World*. New Haven, CT: Yale University Press, 2000.
- Duffy, A.E.P. "The Eight Hours Day Movement in Britain, 1886–1893." *Manchester School* 36, no. 3 (2008): 203–22.
- Edney, Matthew. *Mapping an Empire: The Geographical Construction of British India, 1765–1843*. Chicago: University of Chicago Press, 1997.
- Ellis, William. "Description of the Greenwich Time Signal." *Greenwich Astronomical Observations* (1879): J1–J13.
- Endersby, Jim. *Imperial Nature: Joseph Hooker and the Practices of Victorian Science*. Chicago: University of Chicago Press, 2008.
- Fateux, Aegidius. "Quebec." *The Quebec History Encyclopedia*, ed. Claude Belanger. http://faculty.marianopolis.edu/c.belanger/quebechistory/encyclopedia/QuebecProvinceof.htm (accessed 24 June 2019).
- Fisher, Michael. *Counterflows to Colonialism: Indian Travellers and Settlers in Britain, 1600–1857*. Delhi: Permanent Black, 2004.
- Fleming, Sandford. *The Adoption of a Prime Meridian to Be Common to All Nations*. 1881. https://archive.org/details/cihm_03125/page/n3/mode/2up(accessed 5 March 2020).
  – *The International Prime Meridian Conference: Recommendations Suggested*. 1884, at https://archive.org/details/cihm_03131/page/n4/mode/2up (accessed 5 May 2018).
  – *Uniform Non-Local Time (Terrestrial Time)*. Self-published, 1878, at https://archive.org/stream/cihm_03138#page/n11/mode/2up (accessed 12 September 2020).
- Forbes, George. *The Transit of Venus*. London and New York: MacMillan: 1874.

- France, Peter. *The Rape of Egypt: How the Europeans Stripped Egypt of Its Heritage*. London: Barrie & Jenkins, 1991.
- Galison, Peter. *Einstein's Clocks, Poincare's Maps: Empires of Time*. New York: W.W. Norton, 2003.
- Gange, David. *Dialogues with the Dead: Egyptology in British Culture and Religion, 1822–1922*. Oxford: Oxford University Press, 2013.
- Garwood, Christine. *Flat Earth: The History of an Infamous Idea*. New York: St Martin's Press, 2007.
- Gawrych, George. *The Young Ataturk: From Ottoman Soldier to Statesman of Turkey*. London: I.B. Tauris, 2013.
- Gillard, Derek. "Education in England: A Brief History," at http://www.educationengland.org.uk/history/chapter03.html (accessed 11 October 2019).
- Glennie, Paul, and Nigel Thrift. *Shaping the Day: A History of Timekeeping in England and Wales, 1300–1800*. Oxford: Oxford University Press, 2009.
- Green, Constance. *Washington: Village and Capital, 1800–1878*. Princeton, NJ: Princeton University Press, 1962.
- Green, Lorne. *Chief Engineer: Life of a Nation Builder – Sandford Fleming*. Toronto: Dundurn Press, 1993.
- "Greenwich Time All Over the World." *Leisure Hour* 34 (1885): 66.
- Grier, David Alan. *When Computers Were Human*. Princeton, NJ: Princeton University Press, 2005.
- Hacking, Ian. *The Taming of Chance*. Cambridge: Cambridge University Press, 1990.
- Hawking, Stephen. *A Brief History of Time*. New York: Bantam Books, 1998.
- Headrick, Daniel. *When Information Came of Age: Technologies of Knowledge in the Age of Reason*

and Revolution, 1700–1850. Oxford: Oxford University Press, 2002.

- Heathorn, Stephen. *For Home, Country, and Race: Constructing Gender, Class, and Englishness in the Elementary School, 1880–1914*. Toronto: University of Toronto Press, 2000.
- Higgitt, Rebekah. "A British National Observatory: The Building of the New Physical Observatory at Greenwich, 1889–1898." *British Journal for the History of Science* 47, no. 4 (2014): 609–35.
- Howse, Derek. *Greenwich Time and the Discovery of the Longitude*. Oxford: Oxford University Press, 1980.
- International Meridian Conference (imc), Washington, DC, 1884. See *Protocols of the Proceedings*.
- Irokawa, Daikichi. *The Culture of the Meiji Period*. Princeton, NJ: Princeton University Press, 1985.
- Jalland, Pat. *Women, Marriage, and Politics, 1860–1914*. Oxford: Oxford University Press, 1987.
- Johnston, Scott. "The Construction of Modern Timekeeping in the Anglo-American World, 1876–1913." PhD dissertation, Department of History, McMaster University, 2018, at https://macsphere.mcmaster.ca/bitstream/11375/23324/2/Johnston_Scott_A_2018August_PhD.pdf (accessed 26 April 2021).

  – "Managing the Observatory: Discipline, Order, and Disorder at Greenwich, 1835–1933." *British Journal for the History of Science* 54, no. 2 (2021): 155–75.
- Keim, Randolph. *Society in Washington: Its Noted Men, Accomplished Women, Established Customs, and Notable Events*. Washington, DC: Harrisburg, 1887.
- Kern, Stephen. *The Culture of Time and Space, 1880–1918*. London: Harvard University Press, 1983.
- Knorr-Cetina, Karin. *The Manufacture of Knowledge: An Essay on the Constructivist and Contextual Nature of Science*. Oxford: Pergamon Press, 1981.
- Landes, David. *Revolutions in Time: Clocks and the Making of the Modern World*. London: Harvard

下段是否要接上來？

University Press, 1983.

- Lankford, John. “Amateurs versus Professionals: The Controversy over Telescopes Size in Late Victorian Science.” *Isis* 72, no. 1 (March 1981): 11–28.
- Latour, Bruno, and Steve Woolgar. *Laboratory Life: The Construction of Scientific Facts*. Princeton, NJ: Princeton University Press, 1987.
- Laughton, J.K. “Snow, William Parker.” *Oxford Dictionary of National Biography* (2004), at https://doi.org/10.1093/ref:odnb/25980 (accessed 27 March 2019).
- Launay, Francoise. *The Astronomer Jules Janssen: A Globetrotter of Celestial Physics*, trans. Storm Dunlop. New York: Springer, 2012.
- Levine, Philippa. *The Amateur and the Professional: Antiquarians, Historians and Archaeologists in Victorian England, 1838–1886*. Cambridge: Cambridge University Press, 1986.
- Levine-Clark, Marjorie. *Beyond the Reproductive Body: The Politics of Women's Health and Work in Early Victorian England*. Columbus: Ohio State University Press, 2004.
- Lorimer, Douglas. *Science, Race Relations and Resistance: Britain, 1870–1914*. Manchester: Manchester University Press, 2013.
- Lykknes, Annette, Donald Opitz, and Brigitte Van Tiggelen, eds. *For Better or Worse: Collaborative Couples in the Sciences*, London: Springer, 2012.
- Mackenzie, Donald. *Statistics in Britain, 1865–1930: The Social Construction of Scientific Knowledge*. Edinburgh: Edinburgh University Press, 1981.
- Mackenzie, John. *Propaganda and Empire: The Manipulation of British Public Opinion, 1880–1960*. Manchester: Manchester University Press, 1986.
- Mansfield, Peter. *The British in Egypt*. New York: Holt, Rinehart and Winston, 1972.

- *Martin's Tables, or, One Language in Commerce*. London: T. Fisher, Unwin, 1906.
- Maunder, Annie, and Walter Maunder. *The Heavens and Their Story*. London: Robert Culley, 1908.
- Maunder, Walter [and Annie Maunder, uncredited]. *The Astronomy of the Bible: An Elementary Commentary on the Astronomical References of Holy Scripture*. Bungay: Richard Clay and Sons, 1908.
- Meadows, A.J. "Lockyer, Sir Joseph Norman, 1836–1920." *Oxford Dictionary of National Biography* (2006), at https://doi.org/10.1093/ref:odnb/34581(accessed 12 May 2020).
- Miller, J.R. *Shingwauk's Vision: A History of Native Residential Schools*. Toronto: University of Toronto Press, 1996.
- Mitchell, Timothy. *Rule of Experts: Egypt, Techno-Politics, Modernity*. Berkeley: University of California Press, 2002.
- Nanni, Giordano. *The Colonisation of Time: Ritual, Routine, and Resistance in the British Empire*. Manchester, Manchester University Press, 2012.
- Ogilvie, Marilyn. "Obligatory Amateurs: Annie Maunder (1868–1947) and British Women Astronomers at the Dawn of Professional Astronomy." *British Journal for the History of Science* 33 (2007): 67–84.
- Ogle, Vanessa. *The Global Transformation of Time, 1870–1950*. London and Cambridge: Harvard University Press, 2015.
- O'Malley, Michael. *Keeping Watch: A History of American Time*. Washington, DC: Smithsonian Institute Press, 1990.
- Oreopoulos, Philip. "Canadian Compulsory School Laws and Their Impact on Educational Attainment and Future Earnings." Family and Labour Studies Division, Statistics Canada and

Department of Economics, University of Toronto. Catalogue No. 11f0019mie, No. 251 (2005): 1–41.

- Parramore, Lynn. *Reading the Sphinx: Ancient Egypt in Nineteenth Century Literary Culture*. New York: Palgrave MacMillan, 2008.
- Perry, John. *The Story of Standards*. New York: Funk and Wagnalls, 1955.
- Petrie, W.M. Flinders. *The Pyramids and Temples of Gizeh*. London: Field and Tuer, 1883.
- Pietsch, Tamson. *Empire of Scholars*. Manchester: Manchester University Press, 2013.
- Pionke, Albert. *The Ritual Culture of Victorian Professionals: Competing for Ceremonial Status, 1838–1877*. London: Routledge, 2013.
- Porter, Bernard. *The Absent-Minded Imperialists: Empire, Society, and Culture in Britain*. Oxford: Oxford University Press, 2006.
- Porter, Theodore. *Trust in Numbers: The Pursuit of Objectivity in Science and Public Life*. Princeton, NJ: Princeton University Press, 1995.
- Potter, Simon. "Webs, Networks, and Systems: Globalization and the Mass Media in the Nineteenth- and Twentieth-Century British Empire." *Journal of British Studies* 46, no. 1 (2007): 621–46.
- Prentice, Alison, and Susan Houston, eds. *Family, School, and Society in Nineteenth-Century Canada*. Toronto: Oxford University Press, 1975.
- *Protocols of the Proceedings: International Conference Held at Washington for the Purpose of Fixing a Prime Meridian and a Universal Day, October 1884*. Washington, DC: Gibson Bros., 1884, at https://www.gutenberg.org/files/17759/17759-h/17759-h.htm (accessed 24 April 2021).
- Pycior, Helena, Nancy Slack, and Pnina Abir-Am, eds. *Creative Couples in the Sciences*. New Brunswick, NJ: Rutgers University Press, 1996.
- Ratcliff, Jessica. *The Transit of Venus Enterprise in Victorian Britain*. New York: Routledge, 2016.

- Reisenauer, Eric. "'The Battle of the Standards': Great Pyramid Metrology and British Identity, 1859–1890." *Historian* 65, no. 4 (2003): 931–78.
- Rooney, David. *Ruth Belville: The Greenwich Time Lady*. London: National Maritime Museum, 2008.
- Rooney, David, and James Nye. "'Greenwich Observatory Time for the Public Benefit': Standard Time and Victorian Networks of Regulation." *British Journal for the History of Science*, 42, no. 1 (March 2009): 5–30.
- Rudy, Jarrett. "Do You Have the Time? Modernity, Democracy, and the Beginnings of Daylight Saving Time in Montreal, 1907–1928." *Canadian Historical Review* 93, no. 4 (2012): 531–54.
- "Rules and Regulations of the Mississaugas of the Credit." 1884.
- Said, Edward. *Orientalism*. London: Routledge, 1978.
- Sanders, L.C. "Beckett, Edmund [formerly Edmund Beckett Denison], first Baron Grimthorpe." *Oxford Dictionary of National Biography* (2004), at https://doi.org/10.1093/ref:odnb/30665 (accessed 11 July 2020).
- Schaffer, Simon. "Astronomers Mark Time: Discipline and the Personal Equation." *Science in Context* 2, no. 1 (1988): 115–45.
- Shapin, Steven. "Placing the View from Nowhere: Historical and Sociological Problems in the Location of Science." *Transactions of the Institute of British Geographers* 23, no. 1 (1998): 5–12.
- Shively, Donald. *Tradition and Modernization in Japanese Culture*. Princeton, NJ: Princeton University Press, 1971.
- Smith, Donald. *Sacred Feathers: The Reverend Peter Jones (Kahkewaquonaby) and the Mississauga Indians*. Toronto: University of Toronto Press, 1987.

- Smyth, Charles Piazzi. *Our Inheritance in the Great Pyramid.* London: Isbister & Co., 1874.
- Snow, William Parker. "Ocean Relief Depots." *Chambers's Journal of Popular Literature, Science, and Art*, no. 833 (27 Nov. 1880): 753–5.
- "Some Foreign Ministers at Washington: Eight Portraits." *Phrenological Journal and Science of Health* 84 (Aug. 1887): 63–5.
- Stephens, Carlene. "Before Standard Time: Distributing Time in 19th Century America." *Vistas in Astronomy* 28 (1985): 113–18.
- Stewart, R.M. "The Time Service at the Dominion Observatory." *Journal of the Royal Astronomical Society of Canada* 1 (1907): 85–103.
- Stone, G., and T.G. Otte. *Anglo-French Relations since the Late Eighteenth Century.* London: Routledge Taylor & Francis Group, 2009.
- Tabili, Laura. "A Homogeneous Society? Britain's Internal 'Others,' 1800–Present." In *At Home with the Empire: Metropolitan Culture and the Imperial World*, ed. Catherine Hall and Sonya Rose, 53–76. Cambridge: Cambridge University Press, 2006.
  – *We Ask for British Justice: Workers and Racial Difference in Late Imperial Britain.* Ithaca, NY: Cornell University Press, 1994.
- Thomas, Morley. *The Beginnings of Canadian Meteorology.* Toronto: ECW Press, 1991.
- Thompson, Andrew. *The Empire Strikes Back? The Impact of Imperialism on Britain from the Mid-Nineteenth Century.* Harlow: Pearson Education Limited, 2005.
- Thompson, E.P. "Time, Work-Discipline, and Industrial Capitalism." *Past and Present* 38 (Dec. 1967): 56–97.
- Thomson, Malcolm. *The Beginning of the Long Dash: A History of Timekeeping in Canada.* Toronto:

University of Toronto Press, 1978.

- Thoron, Ward, ed. *First of Hearts: Selected Letters of Mrs. Henry Adams 1865–1883*. San Francisco: Willowbank Books, 2011.
- Tomalin, Marcus. *The French Language and British Literature, 1756–1830*. New York: Routledge, 2016.
- Tosh, John. *Manliness and Masculinities in Nineteenth-Century Britain*. Harlow: Pearson Education, 2005.
- Valrose, Viscount (pseud.). *Hon. Uncle Sam*. New York: John Delay, 1888.
- Vetch, R.H. "Donnelly, Sir John Fretcheville Dykes." *Oxford Dictionary of National Biography* (2004), at https://doi.org/10.1093/ref:odnb/32861(accessed 8 April 2021).
- Vickery, Amanda. "Golden Age to Separate Spheres? A Review of the Categories and Chronology of English Women's History." *Historical Journal* 36, no. 2 (1993): 383–414.
- Videira, Antonio. "Luiz Cruls e o Premio Valz de Astronomia." *Chronos* 7, no. 1 (2014): 85–104.
- Visram, Rozina. *Asians in Britain: 400 Years of History*. London: Pluto, 2002.
- Watts, Ruth. *Women in Science: A Social and Cultural History*. London: Routledge, 2007.
- Weaver, John. *The Great Land Rush and the Making of the Modern World, 1650–1900*. Montreal: McGill-Queen's University Press, 2006.
- Willinski, John. *Learning to Divide the World: Education at Empire's End*. Minneapolis: University of Minnesota Press, 1998.
- Wilson, Margaret, *Ninth Astronomer Royal: The Life of Frank Watson Dyson*. Cambridge: W. Heffer & Sons, 1951.
- Wise, Norton, ed. *The Values of Precision*. Princeton, NJ: Princeton University Press, 1997.

- Wishnitzer, Avner. *Reading Clocks, Alla Turca: Time and Society in the Late Ottoman Empire*. Chicago: University of Chicago Press, 2015.
- Withers, Charles. “Scale and the Geographies of Civic Science: Practice and Experience in the Meetings of the British Association for the Advancement of Science in Britain and in Ireland, c. 1845–1900.” In *Geographies of Nineteenth-Century Science*, ed. David Livingstone and Charles Withers. Chicago: University of Chicago Press, 2011, 99–122.

  – *Zero Degrees: Geographies of the Prime Meridian*. London and Cambridge: Harvard University Press, 2017.
- Zeller, Suzanne. *Inventing Canada: Early Victorian Science and the Idea of a Transcontinental Nation*. Toronto: University of Toronto Press, 1987.

歷史與現場 325

時鐘在說謊：科學、社會與時間的建構

The Clocks Are Telling Lies: Science, Society, and the Construction of Time

作　者—史考特．艾倫．強斯頓（Scott Alan Johnston）
譯　者—王曉伯
編　輯—張啟淵
企　劃—鄭家謙
封面設計—吳郁嫻
董事長—趙政岷
出版者—時報文化出版企業股份有限公司
108019台北市和平西路三段二四〇號四樓
發行專線—（〇二）二三〇六六八四二
讀者服務專線—〇八〇〇二三一七〇五　（〇二）二三〇四七一〇三
讀者服務傳真—（〇二）二三〇四六八五八
郵撥—一九三四四七二四時報文化出版公司
信箱—10899台北華江橋郵局第九九信箱
時報悅讀網—http://www.readingtimes.com.tw
法律顧問—理律法律事務所　陳長文律師、李念祖律師
印　刷—家佑印刷有限公司
初版一刷—二〇二二年十月二十一日
定　價—新臺幣四二〇元
（缺頁或破損的書，請寄回更換）

時報文化出版公司成立於一九七五年，
並於一九九九年股票上櫃公開發行，於二〇〇八年脫離中時集團非屬旺中，
以「尊重智慧與創意的文化事業」為信念。

時鐘在說謊：科學、社會與時間的建構 / 史考特 . 艾倫 . 強斯頓 (Scott Alan Johnston) 著；王曉伯譯 . -- 初版 . -- 臺北市：時報文化出版企業股份有限公司, 2022.10
面；　公分 . -- (歷史與現場；325)

譯自：The clocks are telling lies : science, society, and the construction of time.

ISBN 978-626-335-914-7(平裝)

1.CST: 社會史 2.CST: 時間

540.9　　111014280

ISBN 978-626-335-914-7
Printed in Taiwan